陈晏清精选集

陈晏清◎著

人民日报出版社

北京

图书在版编目（CIP）数据

陈晏清精选集/陈晏清著. -- 北京：人民日报出版社, 2024. 10. -- ISBN 978-7-5115-8439-7

I. B-53

中国国家版本馆CIP数据核字第2024F0M975号

书　　名：陈晏清精选集
　　　　　CHEN YANQING JINGXUAN JI
作　　者：陈晏清

责任编辑：杨　校　曹　腾
版式设计：九章文化

出版发行：人民日报出版社
社　　址：北京金台西路2号
邮政编码：100733
发行热线：(010) 65369509　65369527　65369846　65363512
邮购热线：(010) 65369530　65363527
编辑热线：(010) 65369523
网　　址：www.peopledailypress.com
经　　销：新华书店
印　　刷：北京盛通印刷股份有限公司
法律顾问：北京科宇律师事务所　010-83622312

开　　本：710mm×1000mm　1/16
字　　数：215千字
印　　张：20
版次印次：2025年6月第1版　　2025年6月第1次印刷

书　　号：ISBN 978-7-5115-8439-7
定　　价：78.00元

如有印装质量问题，请与本社调换，电话：(010) 65369463

目 录

哲学应是根植于现实生活的终极关怀[*]

再过不多几个年头，我们将跨入 21 世纪。历史的经验告诉我们，世纪之交往往并非简单的百年更替，而是经常伴随着社会、文化等方面的巨大变化。种种迹象表明，我们正面临着的这个世纪之交更可能是一个巨变的时期，对于中国来说，尤其是这样。处在这样一个特殊历史时期的人们被推上了一个特殊的位置，必须对即将过去的世纪与正在来临的世纪后顾前瞻，进行一种可称之为"世纪末的思考"，以便在新的世纪中行进得更好。在这种后顾前瞻中，由于哲学在人文学科中所处的特殊重要位置，因而如果我们能对哲学研究的状况进行一些总结性的回顾，并因此而对于哲学在新世纪的可能走向进行某种探讨，将会是特别有意义的。

要谈哲学，便不能回避这么一个事实，那就是我们的哲学眼下正处于很不景气乃至深刻的危机之中。这一现象应当是我们世

---

* 本文原载《南开学报》1997 年第 3 期。

纪末哲学思考的出发点。哲学的不景气向我们提出一个严峻的问题：哲学有什么用处？其使命或社会功能是什么？如果哲学本身并不是无用的话，那么，其现状无疑表明了我们的哲学并未有效地执行其使命，没有发挥其应有的功能。因此，澄明哲学的使命，将使我们看清以往的迷误所在，摆脱危机的出路又何在。

近期有不少人以不同方式谈到了哲学的用处问题，如张世英先生一篇文章的题目就叫"论哲学何为"，还有人提出应当把"为什么人们需要哲学"作为哲学的元问题。看来，这真是智者所见略同了。

其实，这并不奇怪。许多人不约而同地思考同一个问题，无非表明这一问题具有了相当的紧迫性，若不首先解决，思想便无法继续前进。哲学不仅仅是一门知识体系，而且首先是一种人类活动，作为一种特定的人类活动就不能不具有特殊的目的或功能以及为达到其目的或实现其功能的途径。当这种活动不再令人满意时，人们转而从具体的活动中抽身出来，从根本上追问其目的或功能，是极其自然的事情。当然，重要的不是一般地追问这一问题，而是从追问中得到了什么样的答案。

哲学当然有认识论、方法论的功能，它应为人类活动（首先是认识活动）提供观念框架和逻辑基础，但它的最本质的方面应是对于人类生活的终极关怀。它的认识论、方法论的功能也是体现在这一个方面，或从属于这一个方面的。因此，我想着重谈谈这一个方面，而恰恰是这一方面，我们以往注意得很不够。这几年谈终极关怀的文字多起来了，这说明很多人意识到了哲学的这一本质特征。无疑，认识到这一点是非常重要的。从某种意义上说，哲学的不景气在很大程度上应归因于这一本性的失落。问题是我们不应当对哲学的终极关怀作泛泛的理解。可以说，泛泛地谈论终极关怀的哲学是没有生命力的。哲学无疑是一种终极关怀，但是这种终极关怀必须植根于每一时代的现实生活。哲学的这一本性根源于人类存在的两重性。人是一种很特别的存在物，一方面，他直接地是一种有限的生物存在，作为生物体，他不能不服从自然规律，受制于自然必然性。但人同时又是一种有意识的生命体，意识的出现使人超越了所有其他生物。意识活动的根本特征是借助于语言的象征性功能超越当下直接的现实存在，而进入一种可能性空间。正是意识以及语言，为人打开了事物的可能性领域，使人知道现实事物的存在不是唯一可能的，而不过是诸多可能性中的一种。这样，人就能够在诸多可能性中进行选择，以构筑自己的理想。所谓终极关怀，按我的理解，也就是对人类存在的终极理想、终极意义的探求。有了选择的能力，人因此也就有了自由，自由的基本含义正是选择的自由。但是有在可能世界中构筑理想的能力，并不等于具有在现实世界中实现理想的能力。人固然能够以象征性的语言符号为中介去构筑理想，但要实现理想却必须借助于现实的物质性工具。人的理想能在多大程度上实现，从根本上说取决于物质性工具亦即技术的发展水平。这样，人的超越于现实的理想便双重地受制约于现实。首先，作为理想存身之所的可能世界并不直接呈现于人，人并不是直接存在于可能世界，而只是借助语言的象征作用从其所处的现实世界突入可能世界的。现实世界是现实化了的可能世界，可能世界是蕴含于现实世界之中的。因此，人从对于可能世界的把握和选择中构筑的理想也必定是基于现实世界的。其次，既然理想的实现须借助于现实的手段，那么，也就只有基于现实世界的理想才是可以实现的。显然，终极关怀作为一种对于终极意义、终极理想的追求，只有基于现实世界才可能是有意义的。将普遍的终极意义与现实生活汇通，这便是辩证哲学所要求的具体性。哲学所追求的应当是一种包容了现实情景在内的具体的终极关怀。

那么，是否可以认为，导致当今我国哲学不景气的原因乃在于它未能充作根植于现实生活的终极关怀？

哲学的不景气的原因不能完全归之于哲学自身，但我们的哲学在急剧变化的社会中未能充分履行自己的职责却是一个内在的根本性原因。自改革开放以来，我们的社会已经发生了和正在发生着巨大的变化。这些变化使得国人在当今获得了全新的生活境况，面对这新的生活境况，以往的理论已在很大程度上显得捉襟见肘，难以圆满回答现实生活中所提出的问题。毫无疑问，这十几年来，我们的哲学也发生了很大的变化，获得了相当大的发展，其中最有意义的莫过于对主体性维度的阐发，以实践概念为基础对于马克思主义哲学的重新解释。但这些变化发展仍然未能适应现实生活的巨变，因而，哲学的危机就仍未能获得根本性解决。我们可以回想一下，原来我们所讲的马克思主义哲学是一种基本依据苏联哲学教科书的解释体系，正如许多研究者所指出的那样，这种解释体系是有着重大缺陷的，它并未能确切地表达马克思主义哲学创始人的思想实质。其中最重要的问题是它不能阐明马克思所进行的哲学变革的实质之点，即把实践视为客观的活动，看作一种客观的存在，未能完全理解实践观点的存在论意义，从而也就不能不取消了马克思思想中的主体性这一维度，而只是片面地强调一种纯粹的客观性，将马克思的哲学解释成与旧唯物主义没有多少差别的东西，而这正是马克思所严厉批评的。随着改革开放的进展，当哲学改革被提上议事日程之时，人们便自然而然地转向了对于马克思哲学中主体性与实践论思想的阐发，并在深入阐发的基础上重构马克思主义哲学的解释体系。近年来出版的一些教科书和专著充分地体现了这一倾向。应该说，无论人们是否意识到，近十多年来对于马克思哲学中的主体性与实践论思想的阐发，都在实际上顺应了中国社会现实的变化。正如许多学者所指出的那样，作为现代性哲学之根本特征的主体性维度，是与世界范围内的现代化大潮相应的。现代化是一种全新的生活方式，它必然要求有与之相应的思想观念作为其精神支撑，而这种思想观念的核心便是哲学中称之为主体性的东西。马克思主义哲学作为一种现代性哲学，其建立于实践论基础之上的主体性维度是无可置疑的。因此，这种表现为突破以苏联教科书为蓝本的传统哲学教科书体系的严重局限性，向马克思本人的回复，表面上看起来是后退，实质上却是一种真正的前进，一种适应于中国现代化进程的观念上的前进。有人说过，回到马克思实际上就是前进到了马克思，我以为这是很有道理的。然而，即便有这些重大的进展，我们的哲学仍然面临着严重的困难，仍然未能适应变化了的社会生活的需要。

"回到马克思"的做法有人以为可将之称为一种原教旨主义倾向。但这一倾向尚未足以解决我们的哲学所面临的问题，那么，这是否可一般地视为原教旨主义的局限性呢？

实际上，把这叫作"原教旨主义"的倾向不一定很恰当。即使在比喻的意义上，所谓"原教旨主义"的情况也很复杂。表面上看，都是要回到学说创始人那里，但一种情况是要简单地回到往昔，这是一种消极的向后看的怀旧情绪；另一种则是积极地以退为进。一般说来，一种学说的创立之初都是生气勃勃、富有活力的，这是因为一种学说的初创必定是从现实生活中获得激情，适应现实的需要应运而生的。而随着其大行于世，后人为了当时某种特定的需要，往往将其固定为某种程式化的东西，从而不免使之失去与现实生活的关联，失去活力。因此，一种积极的向创始人的回复便是打破后人所附加于原创性理论的种种限制，将原创性学说的真精神剥离出来，释放出来，并进而根据变化了的现实生活予以发挥、发展，使之再度焕发青春，恢复活力。如果我们不限于原教旨主义的本来意义，而将其加以宽泛的理解的话，那么，在人类思想史上，文艺复兴与新教改革当视为两个成功的范例。前者以向西方文明之源头的希腊文化的回复打破了僵固化了的中世纪文化，由之开启了现代西方文化；后者则以向原创性的《圣经》本身的回复冲决了正趋于腐败、僵化的天主教会及其信条，并创立了适应于新生资本主义的基督教新教。我们看到，回复到创始人的原创性学说，从僵化了的解释体系中剥离或释放出创始人的真精神，是通向成功的第一步，而随后的一步则须以创始人为范例，直面现实生活，从中汲取灵感，并创造性地将原创学说予以发挥、发展。借一句现成的话来说，第一步可称之为"返本"，第二步则为"开新"。显然，如果停留在第一步，那是不足以解决问题的。从解决问题的角度来看，第二步是更为重要的一步，而第一步仅仅是一个预备阶段。就中国的马克思主义哲学研究而言，我以为，到目前为止，在恢复学说创始人的真精神方面，我们已取得了显著的成绩，经过一大批学者的努力阐发，作为马克思哲学之精髓的实践的观点以及建基于其上的主体性思想已广为人们所接受。因而，尽管在这方面还有许多细致、复杂的工作需要我们去做，但总的来说，我认为理论界应当将其目光转向现实生活，转向现实生活对哲学所提出的问题，即主要地由"返本"转向"开新"。应该说，"返本"本身并不是目的，"开"出马克思主义哲学的新局面，才是我们的根本目的。只有这样，我们才能够真正克服哲学的危机。

那么，按照这一思路，我们哲学现今在"开新"方面主要地应做些什么呢？

一句话，积极地回答现实生活所提出的一切哲学问题。"返本""开新"是克服哲学危机的一种努力。哲学危机的最根本表现，我以为是哲学的"缺失"或"不在场"，即对于现实生活所提出的一系列问题，理应回答却没有给予回答，或者答非所问。有些人的研究兴趣仍囿于一些脱离现实生活的纯概念分析、纯逻辑推演，或者就是重复那些已经重复了多年的条条。哲学不在现实生活中发生作用，当然人们也就会觉得不需要哲学。其实，现实生活中发生的许多现象都需要哲学来关心，但往往在这时候哲学"不在场"。哲学不在场，就总会有别的什么东西在场。在社会生活急剧变化之际，往日为人们的生活提供终极意义的哲学已在很大程度上不能行使其功能，而人总是要寻求某种生活意义以为安身立命之所的，因而，哲学的不在场便为其余影响主体心态的消极精神活动留下了发展空间。

强调哲学是一种根植于现实生活的终极关怀，是既关照哲学的现实性，又坚持其终极理想性，是既要避免流于空洞玄虚的终极关怀，又要避免哲学的实证化倾向所造成的"失职"。而根植于现实生活的终极关怀在现今意味着我们所说的终极关怀、终极意义或终极理想必定是针对着现实生活的，是对于现今现实生活的具体的超越。不要把"终极关怀"或"终极意义"误解为某种历史的终极目标所具有的意义。终极意义作为理想的意义，体现于对于直接现实的具体超越，因此，每一种趋向于理想目标的对于现实的超越，都包含着某种终极意义。就一般意义而言，终极意义总是同自由的理想联系在一起的，或者可以说，一般的终极意义在于实现自由之终极理想，尽管对自由之理想可以有不同的解释。就马克思主义哲学而言，它所理解的终极意义就是人的自由全面发展。马克思主义哲学创始人全部理论活动的目的就在于探究如何达于人的自由发展之理想境界，使他们所设拟的终极理想能深深地根植于现实生活的土壤中。具体地说，马克思当年所设想的自由发展观念是针对资本主义市场经济而言的，是对于扬弃异化劳动的社会形态的一种构想。但这些解答在后人的解释中受到了某种误解，更为重要的是一百多年来社会生活发生了极大的变化。因此，必须针对改变了的社会现实来探究新的进路。当以公有制为基础的计划经济体制在中国大地建立之时，人们以为从此就告别或超越了市场经济，扬弃了异化劳动及私有财产，步入了理想社会之大门。然而，与人们的简单化的愿望相反，现实历史却选择了一条复杂得多的道路。市场经济并没有被超越，它实实在在地来到了我们的生活中。市场经济作为一种基本的社会现实，破坏了已有的信念之网，它给我们的哲学提出的严峻挑战是：如何在这一现实条件下重建自由发展之理想？面对这一严峻挑战，重复一种僵化了的传统的解释体系，自然无用；企图借助于新儒学之类来补救亦只能是事与愿违。唯一可行的方式只能是从马克思的真精神出发，在现代市场经济的汹汹大潮中重建指向自由发展之理想的"通天塔"。当然，这是一项极其艰巨的理论任务，但唯有知难而进，我们才能从根本上克服哲学的不在场状况，帮助处在现代化进程中的国人建起一个可供选择的安身立命的精神家园。

我们近年来着力于社会哲学的研究，其目的就是想从总体上把握住中国社会的变化。市场经济是当今中国社会的最基本的现实，而中国的市场经济有着一系列自身独有的特色，如它的社会主义前提，它的独特的文化背景，它所处的时代的国际环境，它的独特的地理、人口、资源条件，等等。要想使我们的终极理想、终极关怀深深地根植于现实生活之中，便必须把握住这一现实。但我们的根本目的，并不是仅仅把握住现实，而是要从对现实的真实把握中超越现实，寻找出具体的达于终极理想的进路来。作为对于现实社会之总体把握的社会哲学的研究无疑还会对我们的知识体系产生重要影响，例如，关于社会结构及其变迁的某些观念可能有助于经验社会科学在中国的重建，但就哲学自身看，其意义只能在于为终极理想奠定现实的基础。就此而言，社会哲学研究中的实证化倾向与浮泛化倾向都是不利于这一研究的健康发展的。前者忘却了哲学自身的使命，是为"失职"；后者离开了对现实社会生活的具体把握，满足于从经典著作中寻章摘句，拼凑浮泛的缺乏时代精神的体系，是为"渎职"。真正的哲学，应当如黑格尔所言，是把握在精神中的时代。我们的研究就主观意图而言，是力求避免上述两种偏向，以便能为终极理想在新的条件下的重建贡献一点力量。最后，我想说：社会哲学在现今中国是一个新的哲学研究领域，因而需要有更多的人投身于其中，以尽快使我们的哲学成为真正根植于现实生活的终极关怀，重新焕发其青春。

必然与自由*

　　在新中国成立后曾一度膨胀的唯意志论思潮是披着马克思主义的主观能动性理论的外衣出场的。这股唯意志论思潮的主要的、核心的问题，是忽视和藐视客观规律，不按经济规律办事，不按各个领域自身的运行规律办事，而是凭人们的主观意志行事。清理这种哲学思潮，最重要的也就是从各个方面阐明主观能动性与客观规律性的关系问题，即人们改造客观世界的活动同客观世界本身固有的规律性之间的关系问题，既阐明主观能动性受着客观规律的制约，又阐明客观规律为人的主观能动性的发挥提供依据，即客观规律乃是人的有目的的活动的基础。可见，这个问题在哲学上的归结就是必然与自由的关系问题。

　　可令人深思的是，在这股唯意志论的思潮中，不仅关于必然和自由的关系问题本身弄得十分混乱，而且还有一个与此问题同样重要，在一定意义上甚至可以说更加重要，却长时期里被人们

---

　　*　本文原载《哲学研究》1986年第8期。

所误解的问题，这就是混淆"必然"和"自由"同"必然王国"和"自由王国"这两对范畴之间的区别。例如，1958年有篇文章写道："我们的时代的精神是什么？从根本方面说来，主要的就是恩格斯说的'从必然的王国进于自由王国的飞跃'。"文章说，1958年这一年，我们已经开始了这个"飞跃"，根据就是"人的主观能动作用达到了一个新的历史阶段"，这一年，是"开阔眼界、破除一切迷信的一年"。文章问自己："社会主义制度下人的主观能动作用究竟有多大？"回答说："在实际上是望不到边的"，例如试验田可以由亩产几千斤到几万斤到十几万斤。可见，文章所谓的"自由王国"就是摆脱了必然王国的绝对自由。

一、"必然"和"自由"是认识论范畴

必然是客观事物的联系和发展中合乎规律的确定不移的基本趋势，属于客观的范畴。自由即人们的意志自由和行动自由，属于主观的范畴。列宁说过，恩格斯关于必然和自由的论述是对于自然界是第一性、意识是第二性的这个唯物主义一般定义的"一次个别应用"，并且他批判卢那察尔斯基等想当马克思主义者的俄国马赫主义者们竟然"没有看出"恩格斯关于必然和自由的论述在认识论上的意义。[1]自由就是对必然的认识和对客观世界的改造，就是认识必然和利用必然。必然和自由的关系是从属于主

———————

① 《列宁选集》第2卷，人民出版社2012年版，第150—153页。

客观的一般关系的。对于必然与自由的关系的全面的理论阐述，几乎涉及马克思主义认识论的全部基本概念和理论，是一种很地道且很深刻的认识论理论。

列宁说："必然性在转变为自由时并没有消失。"[①]正如物质变精神时并没有消失一样，这时候它只是由盲目的必然性变成了为我的必然性。人们在任何时候都只能认识和利用必然性，而不能消灭或摆脱必然性。必然性变成自由时不会消失，而自由一旦违背必然性却随时可以消失。人们处在自由状态或不自由状态，只是必然制约自由的两种不同的表现形态而已。这就是说，人们的认识和实践，在任何时候都要服从客观必然性，要受客观必然性制约，只有遵循客观必然性才能获得自由，也只有遵循客观必然性才能保持自由和扩大自由。因此，在认识论的意义上，无所谓"自由王国"。

有文章在认识论的意义上使用"自由王国"的概念，把它视为标志人的主观能动作用发展程度的范畴，这显然是滥用了这个概念。若问人的主观能动性达到什么程度就算进入了所谓"自由王国"，这是没有人能给出明确答案的，这篇文章也只能说在社会主义制度下，人的主观能动性实际上是"望不到边"的。望不到边，也就是找不到所谓"自由王国"和"必然王国"的边界。"望不到边"，就是无边无际，想到哪里就可以到哪里，想走多远就可以走多远。这当然是自由得很，是绝对的自由。但这是人类历史永远不可能出现的状态。这个"望不到边"论，可以说是对

----

① 《列宁全集》第55卷，人民出版社2017年版，第136页。

于那一年里诸如"人有多大胆，地有多大产""不怕做不到，只怕想不到""敢想就有可能，敢做就能实现"这一类口号的理论表达、哲学表达。

"望不到边"论在理论上提出的问题，是人的主观能动性发展的无限性和有限性的关系问题。人们总是在一定的历史条件下认识世界和改造世界的，人的主观能动性总是受着一定的历史条件制约的，因此，不论在何种社会制度下，人的主观能动性都是有边界、有限度的，即有限的。诚然，任何界限都不是凝固的、僵死的，随着历史条件的变化，人的主观能动性也会突破原来的界限而向前发展，这种发展是没有止境的。从这点上，也只是从这点上，又可以说它是无限的。无限和有限是对立的统一，无限即寓于有限之中。离开有限讲无限，从而否定界限的存在，或者离开无限讲有限，把界限看成凝固不变的，这两种看法都是非辩证的。恩格斯说："人的思维是至上的，同样又是不至上的，它的认识能力是无限的，同样又是有限的。按它的本性、使命、可能和历史的终极目的来说，是至上的和无限的；按它的个别实现情况和每次的现实来说，又是不至上的和有限的。"①人的认识的发展如此，人的实践的发展也如此。人的主观能动性的发展过程，就是无限和有限的辩证统一的过程。"自由王国"这类的概念无助于理解和阐释这种认识论的辩证法。

① 《马克思恩格斯选集》第3卷，人民出版社2012年版，第463页。

二、"必然王国"和"自由王国"是社会历史范畴

马克思和恩格斯关于必然王国和自由王国的集中论述主要有两处，一处见于马克思的《资本论》，一处见于恩格斯的《反杜林论》。说明这一问题，首要的是正确理解马克思和恩格斯论述的原意。

恩格斯在《反杜林论》的"哲学"编中讲了"自由和必然"，在那里是讲的认识论，最著名的论断是"自由不在于幻想中摆脱自然规律而独立，而在于认识这些规律，从而能够有计划地使自然规律为一定的目的服务"，"人对一定问题的判断越是自由，这个判断的内容所具有的必然性就越大；而犹豫不决是以不知为基础的……"①但这些直接论述主观能动性和客观规律性的关系问题的话，有的学者视而不见，而是翻到后面的"社会主义"编中去抄"从必然的王国进入自由王国的飞跃"那句话。在那里，恩格斯是从一个特定的角度讲了社会主义必然代替资本主义的问题。恩格斯透彻地揭示了资本主义社会的基本矛盾，考察了这一矛盾产生、发展和日益激化的运动过程。他指出，生产的社会化和生产资料的私人占有之间的矛盾是资本主义生产方式所固有的、不可克服的矛盾。生产的社会化使人们的社会联系日益扩大和加强，而生产资料的私人占有制却使人们根本无法驾驭自己活动所造成的社会关系，即"丧失了对他们自己的社会关系的支配权"。这种社会关系以一种物化的形式"反过来反对生产者本身"，把

---

① 《马克思恩格斯选集》第3卷，人民出版社2012年版，第491、492页。

人们"置于它的统治之下"。由于人们不能驾驭社会关系，因此，"社会生产的无政府状态占统治地位"，整个社会充斥着疯狂的"生存斗争"。这一矛盾会通过周期性的经济危机剧烈地爆发出来，它的激化最终必然导致资本主义生产方式的炸毁。由此恩格斯预言：一旦消灭了生产资料的私人占有制，生产资料将归社会占有，产品对生产者的统治将会消除，社会生产内部的无政府状态将得到克服，生存斗争将停止，人们将支配和控制自己的生存条件，成为自己的社会结合的主人。在作了这些分析之后，恩格斯才作出"这是人类从必然王国进入自由王国的飞跃"的论断。① 可见，恩格斯所说的"必然王国"，就是指人被物化的社会关系所支配即人受物支配的社会状态，而"自由王国"则是指人支配自己的社会关系即人支配物的社会状态，所谓"人类从必然王国进入自由王国的飞跃"，就是由一种社会状态向另一种全新的、合理的社会状态的过渡。因此，恩格斯紧接着在下一段中指出："完成这一解放世界的事业，是现代无产阶级的历史使命。"② 他把这一飞跃看作是完成"解放世界的事业"，那就是推翻资本主义旧世界、创造新世界，就是实现资本主义生产方式和整个社会制度的根本变革。

显然，把恩格斯的这一命题等同于表述从必然向自由转化的一般认识论内容的命题，是不符合恩格斯的原意的。虽然在一定的意义上也可以说，从必然王国向自由王国的飞跃是从必然向

---

① 《马克思恩格斯选集》第3卷，人民出版社2012年版，第815页。
② 《马克思恩格斯选集》第3卷，人民出版社2012年版，第817页。

自由的转化，但只是限于社会历史领域内。社会历史领域不同于自然领域，在这里，从必然向自由的飞跃只是在一定的历史关头才发生的。要使人不受盲目的社会关系的必然性的支配而反过来驾驭这种必然性，单靠认识是不够的（且不说这种认识也只是在人类历史的一定阶段上才能获得的），而必须依赖于社会变革，即依赖于对旧的资本主义的生产方式以及和这种生产方式连在一起的整个社会制度实行完全的变革。因此，即使对于社会历史领域内必然向自由转化的问题，也需要借助于必然王国和自由王国这对范畴，着重从社会历史发展的特殊性上加以探讨。

马克思关于必然王国和自由王国的经典性论述是在《资本论》里，他是这样说的："事实上，自由王国只是在必要性和外在目的规定要做的劳动终止的地方才开始；因而按照事物的本性来说，它存在于真正物质生产领域的彼岸。"物质生产的领域始终是一个必然王国，"在这个必然王国的彼岸，作为目的本身的人类能力的发挥，真正的自由王国，就开始了"。① 这里明确揭示了所谓自由王国的实际内容就是人类能力的发挥和发展成为目的本身。马克思说按照事物的本性，自由王国只存在于真正物质生产领域的彼岸，却不是说物质生产领域的彼岸就是自由王国，而只有当人类能力的发挥和发展成为目的本身时才在那里开始了自由王国。事实上，自从人类有了剩余劳动，就有了物质生产活动的"此岸"和"彼岸"的对立，但只有当历史扬弃了这种对立

① 《马克思恩格斯文集》第7卷，人民出版社2009年版，第928、929页。

时，才有人类从必然王国向自由王国的飞跃。

可见，马克思说的"自由王国"也是指的一种社会状态，是指的人类能力的发挥和发展成为目的本身这样一种社会状态，即可以实现人的全面自由发展的社会状态。应当说明的是，恩格斯和马克思所论述的"必然王国"所指的必然性是有区别的。恩格斯指的是盲目的社会关系的必然性，马克思指的是人类必须同自然界进行物质变换这种自然必然性；前者是一种历史的必然性，后者则是一种永恒的必然性。因此，所谓从必然王国向自由王国的飞跃这个命题的具体含义也有所不同。在前者，是意味着"必然王国"的终结，即人们受盲目的社会关系的必然性支配的状态的终结；而在后者，则不是"必然王国"的终结，而只是由于扬弃了物质生产活动的"此岸"和"彼岸"的对立而改变了它的性质。但是，二者都体现着或表现着从一种社会状态向另一种社会状态的飞跃却是无疑的。

如果说对马克思论述的上述理解正确的话，那么，它同恩格斯论述的一致性就是显而易见的。真正的自由王国是指人类能力的发挥和发展成为目的本身，这当然也就是人获得了主体地位，成了自己社会关系的主人，不再是物支配人，而是人支配物。实际上，恩格斯也已经论述了马克思的这个思想。他在论述"自由王国"的那段话的前一段说：在实现了生产资料的社会占有之后，"通过社会化生产，不仅可能保证一切社会成员有富足的和一天比一天充裕的物质生活，而且还可能保证他们的体力和智力获得充分的自由的发展和运用，这种可能性现在第一次出现了，但它确实是出现了"。这和下一段讲的"这是人类从必然王国进入自由王国的飞跃"①是相呼应的。人是社会关系的总和，人的发展也是离不开人的社会关系的。人们驾驭自己的社会关系和人的能力的自由而全面的发展，是内在地联系着的。驾驭社会关系是保证人的能力充分而自由发展的前提条件，人的能力的充分而自由的发展则是驾驭了自己社会关系后的必然结果。

三、区别这两对范畴的意义

马克思和恩格斯讲的"自由王国"，是废除了资本主义私有制，人们成了自己的社会结合的主人，因而人类能力的发挥和发展成为目的本身这样一种社会状态，这就是共产主义社会（社会主义是它的低级阶段）。社会主义制度的建立，标志着人类社会的发展进入一个新的历史时期。"在这个时期中，人自身以及人的活动的一切方面，尤其是自然科学，都将突飞猛进，使以往的一切都黯然失色。"②这就是说，在这个时期，社会生活即人们的活动将获得全面的进步，人们自身，人们的主观能动性也将获得大大的提升。这些，都显示了社会主义制度的优越性。研究社会主义社会的发展，首先应当对于社会生活各个方面及人的发展的过程和趋势进行分别的研究，然后在分析的基础上综合，把握各方面之间的内在联系，揭示社会主义社会发展的客观规律。对于

---

① 《马克思恩格斯选集》第3卷，人民出版社2012年版，第670、671页。
② 《马克思恩格斯选集》第3卷，人民出版社2012年版，第860页。

社会生活和人的发展的各个方面的研究都有它们各自相应的范畴，不可互相混淆，或互相归结。比如我们这里所讨论的问题，就是把标志社会发展状态的范畴与标志人的主观能动性发展程度的范畴混淆了。由于社会发展状态和人的主观能动作用的发展状态是互为因果、互相促动、同步提升的，二者之间有着十分密切的、直接的关联，因而极容易将它们混淆起来。但是如果混淆了，就必定会导致理论上的错误。

20世纪50年代初，苏联讨论政治经济学教科书未定稿时，有些经济学家就是混淆了这两个方面的问题。他们也是引证恩格斯的《反杜林论》，认为人已经摆脱了社会经济关系的统治而成为自己社会生活的"主人"，就使经济规律失去了它的客观性质。他们提出，苏维埃国家及其领导人可以废除现存的政治经济学规律，可以"制定"或"创造"新的规律。斯大林发现了这个问题，并在他的《苏联社会主义经济问题》一书中系统地批判了这种唯心主义的观点。[①]在我们国家，20世纪50年代初期许多人也学习了斯大林的这本著作，这对于帮助人们认识社会主义时期经济规律及其他各种规律的客观性质，正确发扬人的主观能动性是起了一定作用的。但是，关于客观规律性和主观能动性、必然和自由相互关系的唯物主义思想并没有扎下深根，加上将"自由王国"误解为认识论的范畴，因而到50年代末期，又有些人头脑发热，认为我们在社会生活的各个方面都进入了"自由王国"，仍然有人主张可以消灭规律和创造规律。

---

① 《斯大林选集》下卷，人民出版社1979年版，第541—545页。

可见，把作为认识论范畴的必然与自由，同作为社会历史范畴的必然王国和自由王国加以区分，是非常重要的。如将它们混淆，则一方面会造成思想理论上的迷误，已如前述；另一方面会遮蔽马克思主义"自由王国"理论的真实意义。

"自由王国"理论是
对人类终极理想的探求*

关于"自由王国"理论的真实内容，马克思的论述和恩格斯的论述在思想实质上是完全一致的。但是，马克思的论述更直接和明确，论证更充分，更不容易发生误解。所以，我想着重谈谈对马克思论述的理解。

马克思说的物质生产活动的领域和物质生产活动以外的其他活动领域的对立，即物质生产活动的"此岸"和"彼岸"的对立，实质上是劳动时间和自由时间的对立。这种对立是历史的产物，是在社会生产有了一定的发展而又发展不充分的历史条件下出现和存在的。当社会生产力有了一定的发展，劳动者能够超出自身的需要为社会提供剩余劳动时，也就是说，劳动者的劳动时间可以区分为必要劳动时间和剩余劳动时间两部分时，人类就不用把全部时间和精力都花费在物质资料的生产上，而可以腾出一

---

* 本文原载《哲学研究》1986年第8期。

部分时间从事科学、艺术、社会管理等物质生产活动以外的其他活动。这种以剩余劳动为基础的用以从事科学、艺术、社会管理等活动的时间，就是社会所游离出的自由时间。这种自由时间的出现，对于人类自由的发展以至整个人类文明的发展具有决定性的意义。"整个人类的发展，就其超出对人的自然存在直接需要的发展来说，无非是对这种自由时间的运用，并且整个人类发展的前提就是把这种自由时间的运用作为必要的基础。"①但是，在以往的私有制社会，劳动者的剩余劳动被占人口少数的剥削者所侵占。剥削阶级侵占剩余劳动，也就是窃取社会的自由时间。在这种历史条件下，劳动者创造了自由时间却不能享受自由时间，他们不得不承担着整个社会的全部劳动重负，他们的可供支配的时间都变成了劳动时间，因而成为"人格化的劳动时间"②。自由时间和劳动时间的对立直接表现着私有制社会中的剥削阶级和被剥削阶级的阶级对立。由于劳动者的可供支配的时间都变成了劳动时间，因而就"丧失了精神发展所必需的空间，因为时间就是这种空间"③。由于剥削阶级独霸自由时间，因而就把持了人类能力发展的垄断权。剥削阶级能力的发展以被剥削阶级丧失发展为基础，人类能力的发展以牺牲广大劳动群众的发展为条件。在整个阶级社会，人类自由就是在这种对抗的形式中发展的。在这种对抗的形式中，尽管社会所游离出来的自由时间随着生产力的发展而不断增加，但人类能力的发展即人本身的发展并没有成为目

①《马克思恩格斯全集》第 47 卷，人民出版社 1979 年版，第 216 页。
②《马克思恩格斯文集》第 5 卷，人民出版社 2009 年版，第 281 页。
③《马克思恩格斯全集》第 47 卷，人民出版社 1979 年版，第 344 页。

的，因而谈不上什么"自由王国"。

这种劳动时间和自由时间的对立发展到资本主义社会则获得了更典型的形式。"创造可以自由支配的时间是资本的主要使命。"①资本在拼命追求剩余价值的角逐中，大大地提高了社会生产力，缩短了工人的必要劳动时间，为社会创造出了大量自由时间，为人类能力的发展提供了广阔的空间。但是，正如马克思所指出的："资本的不变趋势一方面是创造可以自由支配的时间，另一方面是把这些可以自由支配的时间变为剩余劳动。"②因为增殖价值、积累财富是资本的目的本身，而劳动者的剩余劳动则是实现价值增殖的唯一源泉，是达到这一目的的手段。资本的本性决定了它必然要把自由时间变为剩余劳动时间，而不允许工人运用这种自由时间获得自身的发展。马克思揭露道：在这里，"实际的生产者表现为单纯的生产手段，物质财富表现为目的本身。因此，这种物质财富的发展是与个人相对立的，是以牺牲个人为代价的"③。

在当代资本主义社会，由于科学技术的发展，劳动生产率的提高，劳动时间和自由时间的对立出现了一些新的情况和特点。社会的劳动时间和自由时间的比例有了明显的变化，劳动时间不断缩短，自由时间不断增加，因而在经济技术比较发达的资本主义国家，工人（特别是白领工人）的闲暇时间、业余活动时间已有明显增加。同时，劳动日益向科学化的方向发展，单调的、沉

① 《马克思恩格斯全集》第46卷（下），人民出版社1980年版，第533页。
② 《马克思恩格斯全集》第46卷（下），人民出版社1980年版，第221页。
③ 《马克思恩格斯全集》第49卷，人民出版社1982年版，第98页。

重的体力劳动以及简单的、重复的脑力劳动逐步为生产的自动化所代替，创造性的脑力劳动逐步在生产过程中占据主导地位，这就对劳动者的素质也提出了新的要求，要求他们成为具有一定全面性的人，因而社会所游离的自由时间不能不越来越多地用于发展劳动者的能力。但是，这并不意味着人的能力的发展已经成为目的本身，因为这种发展仍然是服从于资本的目的的，它只是在现代科技革命的条件下资本主义生产发展的需要。诚然，这种情况更加鲜明地表现了劳动时间和自由时间相互同一的历史趋势，但还不是劳动时间和自由时间对立的消失。只有冲破资本的束缚，工人才有可能真正占有和自由地运用自己的自由时间。只有根本推翻资本主义制度，才能宣告少数人占有他人剩余劳动、窃取他人自由时间的社会状态的终结。那时，人们就会生活在一个人人能够自由地运用自由时间、获得自由发展的全新的、合理的社会状态中，这种社会状态就是马克思所预见的"自由王国"。可见，所谓从必然王国进入自由王国的飞跃，也就是"自由时间和劳动时间之间对立的扬弃"①，就是物质生产活动的"此岸"和"彼岸"对立的扬弃。

扬弃劳动时间和自由时间的对立，其直接表现就是实现劳动的普遍化。这就是一切社会成员的可供支配的时间都分为劳动时间和自由时间两部分，人们既以这种或那种方式参加物质生产劳动，又可以运用自由时间去自由而全面地发展自己的能力。但扬弃劳动时间和自由时间的对立，还不只是消除了劳动时间和自由

① 《马克思恩格斯全集》第46卷（下），人民出版社1980年版，第533页。

时间的这种外在对立，即结束了一部分人的可供支配的时间都成为劳动时间而另一部分人的可供支配的时间都成为自由时间这种状况，而且是双方达到了对立面的统一。这时，一方面，自由时间具有了物质生产劳动的性质，人们在自由时间内获得自身能力的新的发展，这也就是劳动力在扩大规模上的再生产。当这种在自由时间内获得了新发展的劳动者重新投入到物质生产过程中去时，就会促使社会生产力的进一步发展。另一方面，劳动时间也具有了自由的性质。由于劳动的普遍化，人们的劳动不再具有受剥削、受奴役的性质；由于消灭了旧的不合理的社会分工，人们不再受旧的社会分工的束缚而可以自由地选择和变换工作；由于生产资料归全社会共同占有和支配，人们的劳动不再屈从于有限的生产工具，而是可以自由支配各种生产工具去发挥自己的才能；如此等等。这样，人们即使在劳动时间内也可以自由、全面地发展自己的能力，使自己真正成为"全面发展的一代生产者"[①]。

固然，在扬弃了劳动时间和自由时间的对立，开始了真正的自由王国以后，物质生产的领域仍然是一个必然王国。物质生产是人与自然之间的物质变换。人类为了满足自己的需要，为了维持和再生产自己的生命，就必须进行这种物质变换，这是一种永远不可摆脱的自然必然性。但是，这个"自然必然性的王国"在不同的社会条件下却有着重大的历史差别。在扬弃了劳动时间和自由时间的对立之后，尽管物质生产劳动仍然是维持人类生存所必须进行的活动，是一种似乎由外在目的规定要做的劳动，但

---

① 《马克思恩格斯选集》第3卷，人民出版社2012年版，第684页。

"外在目的失掉了单纯外在必然性的外观，被看作个人自己自我提出的目的"①。也就是说，它不再是"表现为为了某种纯粹外在的目的而牺牲自己的目的本身"②，而是成了目的本身，成了人们生活的第一需要。这个"必然王国"不是同"自由王国"相对立的，而是"自由王国"得以繁荣的基础。这个"必然王国"在其发展过程中的这种历史差别，正鲜明地表现着两种社会状态的差别。

马克思、恩格斯的"自由王国"理论表达的是一种美好的社会理想。人类能力的发挥和发展成为目的本身，即人能够全面自由地发展，是马克思和恩格斯所理想的社会状态。这种社会理想，在马克思和恩格斯的其他著作中还有一系列的论述。例如，恩格斯在《共产主义信条草案》里写道："共产主义者的目的是什么？答：把社会组织成这样：使社会的每一个成员都能完全自由地发展和发挥他的全部才能和力量，并且不会因此而危及这个社会的基本条件。"③后在《共产主义原理》（它是在《共产主义信条草案》的基础上修改完善的）里说："根据共产主义原则组织起来的社会，将使自己的成员能够全面发挥他们的得到全面发展的才能。"④马克思在《资本论》里写道：更高级的（即共产主义的——引注）社会形式是"以每一个个人的全面而自由的发展为

---

① 《马克思恩格斯全集》第46卷（下），人民出版社1980年版，第112页。
② 《马克思恩格斯全集》第46卷（上），人民出版社1979年版，第486页。
③ 《马克思恩格斯全集》第42卷，人民出版社1979年版，第373页。
④ 《马克思恩格斯选集》第1卷，人民出版社2012年版，第308页。

基本原则的社会形式"①。《共产党宣言》里说:"代替那存在着阶级和阶级对立的资产阶级旧社会的,将是这样一个联合体,在那里,每个人的自由发展是一切人的自由发展的条件。"②显然,马克思恩格斯关于从必然王国向自由王国飞跃的命题,正是对于科学共产主义的一种哲学表述。

可见,马克思恩格斯的"自由王国"理论是对于人类生活的终极关怀,即其终极意义、终极理想的关怀。马克思主义哲学所理解的终极理想就是人的自由全面发展。马克思和恩格斯作为这一哲学的创始人,他们的哲学理论活动,归根到底来说,或从其最主要之点来说,就是为探索这一伟大理想现实化的道路和条件提供理论与方法。

---

① 《马克思恩格斯文集》第5卷,人民出版社2009年版,第683页。
② 《马克思恩格斯选集》第1卷,人民出版社2012年版,第422页。

重建新世纪的价值观*

我们目前正处于新旧世纪交替的历史时期。从哲学价值观上反思我们刚刚走过的20世纪，展望新的世纪，是非常必要的。在20世纪，片面的现代文明价值观的局限性已经充分显现出来。只有依据新的历史条件，实现价值观的变革和重建，才能为新世纪的发展提供良好的思想基础和精神保障。价值观是支撑人类生活的精神支柱，它决定着人类行为的取向，决定着人们以什么样的心态和旨意去开创自己的新生活，因而它对于人类的生活具有根本性的导引意义。探讨世纪之交价值观的变革与重建，是全人类关注的问题，是世界性的重大时代课题。这正是我们召开这次"新世纪价值观"国际研讨会的主旨。

价值观作为人对自身生活意义的反思和追求，既具有相对的稳定性，又会随着社会生活的变化而变化。在历史上，现代文明的价值观是随着人类由农业文明向工业文明的转变而生成和发展

＊ 本文原载《中国教育报》2000年10月11日。

起来的，它既有效地引导着人类工业文明的实践，又包含着自身的缺陷。

工业革命以来的现代文明时代是科学技术迅速发展并广泛运用于物质生产的时代。人类运用科学技术，使自己由过去依附于自然变为能动地支配自然。科学技术在社会生产中显示出的巨大威力，使得人们过高地估价了科学理性的力量。于是，人由崇拜外部自然、崇拜超人间的神的力量转向崇拜人自身，崇拜人的理性。科学理性的片面发展，使人与自然的关系日趋紧张。在20世纪，随着科学和工业的发展，人的行为的社会化程度空前提高，人的行为的社会效应空前增大，人对自然的"征服"引发的自然界的报复也更为猛烈地表现出来，造成了严重威胁人类生存的全球性问题。严酷的事实使得人们用科学理性征服自然的信念破产，迫使人们重新思考科学理性的作用，思考科学理性的合理性限度。现代科学技术的发展，呈现出与人文社会科学日益接近的新特点，科学技术的社会影响和人文意涵更为明显地显现出来，科学技术中的人文价值问题日益突出。克隆技术、人类基因密码的破译等，都把科技发展的道德和价值问题尖锐地提到人们的面前，都凸显出工业革命以来现代文明价值观对科技本质理解的片面性。

工业文明是以市场经济为基础的。市场经济的利益驱动机制，在充分调动人的生产积极性、促进生产发展的同时，也刺激了人的物欲的膨胀。在市场经济下，人的物质欲望是以追求抽象的"物"——货币的形式表现出来的，是对抽象的、一般的物质财富的追求，必然会诱发出拜金主义。物欲的膨胀会伤害人们的情感世界，扭曲人们之间的亲情、友情，阻滞人们的精神交往与沟通，精神生产这片高尚的领地也会受到功利主义的污染。对社会物质财富的片面追求，会从根本上影响人们的消费观念。如果说在工业文明的早期，勤俭还是社会倡导的主流价值观念，那么，随着牟利性的生产对消费的影响，必然会刺激起人们过度消费的欲望，造成消费主义的祸患。在这种情况下，社会物质欲求和精神追求相分裂，整个人类文明向物欲倾斜。20世纪，由于社会经济发展的垄断性，贫富差距更为扩大，人们的利益冲突更加明显，人们对物欲的追求更加强烈，拜金主义、享乐主义泛滥，人们往往用过度的物质消费填补精神上的空虚。功利主义的观念渗透到精神生产之中，高雅文化被冷落，低俗文化充斥着文化市场。过去认为只要运用理性的力量便可以解决各种社会矛盾，建立人人自由平等的"理性的王国"，而事实上，按科学理性建构的官僚科层组织和机构，不但没有实现自由、民主的预期社会理想，反而成为禁锢人的思想和行为的牢笼。两次世界大战给人类造成的巨大灾难，国际社会的冷战、局部性战争的威胁等，所有这些，都从根本上动摇了科学理性主义的价值观，使"理性王国"的理想破灭，使人们普遍地陷入精神的困惑、信仰的危机，人们充满对现实无可奈何、对未来悲观失望的情绪。

在20世纪，社会因素的复杂多变，使得人们往往不再把生活的价值目标和意义视作确定无疑的，生活世界的动荡不定使得人们难以形成固定不变的价值观念，许多人失去对生活意义的坚定信念，怀疑主义、相对主义、非理性主义随之蔓延。然而，现代社会却又要求人们对自己的生活抱有明确的态度，做出明确的自我决定和选择。人们从来没有像今天这样强烈地需要相对稳定的价值观念的支撑，需要在变动不定的世界寻求到一个安定的精神家园。生活世界的变换不定，理想信念的迷失，又使人难以弄清生活的终极意义。人往往生活在渴望理解生活的终极意义，却又怀疑生活的终极意义存在的矛盾之中，生活在因缺乏稳定的价值观念而对周围世界无所适从却又必须做出明确的自我决定的矛盾之中。由于缺乏精神的支撑，人的心理承受能力脆弱，无法应对复杂的社会矛盾和变动不居的社会生活，精神病患者增多。

在20世纪，虽然居于主流地位的片面的现代文明价值观在哲学上不断地受到批判，但是，西方哲学是在科学主义和人本主义两种思潮相互分裂、相互对立的情况下进行批判的。唯科学主义用量化的、计算理性的方法评判一切，人的情感生活、精神世界被忽略。人本主义则表现为非理性主义的消极悲观情绪，表现为对人们精神生活危机的一种无奈的态度，因而，都不能为人的积极进取的人生理想与追求提供理论指导。近年来，虽然这两大思潮呈现出合流的趋向，但是，却并未找到二者统一的现实基础，不能满足人们形而上的精神需求。显然，21世纪的哲学家们必须探索新的解决问题的方式。

关于如何探索在变革旧的价值观的过程中重建新世纪的价值观，我想谈三点意见。

首先，新的价值观的建构要同探索新的社会发展模式结合起来。一个社会的价值模式同社会的发展模式是紧密相关的。从一定角度说，社会发展的目标模式同社会的价值模式就是一回事。针对人类文明已经严重倾斜的情况，必须改变以往单纯以经济增长为根本目标的社会发展模式，确立社会生活全面进步的新模式。这几乎已成为各民族的一种共识。同这种新的社会发展模式相适应，在价值观念上就应当树立把人的全面发展作为衡量社会进步的标尺，树立人是社会发展的主体和目的的观念。社会在满足人的基本物质需要的同时，要注重人的精神生活的充实，精神需求的满足，使社会的物质文明和精神文明协调、平衡发展。为此，新世纪价值观的建设，要建立在高度重视人的价值上，反对用物化的价值、异化的价值遮蔽和压抑人的价值，用物欲的膨胀挤压人的精神空间。

其次，新的价值观的建构应以人类理性精神的重建为基础。近代西方理性主义的失误不在于它看重理性，而在于它把"理性"概念片面化了。这主要地表现在两个方面。其一是，它越来越把人类理性归结为科技理性，并把科技理性只看成一种工具性的东西，而把价值理性排除于"理性"概念之外，像人们对于生命意义的追寻、对于人类命运的关注、社会理想的确立等，都似乎不是"理性"要做的事情。这样，就会使科技理性或工具理性因失去人文理性或价值理性的制约而片面地恶性地膨胀，也会使价值理性因脱离科学精神的基础而难以培育和健全。其二是，近代西方工业文明倡导的理性实质上是抽象、孤立的个人理性。这种理性会使人用"以自我为中心"的利己主义态度对待自然，对待社会。在人与自然的关系上，如果说在工业文明的早期，人与自然截然对立的观念还有一定的认识上的原因，那么，在现代，人对自然环境的肆意破坏则主要应归咎于不顾社会和他人利益的利己主义。在人与人的关系上，抽象、孤立的个人理性导致个人行为的自觉性和个人之间社会交往的自发性的矛盾，使个人的理想目标难以达到预期的结果。人的自我决定与行为后果的超出自我预期之间的矛盾，必然会使人对理性产生动摇和怀疑，发生理想信念的危机。可见，克服近代理性主义的片面性，重建健全的人类理性精神，是构建新世纪价值观的重要基础和前提。

最后，最为重要也最难以处理的是本民族文化与异质文化的关系问题。价值观念是文化观念的内核，建构新的价值观是个文化建设的问题。任何一种价值观都必须植根于本民族的文化土壤，但又难免受到异质文化的影响。本民族文化与异质文化的关系问题，在现代条件下更为尖锐、更为复杂了。现代经济发展呈现出全球一体化的趋势。经济全球化的后果，是各种文化的矛盾与冲突更加激烈，东方文化和西方文化，前现代文化、现代文化和后现代文化被挤压在一个平面上，相互碰撞，相互激荡。以电子计算机网络为媒介的交往方式的迅速发展，使各民族之间的交往更加广泛和紧密，这又使文化问题变得更加错综复杂。在当代，世界各国的联系不仅更加广泛紧密，而且具有了新的特点。当代世界已经不再是发达国家单向度地向其他国家和民族扩张，使其他国家和民族沦为殖民地的时期。广大发展中国家和民族从对发达国家的经济、政治的依附状态下解放出来，摆脱殖民地和附属国的地位，争取民族独立和国家主权，走上了独立自主的发展道路。这种世界经济、政治格局决定了不同民族的文化也应保持自己的独立性，任何国家和民族都不能把自己的文化观念、价值原则强加于其他国家和民族，搞文化殖民主义或文化霸权主义。当然，在全球化、网络化的当代，各民族的文化又要相互对话、相互交流。一种文化只有通过同其他文化的相互作用，通过吸取异质文化的积极因素，才能自我保留、自我发展。人类文明史表明，文化的保留有两种不同的形式。一种形式是，某种文化观念通过汲取异质文化中的积极成分，通过对与自身相异的文化的整合使自身得到发展，形成一种新的文化观念，原有文化观念以扬弃的形式在新的文化观念中得到保留；另一种形式是，某种文化观念，只是它的积极成分为其他文化所吸收，在其他文化中以扬弃的形式保留下来。前者是自我保留，后者则是被保留；前者使一种文化自身的生命延续下来，后者则使一种文化自身的生命消亡。这两种文化保留形式的区分，对于作为该文化的载体、作为该文化的拥有者的民族来说是生命攸关的事情。显然，一种文化要想自我保留下来，而不仅仅是在其他文化中被保留下来，就不能只是以一种消极的方式去与其他文化相互作用，而必须主动吸取其他文化来补充和发展自己，获得自我发展的新形态。所谓建构新世纪的价值观，说到底，就是建构民族文化在新世纪获得自我发展的新形态。

新的世纪、新的社会发展态势和格局呼唤着新的价值观念，我们应该积极探索，努力创新，为建构起能够合理指导新世纪人类生活的新的价值观，做出我们的理论贡献。

矛盾同一性的含义
及其与矛盾斗争性的关系[*]

　　如何理解矛盾的同一性以及矛盾的同一性和矛盾的斗争性的关系，这是辩证法研究中的一个老大难问题。科学地解决这个问题，对于深入地开展辩证法的理论研究，对于总结社会主义时期的历史经验，以及对于正确地处理四化建设中的各种矛盾，都有着重要的意义。我们的文章，仅就目前学术界持有争议的若干方面谈些粗浅的看法，以就教于同志们。

　　斗争性和同一性是辩证矛盾的两种互相对立又互相联结的基本属性。斗争性指的是矛盾双方相互排斥的性质，同一性则是指的矛盾双方相互联系的性质。这里，"联系"不是在广义上例如所谓普遍联系的意义上讲的，而是在狭义上讲的，是与"排斥"结成对子的"联系"。因此，矛盾同一性的基本含义就是指的矛盾双方的相互依存。通常说的相互渗透、相互贯通、相互一致

---

　　* 本文原载《唯物辩证法讨论集》，广西人民出版社 1982 年版。

等，可以说只是相互依存的表现形式。矛盾双方的相互依存，也就是矛盾双方的相互肯定，即一方肯定自己以肯定对方为条件。正因为事物内部矛盾的双方具有这种相互依存即相互肯定的性质，才使事物具有质的稳定性。斗争性则与此相反。斗争性指矛盾双方的相互排斥，也就是矛盾双方的相互否定。正因为事物内部矛盾双方具有这种相互排斥即相互否定的性质，才使事物的质的稳定性只能是相对的，而变动性则是绝对的。可见，从实质上说，矛盾的同一性和斗争性是分别揭示事物的相对稳定性和绝对变动性的内在根据的哲学范畴。

我们的这种理解，与我国哲学界多年来对于矛盾同一性的传统解释是有重大分歧的。这个分歧，集中在如何看待矛盾双方相互转化的问题上。过去的哲学教科书都把矛盾着的双方各向着其相反的方向转化作为矛盾同一性的一个含义，并且是比矛盾双方的相互依存更为重要的含义。这种解释是不合逻辑的，在概念上是混乱的。这种概念上的混乱，是在辩证法的许多理论问题上造成困难的一个重要原因。

我们的总的看法是，对于对立面的转化这种现象必须加以分析，既不能笼统地把对立面的转化作为同一性的一种含义，又不能说对立面的转化和同一性毫不相干，而是要求在考察对立面的转化和矛盾同一性的关系时，区别转化的原因、转化的过程和转化的结果这几个方面。

若问对立面为什么能够相互转化，回答很明确：因为对立面之间有着内在的同一性。毛泽东在《矛盾论》里举例说，被统治的无产阶级经过革命转化为统治者，原来是统治者的资产阶级却转化为被统治者，然后说："试问其间没有在一定条件之下的联系和同一性，如何能够发生这样的变化呢？"①这样的论述无疑是正确的。列宁在黑格尔《哲学史讲演录》一段话的批语中也表述过同样的思想，他指出："'他物'是自己的他物，是向自己的对立面的发展。"②所谓"自己的对立面"，就是本来和自己相互依存着的对立面，即和自己内在地联系着的对立面。毛泽东和列宁的这些论述都清楚地说明，对立面之所以能够转化，是因为对立面本来是相互联系的，是具有内在同一性的，就是说，是矛盾的同一性包含着对立面转化的可能。

对立面相互转化的结果，使一方变到了另一方所处的地位，甚至使一方直接成了另一方，例如坏事变成了好事，达到了对立面的直接同一。这就说明，从对立面转化的结果可以看出对立面之间本来存在着内在的同一性，或者说，它表现着矛盾的同一性。

所以，从对立面转化的原因和对立面转化的结果，都可以看出，对立面的相互转化和矛盾的同一性是有密切关系的。列宁说的辩证法学说研究对立面"是怎样（怎样成为）同一的——在什么条件下它们是同一的、是相互转化的"③，正是指的研究这些内容。在这些问题上，学术界总的来说是没有什么分歧的。

现在提出的问题是，对立面相互转化的过程本身属不属于同一性的范畴？我们认为，对立面转化的过程并不是同一性。对立面转化的过程，即是事物质变的过程，是矛盾统一体分解的过

---

① 《毛泽东选集》第1卷，人民出版社1969年版，第303页。

② 《列宁全集》第38卷，人民出版社1959年版，第288页。

③ 《列宁全集》第38卷，人民出版社1959年版，第111页。

程，它是对立面相互联系的分离，是对立面相互依存的否定。这是一个对立面相互排斥的倾向得以贯彻的过程，这种相互排斥的斗争倾向贯彻到底，就是对立双方的彻底分离，就是一物变成自己的他物，即向自己的对立面转化。从这点上说，它同斗争性的倾向是一致的，而同对立面的联系这种倾向即同一性则正好是相反的，很显然，如果把相互依存和相互转化这样两种正相反对的属性或倾向都概括为同一性，就不可避免地要陷入逻辑上的混乱。

　　研究对立统一规律本身，也必须运用对立统一的观点。马克思主义哲学揭示对立统一规律，制定斗争性和同一性的范畴，是要说明事物发展的内在动因。为什么只有矛盾双方的又斗争又同一才能构成事物的矛盾运动呢？因为斗争性和同一性是两种互相对立的属性。同一性使事物保持相对稳定性，斗争性则既要以同一性为条件，又要打破同一，打破事物的稳定状态，这才有了事物的矛盾运动。而同相互排斥的斗争性相对立的，只能是矛盾双方的相互依存，不能是矛盾双方的相互转化。所以，只能是矛盾双方相互依存的同一性和斗争性相结合才能构成事物的矛盾运动。如果是相互转化和相互排斥结合在一起，那就只能是无休止的转化，不可能有相对稳定的状态，不可能有界限分明的由一种质向另一种质的过渡，世界就将是一团混沌，根本不会有什么发展。我们的实践证明了，斗争与转化结合是对事物正常发展的破坏，不能构成正常的矛盾运动。可见，把相互转化作为同一性的一种含义，这本身就是违背对立统一的观点的。

　　我国近二十年来哲学思想斗争的实际经验也清楚地说明，强调一个"斗"字，也就是强调一个"分"字，强调斗争和强调转化是同一种哲学倾向。有些同志在相当努力地批判斗争哲学，并且能够正确地指出斗争哲学在理论上的基本错误就是片面强调矛盾的斗争性而否认矛盾的同一性，可是，他们又认为对立面的相互转化就是同一性。那么，请想一想，斗争哲学也否认对立面的转化吗？在斗争哲学盛行的年月里，不是在一味地强调分化，强调所谓"变革"吗？一种新的生产关系刚刚建立起来，就说它同生产力的发展不相适应了，就要加以改革，什么"穷过渡"，什么"彻底破除资产阶级法极权"，什么"破字当头"，不都是在强调转化吗？那种所谓"不断革命论"，就是不断转化论。鼓吹不停顿地转化，正是斗争哲学的一个重要内容。强调转化和强调斗争是分不开的，都是否认事物的相对稳定性，用对立统一的观点说，就是否认矛盾双方的同一性。而我们批判斗争哲学，正确地全面地宣传对立统一规律，指出同一性在事物发展中的积极作用，指出同一性必然地要制约斗争性，其中一个重要的意义，也就是要正确地认识和利用同一性对于相互转化的制约，如同反对过火的斗争一样，坚持地反对过火的"变革"即无休止的转化。显然，既要把相互转化作为同一性的一个含义甚至是最重要的含义，又要运用同一性制约斗争性的正确观点去批判斗争哲学，这是自相矛盾的，这样的批判是无论如何也批不下去的。

主张对立面的转化属于同一性范畴的同志认为，相互转化就是对立面的同一，甚至是对立面的直接同一。你看，经过转化，甲方过渡到乙方，甚至甲方直接成了乙方，例如坏事成了好事，这还不是同一性？诚然，在相互转化的过程中，矛盾的一方不仅要排除对方的某种规定性，也要获得对方的某种规定性。排除对方的某种规定性是矛盾双方相互斗争的过程，而获得对方的某种规定性则可以说是相互依存这种同一性的转化形式，就是说，原来一方所依赖的某种规定性是存在于对方的，现在却转化到了自身，这就由外在的依存关系转化为自身内在的规定性。从这点上说，对立面转化的过程，也是一个矛盾双方又斗争又同一的过程。但是，就其主要倾向来说，它还是一个斗争性得以贯彻的过程。这是因为，即使一方获得对方的某种规定性这种情形，也是要以排除对方的某种规定性为前提的，归根到底，它是旧的矛盾统一体分解的结果。例如，无产阶级获得资产阶级原来所具有的统治者的规定性，就正是以排除资产阶级的这种规定性为前提的，这个过程，也就是资本主义社会这个矛盾统一体分解的过程。在转化过程中既存在着同一性又存在着斗争性，而且是以斗争性为主的，怎么能把它硬塞进同一性的范畴里去呢？

这里特别需要注意的是，有一个十分重要的区别不容忽视。通过对立面的转化所达到的对立同一，已不是原来的对立同一，而是新的对立同一。通过转化，甲方获得了乙方的某种规定性，此时，乙方因为失去了某种规定性而不再是这个乙方；甲方也因为获得了新的规定性而不再是这个甲方，它成了新的矛盾统一体中的一方。无产阶级失去了被剥削被统治的规定性就不再是被统治阶级，而资产阶级被推翻后获得了被统治者的规定性，两者之间已经不再存在旧的剥削和被剥削的同一性，而是新的统治和被统治的同一性了。我们考察矛盾的同一性和斗争性的问题，是考察矛盾双方的相互关系问题。这当然要求就同一个矛盾去考察，考察该一矛盾的发展史，考察该一矛盾的双方是怎样又斗争又同一的。旧矛盾让位于新矛盾，新矛盾又有它的又斗争又同一的发展史，又要求人们对这个新的矛盾的双方又斗争又同一的关系做新的考察。新的对立同一的建立，正是旧的对立同一分解的结果。而旧的对立同一瓦解的过程，就正是旧的矛盾双方相互转化的过程。固然，旧的对立同一的瓦解过程和新的对立同一的形成过程是一致的，是交织在一起的，不能截然分割的，但是，在我们运用哲学范畴在思维中对这一过程加以抽象的时候，则是可以而且必须将这两个过程剥离开来的。这样，所谓对立面的转化，指的就只是旧的对立同一的分解过程，而新的对立同一的建立则只能看成是这种转化过程的结果，它说明的是对立面"是怎样（怎样成为）同一的"，并不说明这个过程本身就是同一性。所以，经过转化甲方直接成了乙方这种所谓直接同一的实现，不但不能说明对立面的转化属于同一性的范畴，而恰恰说明它是旧同一性的否定。

主张对立面的转化属于同一性范畴的同志还认为，如果同一性范畴中排除了相互转化，那就是僵死的同一，就与形而上学的同一观划不清界限。我们认为，是不是僵死的同一，并不在于要不要在同一性的范畴中把相互转化包括进去，而在于是不是对立的同一，是不是包含对立和斗争的同一，即是不是受斗争性制约的同一。所谓不是僵死的同一，就是说的同一是相对的、暂时的、易逝的，就是说的同一状态是要瓦解的，相互依存着的对立面是要分离的。换言之，之所以不是僵死的同一，就因为对立面总是要在一定条件下相互转化的。而只要承认了对立的同一，承认了受斗争制约的同一，就必然承认转化，否定僵死的同一。相互依存的同一性要为对立面的相互转化所否定，要经过对立面的转化而被否定，这和同一性本身就是相互转化，显然是两码事。我们主张把相互转化从同一性范畴中排除出去，却绝不是要把对立面相互转化的思想从辩证法学说中排除出去。只有根本否认转化的观点，才是形而上学的僵死的同一的观点。我们主张的只是要求从矛盾双方又斗争又同一的规律性上说明辩证转化的现象，而不赞成那种简单地把相互转化归入同一性范畴的非科学的说明。

还应当指出的是，我们认为对立面的转化不属于同一性的范畴，并不是主张把它归入斗争性的范畴。我们说转化和斗争是同一种倾向，这只是从一定意义上说的，即从对立面的转化就是矛盾统一体的分解这个意义上说的，而不是说对立面的转化就是斗争性。对立面的转化是一种十分重要而又十分复杂的辩证法的现象，应当进行专门的深入的研究。

弄清同一性的真正含义，特别是弄清对立面的转化究竟是否属于同一性的范畴，这是正确理解同一性和斗争性的相互关系的前提。

矛盾的同一性和斗争性的关系，就是列宁所指出的："对立面的统一（一致、同一、均势）是有条件的、暂时的、易逝的、相对的。相互排斥的对立面的斗争则是绝对的，正如发展、运动是绝对的一样。"[①]列宁这段话，不仅指出了矛盾同一性和斗争性的相互关系，而且指出了把握这种相互关系的正确角度。列宁这段话告诉我们，事物内部矛盾斗争的绝对性和同一的相对性，同

① 《列宁选集》第2卷，人民出版社1972年版，第712页。

事物运动的绝对性和静止的相对性，这两个原理是一致的。我们可以把事物运动的绝对性和静止的相对性的原理，看作理解事物内部矛盾斗争的绝对性和同一的相对性的门径。

这里，还需要再一次强调，我们理解这个问题，是以对于同一性范畴的上述理解为逻辑前提的。列宁在这段话里，在讲对立面的统一时，特意在括弧里注明，他讲的统一就是指的"一致、同一、均势"，实际上就是指的对立面的相互依存，而不包括对立面的相互转化。如果把相互转化塞进同一性范畴，就会离开列宁这段话的原意，同一的相对性和斗争的绝对性问题就永远也扯不清楚。我们遵循着列宁的指示，从我们对于同一性范畴的上述理解出发，就同一性的相对性和斗争性的绝对性问题，提出以下几点看法，请大家指正。

第一，正如静止不过是运动的特殊状态一样，同一也不过是矛盾发展的一种特殊状态，即只在事物的量变阶段才能保持的状态，而斗争则和运动一样，是事物的普遍状态。

《矛盾论》里说："无论什么事物的运动都采取两种状态，相对地静止的状态和显著地变动的状态。"并且说："事物总是不断地由第一种状态转化为第二种状态，而矛盾的斗争则存在于两种状态中，并经过第二种状态而达到矛盾的解决。"[①]相对地静止是相对于显著地变动这种状态而言的，它不是运动的停止，而是运动的一种特殊状态。说静止只是运动的特殊状态，就是说它不是事物运动的普遍状态，事物不能总是处于这种静止状态，而是迟

---

① 《毛泽东选集》第1卷，人民出版社1969年版，第306、307页。

早要被打破，由相对地静止的状态进入显著地变动的状态。而所谓相对地静止的状态，实质上就是事物内部矛盾着的双方保持着相互依存的同一性的状态；所谓显著地变动的状态，实质上就是事物内部矛盾双方相互依存的同一性分解的状态；事物运动由第一种状态进入第二种状态，实质上就是事物内部矛盾的发展由保持矛盾双方的同一性到这种同一性的分解。所以，事物的两种运动状态的更替，由保持矛盾双方相互依存的状态向这种同一的瓦解状态的过渡，清楚地说明了同一只是矛盾发展的特殊状态而不是普遍状态，说明了同一性的相对性。（如果相互转化属于同一性的范畴，那么同一就不是特殊状态而是普遍状态，它不仅在量变阶段能够保持，而且在质变阶段也能够保持；它在质变阶段不仅不是趋于瓦解，而且是不断加强；因而，同一就不是相对的，而是绝对的了。）矛盾的斗争性则不然。这不仅在于斗争存在于事物运动的两种状态中，而且在于，事物之所以必然地要由相对地静止的状态进入到显著地变动的状态，也正是因为矛盾的斗争必然地要破坏矛盾的同一即打破事物的静止状态。这就说明了斗争是矛盾发展的普遍状态，说明了矛盾斗争性的绝对性。

第二，正如运动以静止为条件又不断地打破静止一样，矛盾的斗争不能脱离同一却又在破坏着同一。

前面说到，在矛盾处于同一的状态下，即在矛盾双方保持着相互依存的同一性的状态下，并不是不存在斗争，只不过这种状态下的斗争是保持矛盾双方共居于一个统一体中的斗争。辩证法同庸俗进化论的一个重要区别就在于，它并不把保持矛盾双方共居于一个统一体中的斗争看成斗争的唯一状态，而是着重指出斗争还有另一种状态,即矛盾统一体瓦解时的状态。这种状态下的斗争,则是破坏矛盾双方相互依存的同一性的斗争。在这种状态下,矛盾双方相互联系的同一倾向越来越削弱,虽然直至矛盾统一体解体以前,矛盾双方并不完全断绝联系,并不完全失去同一性,但它已经是瓦解中的同一。(请注意:如果把相互转化看作同一性,那就不是同一的瓦解,反而是同一的加强。)而这时矛盾双方相互排斥的斗争倾向则越来越加强,以至这种倾向贯彻到底,使矛盾双方彻底分离,旧矛盾统一体解体而让位于新矛盾统一体,从而使矛盾得到解决。这种情况说明,矛盾的斗争离不开同一,却又正是这种斗争在破坏着同一。因此说,矛盾的斗争是绝对的,同一是相对的。

以前我们发表过一种意见,主张不能把绝对和相对的关系同存在和不存在的关系混为一谈,不能把矛盾斗争的绝对性仅仅解释为斗争性始终存在,而把矛盾同一的相对性解释为同一性时有时无。说明这一点,关键也正是在于弄清斗争不能脱离同一又在破坏着同一这个道理。正像离开了相对的静止就无法理解运动一样,无论在任何情况下,离开了同一的斗争也是不可思议的。这就是讲的同一性和斗争性的相互联结,不可割裂。但是,不能只看到同一性和斗争性联结在一起就算完了,而是要进一步看到斗争性又起着破坏同一性的作用。正是这样一点,才决定了同一性只能是暂时的、易逝的。我们总讲斗争性和同一性相互联结,究竟它们是怎样相互联结的呢?就是以斗争离不开同一又破坏着同一这样一种关系相互联结的。如果一讲斗争性不能脱离同一性,就看不到正是这种斗争性在不断地破坏着同一性,或者,一讲斗争性在破坏着同一性，就又看不到斗争性离不开同一性，这都是不理解所谓绝对相对的道理。

第三，同上述两点相联系，对于所谓条件性和无条件性的意义应加以正确的说明。

斗争的绝对性即指无条件性，同一的相对性即指条件性。所谓斗争的无条件性，并不是说斗争不处在任何具体的条件下，而是指矛盾斗争的存在不为任何条件所限制，不以任何具体条件的变化为转移，即是说，在任何一种条件下都会有斗争，有矛盾就有斗争。所以说，斗争性是无条件的、绝对的。而同一性则不然。同一性的存在（或说同一性的保持）是受特定条件制约的，只有当某种特定条件具备时，矛盾双方才具同一性，才能共居于一个统一体中；当此种特定条件消失时，矛盾双方也就失去同一性，就不能共居于一个统一体中。所以说，同一性是有条件的、相对的。在辩证法看来，任何一种条件都不是凝固的，而是可变的。这一点正是问题的要害所在。事物的矛盾运动必然地由保持矛盾双方相互依存的同一性的状态进入矛盾同一性分解的状态，归根到底要从事物矛盾运动条件变化的必然性去说明。

第四，从同一性和斗争性在事物发展中的作用看，二者有明显的不同。在量变阶段，同一性制约着斗争性，规定着斗争的范围和界限，使事物保持相对的稳定性。但到了质变阶段，对立面的斗争就不再受同一性的约束和限制，对立面的相互依存关系处于分解状态，是斗争性对于事物的质变起着决定性的作用。正是在这个意义上，列宁才说"发展是对立面的斗争"。这就是说，同一性的制约作用是相对的，斗争性改变和分解同一性的作用则是绝对的。

以上几点，是不是把矛盾斗争的绝对性和同一的相对性这样一个复杂而深刻的哲学问题说清楚了呢？我们显然不敢抱这种期望。问题还需进一步研究和解决。但有一条我们是坚持的：矛盾的斗争性是绝对的，矛盾的同一性是相对的，这是对于矛盾斗争性和同一性的相互关系及其在事物发展中的不同作用的科学概括。

必须用对立统一的观点理解同一性的含义*

如何理解同一性的含义，其中特别是对立面的相互转化和同一性的关系问题，对于理解整个辩证法学说都是至关重要的问题。关于这个问题，我们曾经发表过意见，认为不能把对立面的相互转化包括在同一性的含义之内。现在看来，对于这个问题仍有进一步探讨的必要。为了弄清同一性的真正含义，必须对这一范畴进行历史的和逻辑的考察。

一、黑格尔对形而上学同一性范畴的批判

同一性这一哲学范畴来源于形式逻辑的同一律，它的本来含义就是事物自己与自己同一或等同。形而上学论者依据形式逻辑的同一律，把同一性规定为"a=a，每一事物和它自身等同"，并把这种同一律作为世界观的基本原则。这种形而上学观点承认不

---

* 本文原载《南开学报》1983 年第 5 期。

同的事物是可以互相对立、互相矛盾的，只是同一事物不能在自身中包含矛盾和对立，认为同一事物绝不能既是自己又是他物。

对于这种长期占据着统治地位的形而上学同一观，黑格尔首先进行了批判。他指出："形式的思维使同一性成为规律，让它面前的矛盾的内容落入表象的领域中，即空间和时间中，矛盾的东西在那里被认为是互相外在地并列着或先后相继，并且就这样互不接触地出现在意识面前。关于这点，形式的思维为自己制定了一个确定的原则：矛盾是不可思议的；但事实上，矛盾的思维乃是概念的本质要素。"①这就是说，形而上学可以承认对立的东西在空间上互不相关地同时并列，或在时间上先后相继地存在，但同一事物绝不能同时具有对立的规定。因此，它所看到的，要么是同一事物自己与自己的绝对同一，要么是一事物与他事物之间互相外在的绝对对立，而永远看不到同一事物自身包含着对立或者对立的规定可以共存于同一事物之中，即看不到对立的同一。

黑格尔的辩证同一观就是在对这种形而上学同一观的批判中提出的，他用具体同一性的范畴取代了抽象同一性的范畴。他指出，同一事物在同时就具有互相对立的方面，即肯定的方面和否定的方面，某物的对立面并非存在于某物之外，而就在某物自身之中。在黑格尔看来，所谓同一性正是指对立面在时间上和空间上都不能分离开来而共存于同一事物之中这样一种性质。对立面为什么会共存于同一事物之中呢？这是因为对立面之间有着不可

---

① 〔德〕黑格尔：《逻辑学》下卷，杨一之译，商务印书馆1976年版，第542—543页。

分离的相互依存的关系，一方不能离开对方而独立存在。黑格尔说："在对立中，有差别之物并不是一般的他物，而是与它正相反对的他物；这就是说，每一方只有在它与另一方的联系中才能获得它自己的［本质］规定，此一方只有反映另一方，才能反映自己。另一方也是如此；所以，每一方都是它自己的对方的对方。"①这样，黑格尔揭示了对立面同一的基本含义就是对立面之间的互相依存关系，即不可分离的联系。同一性的种种表现形式都只是一些派生的形式，都是不能脱离开对立面相互依存这个基础的。

　　诚然，在事物发展的一定阶段上，事物内部的矛盾可以发展为外部的对立。例如，商品的价值和使用价值原是同一物的两个对立方面，是在时间上和空间上都不能分割开来的，后来发展为外部的对立，即通过两个商品的关系表现出来，表现为货币和商品的外部对立。商品和货币看来是已经分开的彼此外在的两个对立面，又如何说它们是同一的呢？这正是因为它们原来是同一的，是相互依存的，现在虽已分裂为二，但仍存在着相互依赖的关系，这种相互依赖是通过相互转化而表现出来的。因此，这种同一只是商品内部矛盾同一的转化形态，即其发展了的形态。离开商品内部价值和使用价值的同一，就无法理解货币和商品的同一。

　　黑格尔是很重视对立面的转化的，在他的逻辑学里，一个规定向另一个规定的推演、过渡，就是向对立面的转化。可是，他并没有把对立面的相互转化规定为同一性的一种含义，而只是肯定对立面的相互转化表现着同一性。黑格尔说：在实有的范围

---

① 〔德〕黑格尔：《小逻辑》，贺麟译，商务印书馆1980年版，第254—255页。

内，"一个实有和另一个实有被建立为彼此分开的东西；相互规定的实有，每一个都各自具有一个直接的有"。在这种情况下，"同一只表现为一个规定性过渡为另一个规定性"。①一个规定性过渡为另一个规定性，即某物过渡、转化为与它对立的他物，这个某物与它的他物就成为在时间上先后相继并且在空间上彼此分开的东西了。这样，所谓同一性就不是已经"具有一个直接的有"的某物和他物的同一性，而只是说这个转化表现出它们原来具有同一性，表现出它们原来是彼此不能分开、共存于一个统一体中的两个方面。例如，坏事转化为好事表明坏事与好事具有同一性，但这不是说这件坏事与那件好事之间的同一性，而是说坏事与它自身包含着的对立面（好事的因素）之间的同一性，即同一件事情中包含的两个对立的规定（好的一面和坏的一面）之间的同一性。坏事向好事转化的依据就是在坏事中包含着它的对立面，就是坏事同它自身包含的对立面之间的内在同一性。黑格尔说："对一切有的事物本身的考察表明：它在它的自身等同中就是不等同而矛盾的，并且在它的差异中、在它的矛盾中，又与自身同一；它本身就是其一个规定过渡为另一个规定的运动，其所以如此，是因为每一规定都在自身中是自己的对方。"②可见，对立面的转化只是表现着同一性，但它本身并不就是同一性。同一性和同一性的表现固然是有密切联系的，但毕竟不是一回事，正如现象表现着本质但现象和本质并不是一回事一样。

---

① 〔德〕黑格尔：《逻辑学》下卷，杨一之译，商务印书馆1976年版，第37页。
② 〔德〕黑格尔：《逻辑学》下卷，杨一之译，商务印书馆1976年版，第31页。

从黑格尔对于"对立"和"矛盾"的解释中也可以清楚地看出，他是把同一性的基本含义规定为对立面的相互依存，而并没有包含对立面的相互转化。他在揭示"对立"的内容时说，对立就是指包含肯定物和否定物两个环节，这两个环节的关系是："第一，每一个是在有了另一个的情况下才有的；它由于他物，由于它自己的非有，才是它所是的那个东西；它只是建立起来之有；第二，它只是在没有他物的情况下才有的；它由于他物的非有，才是它所是的那个东西；它是自身反思。"①其中的第一就是指的对立面的相互依存，第二就是指的对立面的相互排斥。他在解释"矛盾"时也指出：某物"当它包含其他规定，从而是独立的之时，又排斥其他规定，……这样，它就是矛盾"②。所以，不论是"对立"还是"矛盾"，其内容都是指对立面的相互依存和相互斗争这样两个方面，而不包括相互转化。只是一物既依赖其对方又排斥其对方，才构成矛盾，引起运动。向对立面的转化本身就是矛盾的运动，而且辩证法所理解的运动同形而上学的主要区别正是在于承认不承认质变、飞跃，用矛盾规律的语言说即是承认不承认向对立面的转化。如果在矛盾的同一性中包含了转化，那就把需要证明的结论预先包含在前提之中了。转化既然已经包含在作为矛盾的一种基本属性的同一性之中了，又怎能用矛盾去说明转化呢？那样势必陷入循环论证。很明显，黑格尔并没有让自己陷入这样的逻辑错误中去。

① 〔德〕黑格尔：《逻辑学》下卷，杨一之译，商务印书馆1976年版，第48页。
② 〔德〕黑格尔：《逻辑学》下卷，杨一之译，商务印书馆1976年版，第55页。

二、马克思主义经典作家对于同一性范畴的规定

马克思主义的经典著作家们对黑格尔的唯心辩证法进行了深刻的批判、改造，既批判了他的辩证法的唯心主义基础，也批判了他的辩证法本身，即剔除了其中的消极方面。因此，马克思主义的辩证法同黑格尔的辩证法有着本质的区别。但是，黑格尔关于同一性范畴的上述见解却是一个"合理的内核"，是被马克思主义所吸取了的。马克思恩格斯在不同场合运用的同一性范畴，其基本含义都是指的对立面的相互依存。

在马克思的著作中，对于同一性含义的比较完整的表述，是《〈政治经济学批判〉导言》中关于生产和消费的同一性的论述。马克思首先指出了生产与消费之间的相互依存关系："没有生产，就没有消费；但是，没有消费，也就没有生产，因为如果没有消费，生产就没有目的。"①然后分别考察了这两个方面，先分析了没有消费就没有生产的两点理由，接着分析了没有生产就没有消费的三点理由，最后把这些分析综合起来，归结为生产与消费之间的同一性的三种表现："（1）直接的同一性：生产是消费；消费是生产。……（2）每一方表现为对方的手段；以对方为中介；这表现为它们的相互依存；这是一个运动，它们通过这个运动彼此发生关系，表现为互不可缺，但又各自处于对方之外。……（3）……两者的每一方不仅直接就是对方，不仅中介着对方，而且，两者的每一方由于自己的实现才创造对方；每一方是把自己

---

① 《马克思恩格斯选集》第2卷，人民出版社2012年版，第691页。

当做对方创造出来。……"①

这里，第一种情形即直接的同一性，是对立的双方在时间上和空间上不能分开，同一事物既是它自己又是其对方，生产即消费，消费即生产，"规定即否定"。这种情形表现对立双方的相互依存是直接的。第二种情形，是对立双方已分裂为二，在时间上和空间上已分离开来而成为彼此独立的两物，却仍然存在着相互依存的关系，即马克思所说的"表现为互不可缺，但又各自处于对方之外"。生产和消费已在时间上和空间上分离开来成为两个独立的行为，又如何表现出它们之间的相互依存关系呢？马克思指出："这是一个运动，它们通过运动彼此发生关系。"具体地说，在运动中，生产品在生产那边当作生产成果，在消费那边却是消费的对象；消费的品种、数量、速度等又会成为生产者头脑中的生产目的、生产动力。从运动过程看，生产和消费这两个彼此独立的行为又是互为媒介，互相依存的。第三种情形即双方互相创造，消费是生产的最后完成，是产品的证实；生产创造出消费的一定方式、创造出消费的动力和消费的能力。这是对立面分离为独立的二物后保持相互依存关系的又一种情形。

对于第一、第二两个方面的理解，学术界是没有什么分歧的，主要是对于第三个方面如何理解的问题。有的论者断言，"这第三个方面的同一性就是生产和消费互相转化"，"也就是说，双方当自己实现时就转化为对方"。这里需要注意的是，我们在讨论这个问题时，包括这些论者在内，都是在某物变为他物即在事物质

① 《马克思恩格斯选集》第2卷，人民出版社2012年版，第692—693页。

变的意义上使用转化这一概念的，因此，这样去解释马克思的话是显然不恰当的。对立的一方自己实现时也就创造对方，同时也是把自己当作对方创造出来，这里，没有任何一方被扬弃，而是使双方共存，哪里是什么对立面的转化呢？对立双方的相互创造，也就是对立双方的相互肯定，这正是对立面的相互依存和相互贯通。其实，这个思想在黑格尔那里就有明确的表述。黑格尔在批评把同一性看作从"比较"得到的相同或共同的东西的形而上学观点时，就是这样阐明自己关于同一性的观点的，他说："肯定物与否定物是同一的东西。……但是在这两个规定之间，正如在其他范畴之间一样，应该提出来的，并不是外在的比较，而应该就其本身去考察，这就是说，必须考察它们自己特有的反思是什么。但是，在这种反思中，就表现出：它们每一个本质上都是在它自己在他物中的映现，并且本身就是它自己作为他物那样的建立。"①对立物的每一个都是它自己作为他物建立的，都是依赖于它的对方而把自己作为它自己的对方的对方而建立的，正是由于对立物是这样互相建立或互相创造的，才说它们是互相依存的。一切对立或矛盾都正是这样通过对立物的互相建立或互相创造才使自身成为对立或矛盾。怎么能把这种情况说成是对立面的转化呢？

在恩格斯的著作中，常常引起误解的是他的这样一个论断："真实的具体的同一性自身包含着差异、变化。"②因为这里讲了同一性包含着"变化"，有的论者就由此断言："恩格斯所主张的具

---

① 〔德〕黑格尔：《逻辑学》下卷，杨一之译，商务印书馆1976年版，第61页。
② 《马克思恩格斯选集》第3卷，人民出版社2012年版，第915页。

体同一性，既包括了差别的事物之间的相互依存，也包括了差别的事物之间的相互转化。"这是论者把自己的思想加给了恩格斯。其实恩格斯在这里并不是给同一性下定义，而只是说明事物在保持其自身同一的同时存在着差异和变化，同一性是体现在差异和变化之中的。辩证法的同一性正是承认在存在着差异和变化的情况下事物仍然能保持自我同一，之所以如此，就是因为它理解的同一性是指对立面之间的互相依赖。例如，尽管生命中包含着死亡和向死亡的转化，生命却仍然是生命，因为细胞的死亡和更新恰恰是生命存在的条件。如果认为恩格斯的这个论断是在给同一性下定义，那么为什么不以同样的理由把差异也规定为同一性的一种含义呢？

在列宁的著作中，更是明确地把同一性和转化这两个范畴区别开来了。在《谈谈辩证法问题》一文里，列宁在提出对立面的统一是有条件的、暂时的、易逝的、相对的这一著名原理时，在括弧里明确地指出，对立面的统一是指"一致、同一、均势"[①]这样一些互相依存的表现，这里的"同一"是指事物保持自身同一，即保持质的稳定性。无论从文字本身去看，还是进行逻辑分析，都不包括也不能包括相互转化的含义。在"辩证法的要素"里，列宁说："不仅是对立面的统一，而且是每个规定、质、特征、方面、特性向每个他者［向自己的对立面？］的转化。"[②]这里，列宁用的是"不仅……而且……"这样的句子，说明"对立

① 《列宁选集》第2卷，人民出版社1972年版，第712页。
② 《列宁全集》第38卷，人民出版社1959年版，第239页。

面的统一"和相互转化不是一个含义。有些主张转化必须包含在同一性范畴之中的论者对列宁的这句话做出了这样的解释："这里……也说明转化不是和同一性'相提并论'的，而是比之同一性更具体的范畴，它包含了同一性所不能完全表达的内容。因为转化是同一性的一种情形，这就表明同一性是普遍，转化是特殊。同一性作为普遍的东西构成矛盾转化的基础，并保存在转化这个特殊情形之中；转化由于是同一性基础上经过斗争而在一定条件下实现了同一性，所以在自己内部自然比一般同一性更为丰富和充实。"论者的这一解释实际上已推倒了自己所持的根本观点。这里，第一，既然承认转化"包含了同一性所不能完全表达的内容"，那么怎能把转化归入同一性的范畴里去呢？第二，既然同一性"构成矛盾转化的基础"，那么，如果转化就是同一性的话，它自己怎么能构成自己的基础呢？第三，既然承认转化比同一性"更为丰富和充实"，那么，如果转化就是同一性的话，它自己怎能比自己更丰富和充实呢？显然，要摆脱这样的逻辑上的窘境，只有一个办法，那就是把转化从同一性范畴中排除出去，而按照列宁的原意，把对立面的相互依存作为同一性的基本含义。

在毛泽东的《矛盾论》里，对于同一性做过这样的解释："同一性、统一性、一致性、互相渗透、互相贯通、互相依赖（或依存）、互相联结或互相合作，这些不同的名词都是一个意思，说的是如下两种情形：第一、事物发展过程中的每一种矛盾的两个方面，各以和它对立着的方面为自己存在的前提，双方共处于一个统一体中；第二、矛盾着的双方，依据一定的条件，各向着其相反的方面转化。这些就是所谓同一性。"①这里把相互转化作为同一性的一个含义似乎是无疑的了，其实不然。这里说的是同一性的"两种情形"即相互依存关系的两种表现。虽然后面又说是"两种意义"，但仔细研究毛泽东对于这两个方面的具体解释就可以看出，他说的相互转化仍然指的是表现着同一性。他说："为什么这里也有同一性呢？你们看，被统治的无产阶级经过革命转化为统治者，原来是统治者的资产阶级却转化为被统治者，转化到对方原来所占的地位。……试问其间没有在一定条件之下的联系和同一性，如何能够发生这样的变化呢？"②这里的"联系和同一性"显然指的是对立面的相互依存而不是相互转化。若是指的相互转化，那么这句话就成了这样："试问其间没有在一定条件之下的相互转化，如何能够发生这样的变化（即转化）呢？"这当然是说不通的。

对毛泽东思想的科学体系，我们必须完整地、准确地去掌握；对毛泽东的一些论述，也应当完整地、准确地去理解。如果我们把《矛盾论》的其他有关论述连贯起来加以研究，那问题就更加清楚了。毛泽东在说明矛盾如何引起事物的运动和发展时指出："一切事物中包含的矛盾方面的相互依赖和相互斗争，决定一切事物的生命，推动一切事物的发展。"③在谈到如何认识矛盾的特殊性时又指出："所谓了解矛盾的各个方面，就是了解它们每一方面各占何等特定的地位，各用何种具体形式和对方发生互相依

---

① 《毛泽东选集》第1卷，人民出版社1969年版，第301—302页。
② 《毛泽东选集》第1卷，人民出版社1969年版，第303页。
③ 《毛泽东选集》第1卷，人民出版社1969年版，第280页。

存又互相矛盾的关系，在互相依存又互相矛盾中，以及依存破裂后，又各用何种具体的方法和对方做斗争。"① 从这些论述可以清楚地看出，他是把对立面的相互依存和相互斗争作为矛盾的两种基本属性，而并没有包括相互转化在内的。显然，只有这样去理解同一性的含义，才能理解他的关于"有条件的相对的同一性和无条件的绝对的斗争性相结合，构成了一切事物的矛盾运动"② 这一著名论断。

可见，在唯物辩证法的发展史上，从马克思到毛泽东这些经典著作家们尽管在表述方式上不可避免地存在着这样或那样的差异，但他们关于同一性范畴的基本规定都是一致的。

三、关键在于用对立统一的
观点去研究对立统一规律本身

矛盾就是对立面的同一。斗争性和同一性是辩证矛盾的两种互相对立又互相联结的基本属性。马克思主义哲学制定斗争性和同一性的范畴是为了反映事物的内在矛盾，把握事物发展的原因和动力。因此，只有运用对立统一的观点，从斗争性和同一性的相互关系中去研究同一性，才能正确地理解同一性的含义。

黑格尔说过，辩证的思维是"它在一方中认识到另一方，认识到一方中包含着它的另方"③。这就是要把辩证法当作认识论。

---

① 《毛泽东选集》第1卷，人民出版社1969年版，第287页。
② 《毛泽东选集》第1卷，人民出版社1969年版，第307页。
③ 转引自《列宁全集》第38卷，人民出版社1959年版，第288页。

郭沫若曾经采用这种辩证方法来研究中国哲学史中的问题，他认为要认识孔墨两家对立的学派，应当"从反对派的镜子里去找寻被反对者的真影"①。这可以说是把辩证法当作认识论的一个范例。我们也应当采取这样的方法去研究同一性。

同一性必然是斗争性的反对者，它必然具有与斗争性相反的属性，就如我们在镜子中看到的映象的左边必然是真象的右边一样。斗争性的含义一向比较明确，因此，我们可以依据斗争性的含义去确定同一性的含义。

在斗争性这面镜子里看到的同一性的真影应当是什么样子的呢？斗争性是相互否定，同一性则应是相互肯定；斗争性是相互压抑、相互限制，同一性则应是相互促进、相互推动；斗争性是相互分歧，同一性则应是相互一致；如此等等。相互肯定、相互促进、相互一致等，都是相互依赖的意思，同它相对应的则是相互排斥。因此，相互排斥和相互依赖是矛盾双方的基本关系，这就是矛盾的斗争性和同一性。正是因为相互依赖和相互排斥结成对子，才构成为矛盾，才有矛盾的运动。从斗争性这面镜子中，是看不出同一性中包含有相互转化的含义的，因为相互转化和相互排斥不能互相结合而构成矛盾运动。为什么相互转化不能同相互排斥的斗争性相结合而构成矛盾运动呢？这主要有下述两个原因。

第一，互相转化的过程是比较复杂的，在转化中一方既要否定对方的某种规定性，又要否定自身的某种规定性；与此同时，

① 《郭沫若全集》历史编第2卷，人民文学出版社1982年版，第74页。

一方既要取得对方的某种规定性，又要保存自身的某种规定性。所以，在转化中既有肯定又有否定，而且是以否定为主的。转化在其主要方面与相互否定的斗争有一致性，可以说它主要是相互否定的斗争性贯彻到底的结果，因此它不能和斗争性结合在一起而构成矛盾运动。转化中的肯定因素则是相互依赖的同一性的表现。

第二，从斗争与转化在矛盾运动中所起的作用看，它们不是互相反对的，所以不能构成矛盾。假如斗争与转化结合在一起，斗争就没有抑制它的对立面，事物在质上的相对稳定性就成了无法解释的怪事。如果用这种观点去指导实践，其结果绝不会是促进事物的正常发展，而只会是事物的混乱，以至倒退。我国的"文化大革命"就是否定依存关系在矛盾运动中的作用，把斗争与转化紧紧地缚在一起这样一种理论的实践，它迫使人们去进行无休止的人为的"转化工作"，打断事物发展的正常进程。这正是导致人们重新思考同一性含义的契机之一。但有的论者反而试图以"文化大革命"为例，去说明把转化看作"同一性和斗争性的相互作用的过程"，就"在实际活动中会引起极大的混乱"，理由是如果不把转化包括在同一性的范畴里，"那么，转化的性质、转化的根据和转化的方向，就成为不确定的、偶然的东西了"。事情恰好相反。转化的性质、根据、方向等都不是由转化本身决定的，而是由对立双方相互依存的内在同一性决定的。所谓一物向他物的转化，是向它自己的他物转化，是向自己的对立面的发展，而所谓"自己的对立面"就是和自己相互依存的对立面。不是和自己相互依存着的对立面，怎么能叫作"自己的对立面"？

不是和自己相互依存着的对立面，怎么能够向它转化了去？在对立面相互依存的同一性中寻找对立面相互转化的根据，这怎么能说是"不确定的、偶然的"？难道只有认为转化的根据就在转化本身，这样才够得上确定的、必然的？实际上，把转化放进同一性的范畴里去，那才使转化失去根据。因为把转化自身说成转化的根据，就等于没有说出转化的根据。

从斗争性这面镜子里去看同一性，同一性中不包含相互转化的含义，同样，从同一性这面镜子里去看斗争性，斗争性里也不包含相互转化的含义。相互转化是一种十分复杂的辩证过程，必须把它作为一个独立的范畴去加以专门的研究。

在实践观点的基础上
重建哲学的主体性维度*

以苏联教科书为蓝本的传统的马克思主义哲学教科书，作为一种解释框架，其最根本的缺陷是主体性维度的缺失，即纯客观主义或本体论化的倾向。这不符合马克思主义哲学的精神实质，也不能适应世界范围内的现代化潮流。

现代化是一种全新的社会生活方式或社会活动方式，它要求有与之相应的思想观念作为精神支撑，这种思想观念的核心就是哲学中称之为主体性的东西。哲学作为人类自身活动的反思，它首先思考的是人类活动的方式。而从哲学维度看，现代社会与传统社会的最重要的、基础性的区别，也正是人们的活动方式或实践方式的区别。在传统社会即前市场经济社会，在自然经济基础上的农业、畜牧业生产中，人们的实践方式是非构造性的。人的活动并不改变对象本身，只是顺从自然规律，去改善对象的生长

---

* 本文原载《与时代同行——我的哲学研究之路》，人民出版社2023年版。

条件。即使没有人的参与，植物、动物照样能够生长。在生产中，人的活动不是主导性的。在社会生活的领域，人的受动性更为明显。因为社会的变化极其缓慢，人们在基于自然血缘关系或拟血缘关系的共同体交往中形成的社会关系及社会组织形式，往往上百年甚至上千年没有明显变化，它对于每个个人来说就是既成的，不能改变的。而现代社会即市场经济社会的情形却完全不同了，人的主导的实践方式是构造性的。在工业生产中，没有人的设计和参与就不会有生产。工业产品都是人造的，自然界不会有汽车、火车、飞机、宇宙飞船，不会有电话、电脑等等。各种社会组织，如公司、工会、政府、政党等等也都是基于现实的利益关系而建立起来的。人们的利益关系复杂多变，各种社会组织也必须在利益博弈中不断地调整或重建，明确地显示了它的人为性、人造性。所以，人们常说市场经济社会是空前注重创新的社会。注重创新就意味着主体性的凸显。这就是使主体性成为现代性哲学的根本特征的原因所在。从一般的时代背景上说，马克思主义哲学也是工业革命后的产物，是一种最具现代性的哲学。如果我们今天还是坚守一种纯客观主义的哲学思维方式，像旧唯物主义那样，"对对象、现实、感性，只是从客体的或者直观的形式去理解"[1]，而不是同时从主体的方面去理解，从作为主体对客体的否定性活动的实践去理解，就很难深刻理解我们生活于其中的当今世界，很难理解我们这个时代。

在深入、系统地阐发实践论思想的基础上，恢复并强调马克思

---

① 《马克思恩格斯选集》第1卷，人民出版社2012年版，第133页。

主义哲学的主体性维度，这实际上是顺应了中国社会的现实变化的。为什么进入20世纪80年代以后，哲学改革的呼声越来越高，而且哲学的改革首先和直接触发的是关于主体性问题的大讨论？从根本上说，这首先就是因为我国改革开放和社会主义现代化建设的现实实践在强烈地呼唤人的主体性。一方面，它要求人有更高的主体性的自觉，即要求人更加有所作为；另一方面，人也需要寻求新的生活意义的支撑，要弄清楚自己在新的条件下该如何作为。世界范围的现代化进程，尤其是包括中国在内的后发国家现代化进程的经验和教训，都说明必须把人的现代化提到首位，因而在哲学上也不能不使主体性维度的意义更加凸显。主体性维度是马克思主义哲学本身所固有的。失去或弱化主体性的维度，马克思主义哲学就难以实现其引导现代化潮流的功能。

诚然，在"主体性"的字眼下隐藏着不同的哲学路线。旧唯物主义不讲主体性，唯心主义抽象地发展主体性，这两种片面性都是因为不理解人的实践活动的意义。马克思的新唯物主义即现代唯物主义就是要克服这两种片面性，在实践观点的基础上重建哲学的主体性维度。这是马克思《关于费尔巴哈的提纲》第一条的基本思想。显然，马克思批评旧唯物主义，决不是要回到唯心主义的哲学立场上去；我们在思考哲学体系改革时恢复马克思哲学的主体性维度，也显然绝不可到此止步，而是要在实践观点的基础上，即在现代唯物主义的基础上达到主体性和客观制约性的统一。早先那种见"主体性"就点赞或者见"主体性"就批判的做法，显然是一种"望文生义"的理论上的盲目性。

还需要着重加以说明的是，说以往教科书的根本缺陷是主体性的缺失，主要不是指内容的缺失，而是指维度的缺失。主体性作为一种哲学维度，是指哲学思考和立论的角度，指哲学思维的向度，即《关于费尔巴哈的提纲》里说的对对象、现实、感性"从主体方面去理解"。如果缺乏主体性的哲学维度，即使是对于主体性的内容也不能作出正确的思考，就像对于完全由人的活动所构成的社会，也可以被看成同人的活动无关的抽象物。

在实践观点的基础上确立和强调主体性的维度，对于把握马克思主义哲学的精神实质，以至理解整个马克思主义哲学的理论体系具有关键性的意义。一方面，以一种同客观性相统一的现实的主体性原则同唯心主义的抽象的主体性原则相区别、相对立，有利于抵御唯心主义的进攻，有利于把唯物主义的哲学路线坚持到底；另一方面也使马克思主义哲学的革命的批判的本质得到合理的说明。马克思说的对现存事物要从主体方面去理解，就是要从人与对象的否定性关系去理解，即从作为主体对于客体的否定性活动的实践去理解，这也就是要把现存事物作为人类实践活动的历史进程中的一个暂时性环节去理解。这是自己哲学的主体性维度，也是自己哲学的革命性批判性本质。"马克思主义哲学的革命批判的本质"和"马克思主义哲学的实践批判的本质"，这两个说法表达的是一个意思，都说明马克思主义哲学的革命性、批判性是这一哲学的内在规定，而不是一种外在的主观态度，它的全部根据就内含于作为这一哲学整个体系的基础的实践概念之中。

马克思的哲学变革*

理解马克思主义哲学的精神实质，首先必须理解马克思的哲学变革的实质。对于理解马克思的哲学变革，研究马克思哲学形成时期的著作具有关键性的意义。如认真研究《关于费尔巴哈的提纲》。恩格斯称这个提纲是"包含着新世界观的天才萌芽的第一个文献"①。可以说，马克思的哲学变革就是基本上循着这个提纲的思路推进的。

从最直接的关系上来说，马克思是在批判费尔巴哈中形成自己的新的哲学世界观的。费尔巴哈是黑格尔哲学与马克思哲学之间的"中间环节"②，"马克思在1844—1847年离开黑格尔走向费尔巴哈，又超过费尔巴哈走向历史（和辩证）唯物主义"③。费尔巴哈在近代哲学史上的功绩在于他恢复了唯物主义的权威，同时

---

* 本文原载《现代唯物主义导引》，南开大学出版社1996年版。

① 《马克思恩格斯选集》第4卷，人民出版社2012年版，第219页。

② 《马克思恩格斯选集》第4卷，人民出版社2012年版，第218页。

③ 《列宁全集》第55卷，人民出版社2017年版，第293页。

恢复了人在哲学中的地位。这也正是马克思离开黑格尔走向费尔巴哈的原因。但是费尔巴哈的哲学又存在着严重的缺陷。"他紧紧地抓住自然界和人；但是，在他那里，自然界和人都只是空话。"①由于他对人的理解是抽象的，因而他对自然界的理解，对人和自然界的关系的理解也都是抽象的。找到从抽象的王国通向活生生的现实世界的道路，关键就在于从费尔巴哈的抽象的人转到现实的、活生生的人，即在于使人主体现实化。马克思所做的超出费尔巴哈而进一步发展费尔巴哈的工作，就是用关于现实的人及其历史发展的科学代替了对抽象的人的崇拜②，而这也正是马克思的哲学变革的关键。马克思由《1844年经济学哲学手稿》从"人的类本质"出发，到《神圣家族》从"利己主义的人"出发，再到《德意志意识形态》从"现实的个人"出发，一步步地实现了使人主体现实化的任务，这同时也就确定了人类世界的客观实在性。这是同一个问题的两个方面。因为只有在现实的人类世界活动的主体才可能是现实的主体，也只有现实的主体在其中活动的世界才是客观实在的人类世界。所以，实现了使人主体现实化的任务，也就意味着实现了哲学变革的任务。

新的哲学出发点的确立，是哲学思维方式的根本转变。现实的人是在历史中行动的人，是从事现实活动的人。从现实的人出发就是从人的现实活动出发。现实的人是对象性的存在物，是从事对象性活动的存在物。哲学从现实的人出发，它所关注的便是

---

① 《马克思恩格斯选集》第4卷，人民出版社2012年版，第247页。
② 《马克思恩格斯选集》第4卷，人民出版社2012年版，第247页。

人的对象世界，即同人发生对象性关系的世界，亦即人类生活于其中的世界，也就是人类生活本身。早在1842年，马克思就对哲学说过许多脍炙人口的非常"接地气"的话。他说："哲学不是世界之外的遐想，就如同人脑虽然不在胃里，但也不在人体之外一样。"①这个世界当然是指人类世界。哲学是人类生活的一个方面，是人类生活本身而不是置于人类生活之外的东西。如果把人类生活比作一个机体，那么哲学就是这个机体的头脑。哲学与人类生活分不开，就像头脑和机体分不开一样。后来，在《德意志意识形态》中马克思就说得更明确了："意识在任何时候都只能是被意识到了的存在，而人们的存在就是他们的现实生活过程。"②哲学能够思考也应当思考的是人类世界，亦即人类生活、人类活动本身。可见，认为哲学是对于人类自身活动的反思，这就是马克思的哲学观。马克思和恩格斯依据这种哲学观创立的新的哲学范式，我们将它称为人类活动论的哲学范式；如果在马克思阐明的意义上理解实践，亦可称之为实践论的哲学范式。"哲学家们只是用不同的方式解释世界，问题在于改变世界。"③它开启了一个全新的哲学时代。这就是马克思哲学变革的根本意义所在。

所谓哲学范式，宽泛地说就是哲学类型，就是哲学思考的基本方式、基本进路。"范式"是个大概念，不是任何一种意义上的"类型"或"方式"都可以称得上"范式"的。在哲学史上，

---

① 《马克思恩格斯全集》第1卷，人民出版社1956年版，第120页。
② 《马克思恩格斯选集》第1卷，人民出版社2012年版，第152页。
③ 《马克思恩格斯选集》第1卷，人民出版社2012年版，第136页。

最先出现的是本体论（或世界论）的哲学范式，继而是认识论（或意识论）的哲学范式，马克思开创的人类活动论（或实践论）的哲学范式克服了这两种哲学范式的局限性。它首先是基本的哲学思维方式的变革，也是基本的理论形态包括其唯物论形态、辩证法形态的变革，当然也相应地包括了理论内容的变革。

一、基本的哲学思维方式的变革

哲学范式的变更，使得一系列哲学问题的提出方式、理解方式和解决方式都发生了变化。人类活动论或实践论的哲学范式是将必然与自由的关系作为理解全部哲学问题的基本线索。是人的活动使世界二重化，使人同时拥有自然世界和理想世界这样两个世界。一方面，人同普通自然物一样受制约于自然必然性；另一方面，人又不能不受作为理想世界之存在规律的自由的支配。他只能在现实世界中生活，却又要为自己构建一个理想世界，要在自己所构建的理想世界的引导下生活。必然和自由的关系构成了人类存在、人类活动的本原性矛盾，它与人类共存亡。人类的全部活动都是要把自然世界改造成适合自己目的的理想世界，都是在分裂了的世界中追求其统一，实质上就是追求自由与必然的统一。哲学作为人类自身活动的反思，它的任务就是求得人类自由与必然关系问题的总体性和终极性的解决。

普列汉诺夫说过一番很精彩的话。他说，自由与必然的问题是个旧的，然而永远是新的问题，它产生在一切哲学家面前，并且像斯芬克斯那样向这些哲学家们说："请你解开我这个谜，否则我便吃掉你的体系！"①自由和必然的问题，是关乎一种哲学体系的实质和全局的问题。从前的哲学家都以这种或那种方式探讨了自由和必然的关系，但大多未能自觉到这一点。当然，哲学家总是在推进这一问题的解决，一个哲学体系在解开自由与必然关系之谜上推进了一步，它就是哲学史上的一种进步。但是，以往的哲学家都未能真正解开这个谜。他们都不能把握自由与必然的对立统一。较多的哲学家是将自由归结为必然，个别的哲学家试图将必然归结为自由，还有一些哲学家则是将自由和必然判分在两个互不相涉的领域，从而将问题取消。不承认自由与必然的对立统一，就是否认人类世界的矛盾性，从而以这种方式否认了人类世界的实在性。其认识上的原因，就在于不理解世界的分裂和统一，即不理解世界分裂为自然世界和理想世界的根源，以及使这分裂了的世界又实现统一的基础。黑格尔的辩证法哲学承认自由与必然的矛盾，主张在对立面的相互规定、相互作用中解决矛盾，把自由理解为一个辩证进展的历史过程。这无疑是哲学史上的巨大进步。但是，在黑格尔的哲学体系里，自然世界和人类世界都只是绝对精神的异化，自由和必然都只是绝对精神的内在环节。在实质上，他是把人类世界归结为僵化了的理想世界，他讲的自由也就不是现实的人的自由，自由与必然的矛盾仍未得到现实的解决。要想得到自由与必然问题的现实的解决，首先就必须使这一问题本身现实化，其前提则是肯定人类世界的客观实在

---

① 〔俄〕普列汉诺夫：《论一元论历史观之发展》，博古译，三联书店1961年版，第87页。

性，使人主体现实化。唯一的道路就是如实地把人类世界视为人类活动的产物，即把人类的物质实践活动视为人类世界的真正基础。人类的实践活动使本来统一的世界分裂为自然世界和理想世界，这个世界的不断分裂又不断统一，即是自由与必然的矛盾不断产生又不断解决。因此我们说，马克思揭示了人类世界即社会生活的实践的本质，也就最终解开了自由与必然关系之谜。这也正是马克思的现代唯物主义诞生的秘密，是新的哲学范式即人类活动论的哲学范式得以形成的基本依据。

把自由和必然的关系作为全部哲学问题的基本的理解线索，不是改变了哲学的基本问题。对于哲学问题的"基本的理解线索"，同"哲学的基本问题"是两个互相密切关联又有明显区别的概念。哲学的基本问题仍是思维与存在的关系问题，这是不容改变的。思维与存在的关系是自由与必然关系的最抽象的表达。自然世界、动物世界是没有自由可言的，只是人类世界才有所谓自由的问题，因为人有意识，有精神活动。有意识出现，就有自觉的选择，这就是自由。人类生活的理想世界不是现实存在的，是通过人的精神活动构想出来的，是人类在多种可能性中选择其中一种作为努力实现的目标。所以，自由是同人的精神活动直接联系在一起的。自由是一个最具体的哲学范畴。在"自由"范畴形成的逻辑进程中要扬弃一系列的范畴，把"自由"抽象至极则可归结为思维。这就是说，思维是自由得以可能的终极根由，是自由的最基本的前提。同样，把与自由对立的"必然"抽象至极便可归结为思维之外的存在。与自由对立的必然是客观世界的必然性，而不是指思维中的逻辑必然性。只有承认思维之外的存在即客观的存在，才谈得上客观世界的必然性。对于思维与存在的关系问题的解决，是解决自由与必然的关系问题的最基本的理论前提，因而它也就成为哲学的基本问题。

旧的哲学体系是将哲学基本问题本身作为基本的理解线索，并宣称它是贯穿于整个体系的，但实际上并没能贯穿得了。究其原因，首先在于思维和存在的关系问题为什么成为哲学的基本问题就未能得到清楚的说明，而这一问题之所以不能得到清楚的说明，则在于解释者的解释框架仍滞留于旧的哲学思维范式。烂熟于嘴的解释是：世界一切现象可归结为物质现象和精神现象，因而这二者之间的关系就成为作为对于世界统一性之认识的哲学的基本问题。至于为什么世界会分裂为物质世界和精神世界，即为什么世界会二重化？它是如何二重化的？哲学为什么要去面对这个二重化了的世界？为什么又要去探讨如何实现这个二重化了的世界的统一等更为深入的问题就无意去追问了。这样，似乎哲学的基本问题只是哲学家在观察和描绘世界时提出的问题，而不是从人的活动中思考和提出的问题。可见，人类活动论的哲学范式将自由和必然的关系作为理解全部哲学问题的基本线索，首先就是将其作为理解思维与存在关系问题的基本线索。只有把思维与存在的关系同自由与必然的关系联系起来，才能明白它对于人类活动的意义，明白它为什么会成为哲学的基本问题。

显然，以自由和必然的关系作为理解线索，就是要以人和世界的关系作为理解线索，这就是要注重从主体方面去理解世界，即从作为主体对客体的否定性活动的实践去理解世界，要研究和解决世界对人的关系中的矛盾，而不是单纯研究自然世界本身或人本身。这正是前面说的要在实践观点的基础上确立哲学的主体性维度。

二、马克思哲学的理论形态的变革

人类活动论或实践论的哲学思维方式是把实践的观点作为全部哲学的首要的基本的观点，一切哲学问题的解决最终都要归结到实践的观点上来，实践性是它的最基本的理论特征，这首先表现为它的理论形态的特征。

马克思主义哲学唯物论的形态是实践论的唯物论。过去我们熟悉的关于唯物论历史形态的表述是：古代的朴素唯物论、近代的形而上学唯物论、现代的辩证唯物论。这种表述主要是从唯物论与辩证法的关系上把握的，也确实抓住了各时代唯物论哲学的一个重要特征，这当然是正确的。我们这里从哲学范式的演变即从本体论（或世界论）到认识论（或意识论）到人类活动论（或实践论）的哲学范式的演进这个线索，对唯物论哲学基本形态的变化换一种表述，作为对前一种表述的补充，应当说也是有意义的。哲学唯物论的理论形态是同各时代的哲学范式相适应的。哲学范式说到底就是解决思维与存在、自由与必然的关系的基本方式或基本进路。恩格斯说，唯物论和唯心论只是依其对于思维对存在、精神对自然界的关系问题的不同回答而划分的，除此之外，这两个用语本来没有别的任何意义。因此，按照各个时代唯物论解决哲学基本问题的方式去把握它们的特征，应当说也是符合马克思主义的。

在古代，人类的自我意识尚不清晰，主体与客体、思维与存在的对立尚未充分发展起来，因而哲学也就一般地是一种非反省的直接性哲学。古代哲学的主题是本体论，即对于万物存在之本原的探求，哲学思维的注意力尚未指向人类思维自身，而只是从千差万别、千变万化的存在物中寻找一种本原的、不变的、终极的即一般的存在物，以获得对于世界统一性的解释。因此，古代哲学的基本问题便是局限于本体论范围的一般存在与个别存在的关系问题，唯物主义和唯心主义这两种哲学倾向也就体现在前者设定的一般存在物是具有空间特征的、原则上可感的东西，而后者所设定的一般存在物则是超时空的、原则上不可感的东西。因为古代唯物主义用以解释个别存在的一般存在物是直接设定的，即是说，它只是直接地设定了某种解释世界的原则而未经反思的，所以可以把这种唯物主义称为独断论的唯物主义（所谓"朴素唯物主义"也是此意）。

在近代，随着人类自我意识的觉醒，主体与客体、思维与存在的对立发展了起来，哲学已不能像以往那样采取一种朴素的直接性态度只是考察本体论问题，而必须首先解决思维与存在的对立问题，通过论证思维与存在的同一性去论证世界的统一性。于是，探求知识之可靠性根据的认识论成了哲学的主题，认识论范式成了近代哲学的基本范式，思维与存在的关系问题作为哲学的基本问题"才被十分清楚地提了出来，才获得了它的完全的意义"[1]。但是，近代唯物主义哲学一般地说是以感性经验为中介去解决思维

---

[1] 《马克思恩格斯选集》第4卷，人民出版社2012年版，第230页。

与存在的关系问题的，它认为只有有形的、原则上可感知的事物才能作用于人的感官，因而也只有感性经验才是客观知识的来源，思维是以感性经验为中介而统一于外部存在的。因此，近代唯物主义一般地说是一种经验论的唯物主义。

近代的经验论的唯物主义不可能彻底地解决思维与存在同一的问题，若将经验论原则彻底发挥便不可避免地导向不可知论，因此，唯物主义必须更换它的基础。而且，近代哲学（包括唯物主义哲学）一般地是唯理智主义的，它对于人类活动的反思多限于理智活动或认识活动的范围，但人类活动不只是理智的活动，甚至主要地不是理智的活动。人类生存的基础性活动是物质实践活动，只是在物质实践活动的基础之上才发展了理论的活动、艺术的活动。在现代，随着哲学对于人类活动的反思的深入，必然要求超越唯理智主义的局限性而采取一种全面的人类活动论的立场。哲学的主题不再只是人类的认识活动而是整个人类生活，哲学的基本问题也就由以往局限于认识论范围的思维与存在的关系问题，而具体化为人类活动的两个方面即精神性活动和物质性活动的关系问题。马克思在《政治经济学批判》序言里说："物质生活的生产方式制约着整个社会生活、政治生活和精神生活的过程。不是人们的意识决定人们的存在，相反，是人们的社会存在决定人们的意识。"①这是关于历史唯物主义的经典表述，但也可以视为关于现代唯物主义的经典表述。现代唯物主义主张人类的物质性实践活动对于人类的精神性活动的决定作用，并坚持用物

---

① 《马克思恩格斯选集》第2卷，人民出版社2012年版，第2页。

质实践活动的观点去说明全部人类生活；因此，它是一种实践论的唯物主义，也是唯物主义哲学的最高形态。

马克思主义哲学辩证法的形态是实践论的辩证法。辩证法经历了直观辩证法、反思辩证法、历史主义辩证法等三种基本形态。只有历史主义形态的辩证法才是真正包含发展原则的哲学。黑格尔就是这种辩证法形态的集大成者，但他是在唯心主义的基础上去建构这种形态的。马克思对黑格尔哲学的改造，就是要把黑格尔辩证法的合理内核解救出来，重建历史主义形态的辩证法。马克思批判改造黑格尔辩证法的工作不是简单地把辩证运动的主体由"绝对观念"转换成"物质"，而是改造了黑格尔辩证法的基础，将辩证法建立在　种现实的基础上。马克思发现，辩证运动的现实基础不是别的，正是现实的人本身，亦即现实的人类活动本身。

在马克思看来，辩证法的根据既不在于旧唯物主义所执着的纯粹感性，也不在于唯心主义所执着的纯粹理性，而在于感性的活动即实践。实践在本质上是一种类似于康德意义上的"综合"的活动，但不是思维借助于诸范畴对于感官材料的观念的综合，而是人借助于物质工具对于外部感性材料的实在的综合。实践的目的与对象（更直接地表现为工具与对象）之间的"一"与"多"、普遍性与特殊性的对立统一的矛盾关系，即是实践活动的最基本的辩证结构，实践活动丰富的辩证关系均可视为它的展开形式。人类的思维活动与实践活动必然是同构的，思维的辩证结构正是实践的辩证结构的内化。因此，也就应当从思维活动与实践活动同构的理论视角，去揭示思维活动的辩证结构即辩证思维的逻辑结构，包括辩证思维的逻辑起点和逻辑进程、辩证思维的基本规律、辩证思维的维度（共时性之维与历时性之维）及其关系，等等。

马克思主义哲学的唯物论和辩证法、自然观和历史观是高度统一的，它们统一的基础还是社会实践。就是说，是实践论的唯物主义把物质实践活动视为现实的客观存在，视为人类历史的基础和全部人类知识的基础，它也就必然是一种辩证的和历史的唯物主义。

马克思的现代唯物主义的实践性和辩证性逻辑地包含着历史性，这也就是说，它必然是一种历史的唯物主义。这里所谓"历史的"包括两层意义：首先当然是指现代唯物主义把人类历史作为自己的对象，即把唯物主义贯彻到了人类历史的领域；同时也是指现代唯物主义理论形态的一个重要特征，即把历史发展原则作为其基本的方法论原则。实践论的辩证法就是建立在实践论基础上的历史主义的辩证法，即内含历史发展原则的辩证法。"历史的唯物主义"的这两层含义是统一的，在历史观上这种统一表现得更为突出一些，在这里，二者表述的是同一个基本思想，即把人类历史的本质，视为由于人对外部世界的否定性活动而造成的辩证发展过程。

可见，现代唯物主义的实践性与辩证性、历史性不是互相外在的，也不是互相并列的。辩证性与历史性包含于实践性之中，是以实践性为基础的。这是对于马克思哲学理论形态的实践论解读的基本结论。

马克思实践观点的存在论意义[*]

　　讲实践观点的存在论意义，是讲马克思主义哲学的理论内容的变革。传统的解释体系只是在认识论中贯彻了实践的观点，而在作为存在论或本体论的自然观、历史观中则基本上未能贯彻。我们将实践的观点视为整个马克思主义哲学的核心，在自然观、社会历史观中也力图贯彻实践的观点。这样，就能在实践观点的基础上构成一个认识论与本体论相统一、自然观与历史观相统一的完整的理论体系，不致像以往那样，认识论、自然观、历史观等各个部分彼此外在，是一种实际上不成体系的体系。

　　实践论的自然观念是人化自然的观念，它也是人类的自然观念演变的必然产物。

　　古代的哲学思维是直观的，它以人体自身去比喻自然，把自然想象为一个巨大无比的生命有机体，这就是古代的有机论自然观。近代由于机械制造业的发展和机械的自然科学的兴起，因

　　＊　本文原载《现代唯物主义导引》，南开大学出版社 1996 年版。

而形成了机械论的自然观，即把自然视为一架环环相扣的巨大机器，甚至人也是机器，认为一切都可以机械地用自然的原因去解释。当然，近代哲学中也有非机械论的自然观念，这就是以黑格尔为代表的自然哲学。就其把自然视为一个有机整体这点上来说，它是古代有机论自然观的复活，但在它那里，有机整体性不是来自自然本身，而是来自绝对精神。马克思的实践论自然观无疑也是把自然视为一个有机系统，但它既不认为这个有机系统是一种与人无关的纯粹的客观存在，更不认为这种有机整体性来自自然之外的绝对精神，而认为这是一个人类通过自身活动与周围自然耦合而成的有机系统，即人化自然的有机系统。

人化自然的过程是一个"赋形"的过程，即人通过自己的活动赋予自然界某种符合人的需要的形式，因此，人化自然在本质上是人类实践的存在形式。自然的自在性即是它的无规定性，对于人类来说，自然的无规定性即是无形式性。人类的活动（包括实践的活动以及在实践基础上的理论的活动和艺术的活动）赋予自然以某种形式，这同时也就使它获得了某种规定性。由此，我们也就可以依据人类活动的基本样态，将人化自然也区分为相应的基本样态：实践活动做成的实在的人化自然，理论活动做成的观念的人化自然，以及艺术活动做成的审美的人化自然。

人化自然是与自在自然相对的概念。人类的生产实践是现存感性世界的基础，但外部自然界的优先地位仍会保持着。自在自然是人类活动的前提，是人类的有限活动可以无限扩展的可能性空间。肯定自在自然的存在，肯定外部自然界的优先地位，这也是恩格斯说的唯物主义的"持久性的基础"①。马克思的现代唯物主义当然坚守这个基础，但不满足于此，而是要将其纳入自己创立的新的哲学范式。马克思的现代唯物主义的自然观同旧唯物主义的区别不在别的方面，而在如何看待人与自然的关系上。旧唯物主义的自然观是依据自然科学的成果，去描绘一个同人无关的、纯粹客观的自然图景，其中即使包含了某种辩证的图景，也仍然不是现代唯物主义的自然观。马克思的现代唯物主义自然观则是从现实的人出发，从人的活动与自然界的关系上去考察自然界。所以，关于"自在自然"与"人化自然"之关系的讨论，其实质不在于是否承认自在自然的存在，是否承认自然界的优先地位，也不在于是否承认人化自然或自然的人化，而在于澄清两种自然观的分歧。由"自在自然"的观念到"人化自然"的观念，是自然观的变革。只有"人化自然"的自然观才同马克思主义整个世界观相一致，并成为其整个世界观的基础性部分。

人化自然的观念是对工业革命所引起的人与自然关系的革命性变化的深刻反映。它虽然并不直接地是现代科学发展的结果，但却在现代科学的发展中不断地得到证实和深化。相对论的创立，破除了以往认为可以获得关于世界的绝对的"本来面目"的绝对知识的观念，使人们相信只能在人与自然相互作用的过程即人化自然的过程中，认识对象在不同的存在关系中呈现的特定的"面目"。量子力学的发展又说明，在微观领域中，人们也必须把它所研究的对象看作人主体（包括作为主体之延伸的仪器）与自

---

① 《马克思恩格斯选集》第3卷，人民出版社2012年版，第517页。

然相互作用的产物，即看作是一种人化自然。这都表明，实践论的自然观即人化自然的理论，是正确地引导现代科学发展的哲学理论。

实践论的社会观念，是把社会视为人们在物质生产实践基础上形成的交往关系的产物。

社会观念的核心问题是个人与社会的关系问题。古代社会是以人的依赖性为基础的社会形态，个人直接地依附于一定的人群共同体，个人与社会的关系问题尚不可能凸显出来。因此，构建具有一定系统性的社会观念只是近代的事情。

马克思以前的社会观念可以归结为两类：一类是从个人出发的原子论的社会观念，它在理论上的主要表现是社会契约论，以霍布斯、洛克、卢梭为代表。社会原子论从相信感性存在真实性的唯物主义原则出发，认为只有具体的个人才是真实存在的，作为总体的社会则是为了脱离"自然状态"而通过订立契约这种主观行为构成的。另一类是从社会出发的整体论的社会观念，它认为作为总体的社会是根本的，个人只是从属的，只是社会实现其目的的工具。其中，有以孔德、斯宾塞为代表的社会有机论，以及由维柯开始、经黑格尔发挥和发展了的具有一定历史主义观点的社会整体论。马克思扬弃了原子论和整体论的社会观念。他批判了颠倒个人和社会的关系，视社会为先于个人的存在物的观点，吸取了契约论的合理思想，但又不似契约论从所谓"自然状态"的个人即抽象的个人出发，而是从"现实的个人"出发，去说明社会结构和国家是从一定个人的生活过程中产生的。"现实的个人"是在历史中从事实际活动的个人，是以一定的方式从事生产活动的个人。他们的交往活动和交往关系是为他们的物质生产活动所制约的，因而在这种交往活动和交往关系中形成一定的社会和国家，也就不是任意的，而是客观必然的。

人类生活的社会形式的必要性，在于必须克服人类个体及其活动的有限性。人类的存在必须以空间上诸多个体的共同活动和时间上诸多个体的连续活动为条件，这种共同活动和连续活动只能通过人类个体之间的交往而构成。因此，社会是人类活动的必然形式。同时，为了保障物质生产活动能够顺利进行，还要求社会保持某种相对稳定的状态，即要求人们的交往活动具有稳定的秩序，人们的交往关系具有稳定的结构。而社会交往的秩序和结构，则是通过社会交往关系的制度化、规范化过程建立的。

人们的社会交往关系是在物质生产活动的基础上发生的，依其同物质生产联系的密切程度而展现为不同的层面，并形成相应的交往关系结构。生产技术交往的规范化、制度化形成某种类型的技术性生产组织、生产制度、技术制度。经济交往的制度化形成一定的经济制度，其核心是生产资料的所有制。政治交往的制度化形成一定的政治上层建筑即政治、法律制度及与之相应的政治组织与设施。精神交往的制度化、规范化形成特定的意识形态即思想的上层建筑。只有从交往关系入手才能把握社会的制度结构。社会的变动就是在人类物质生产活动推动下的社会结构的变动。

实践论的历史观念是把人类的实践活动视为历史的真正基础，是人们自己创造自己的历史。

在严格的意义上，历史观念也是自近代以来才确立和发展起来的。如前所述，在近代以前的传统社会即前市场经济社会，人们主导的实践方式是非构造性的，社会的变化极其缓慢，人们难以意识到是自己在创造历史，往往把人类社会视为超人间的神的力量创造的结果。只是在近代西方，随着市场经济和工业文明的兴起，人们日益清楚地意识到社会历史的变化发展和自己的历史创造性的意义。18世纪意大利的思想家维科首先提出人类史和自然史不同，人类史是人们自己创造的，因而第一个建立起历史哲学的理论体系。后来的德国古典哲学特别是黑格尔的哲学发展了维科的思想，黑格尔哲学的巨大的历史感给予了后世重大的深刻的影响。但是，马克思以前的这些哲学家的历史观念是思辨的历史观念，即先验的、抽象演绎的历史观念。他们往往以主观臆想的联系填补历史事实的不足。作为这种思辨历史哲学的集大成者的黑格尔，把人类历史解释为绝对观念外化的结果，历史就是绝对观念发展的历史，而人则不过是实现历史目的的工具。他的历史观念不是从人类历史的发展过程中抽象出来的，而是把先于历史、超越历史的历史观念塞入历史之中。

马克思的历史观念是在批判思辨的历史观念的过程中形成的。马克思的历史观念得以创立的关键是揭示了人类社会生活的实践的本质。"全部社会生活在本质上是实践的。凡是把理论引向神秘主义的神秘东西，都能在人的实践中以及对这个实践的理解中得到合理的解决。"[①]揭示社会生活的实践的本质，是一把开启社会历史认识"黑箱"的钥匙。马克思就是从可经验地观察到的人类物质实践出发，在对现实社会进行研究的基础上，再从远

---

① 《马克思恩格斯选集》第1卷，人民出版社2012年版，第135—136页。

马克思实践观点的存在论意义 ／

085

景视野上抽象和概括出人类历史的普遍本质和一般规律，形成科学的历史观念，这就是唯物主义的历史观。

人类的物质实践活动归结为改造自然和改造社会这两种基本的活动，在人们的活动中也就形成两种基本的关系即人与自然的关系和人与人的社会关系。马克思揭示了这两种关系之间互为中介的关系，便一方面把历史的观念引入了自然领域，即从人的历史活动理解自然界的变化，从而实现了自然观的变革（如前所述）；另一方面也把人与自然的关系引入了历史，即把为人与自然的关系所中介的人与人之间的物质关系作为整个历史的现实基础，从而实现了历史观的根本变革。"迄今为止的一切历史观不是完全忽视了历史的这一现实基础，就是把它仅仅看成与历史进程没有任何联系的附带因素。……这样，就把人对自然界的关系从历史中排除出去了，因而造成了自然界和历史之间的对立。因此，这种历史观只能在历史上看到重大政治历史事件，看到宗教的和一般理论的斗争，而且在每次描述某一历史时代的时候，它都不得不赞同这一时代的幻想。"①

人与自然的关系和人与人的社会关系互为中介的发展，主要地表现为生产力与生产关系相互作用的辩证运动，它构成了人类历史的实在内容。因为这两类关系的相互中介，在人类历史发展的一定阶段上必然产生异化，人与自然关系的扭曲乃因为它是在不合理的社会关系的中介下发生的关系。单纯地从人与人的社会关系去考察，又看不到异化的扬弃。人与人的社会关系是在人与

①《马克思恩格斯选集》第1卷，人民出版社2012年版，第173页。

自然关系的中介下发展的，当人与自然的关系（即生产力）发展到一定的历史水平，就为改变不合理的社会关系，为扬弃异化准备了历史前提。

实践论的真理论是求真的理论，它主张在实践中发现真理，又在实践中证实真理和发展真理。如果说求真必须以实践为基础，那么求善就是实践的宗旨，实践活动本身就是求善的活动。因此，研究"善"的价值论也是实践论的，它主张从合目的的物质实践的观点去理解"善"，把求善看成是主体将自己的价值尺度运用到对象上去（不仅观念地运用，而且实践地运用），从而否定和扬弃客体的现存形式，达到主客体的统一。这里，人的价值尺度也是在实践中历史地形成的，是实践在满足人的需要的同时又改变着人的需要，即改变着人的价值尺度。人类历史是按照"善"的规律从低级向高级发展的。"美"的问题在理论上更为复杂一些，但立足于实践论的观点，也使问题变得清楚和明白了。现代唯物主义主张从审美活动与实践活动的关系中把握美的本质。审美活动是为补偿实践活动的有限目的性而产生的。人通过审美创造活动象征性地构造一个超越现实世界的理想世界，是为了把在现实的物质实践中未能充分展现的自身才能自由地展现出来，在这种象征性地对象化自身才能的过程和结果中获得自我欣赏，获得某种对于人的终极目的而言的人的完整性。同时，审美活动也离不开实践的基础。是物质生产实践的发展提供了审美活动所必需的自由时间，提供了审美创造活动所必需的物质条件，也是劳动生产实践创造了美的事物即审美的客体，创造了主体的审美心理结构和审美能力。

求真、求善、求美是人类活动的三种基本样式，是人类解决必然与自由问题的三种不同的方式或途径，但它们又是统一的，是互相包含、互相渗透的，是互补互动的。真、善、美统一的基础还是实践。以求真为宗旨的理论活动、以求美为宗旨的艺术活动和以求善为宗旨的实践活动，是统一的人类活动的不同方面，而人类的一切活动包括理论的活动和艺术的活动，都是在物质生产实践的基础上发展起来的。

历史决定论的核心问题*

　　20世纪80年代中期以后，关于社会历史规律客观性的讨论日趋活跃。讨论的核心问题是决定论和选择论的关系。从国内思想界的情况来看，虽然也受到了某些在实质上是机械决定论思想的影响，但主要的是国外非决定论思潮的冲击。20世纪以来，西方历史哲学中否认历史规律的非决定论历史观日益膨胀成为一股势力强大的潮流，马克思创立的唯物史观是它抨击的主要目标。中国实行改革开放，把瞭望世界的窗口打开以后，苍蝇蚊子也趁机飞了进来，其中就有这种历史非决定论。例如，《历史决定论的贫困》和《开放社会及其敌人》两本书就在我国学术界、思想界产生了明显的影响，有的人对这两本书的哲学观点连同它的政治结论全部接受了下来，并做了自己的发挥，说什么承认历史规律是专制社会的特征，而实行民主则是以否认历史规律为前提的。这当然是一个最极端的例子，是一种个别情况，大多数的情

　　＊　本文原载《辩证的历史决定论》，中国社会科学出版社2007年版。

况还是学术思想上的困惑。但不管怎样，这都是值得特别重视的情况。这场关于历史规律客观性的争论，涉及马克思主义世界观的根本哲学基础，不能不给予高度的持续的关注。

决定论的原初含义是指因果决定论。世界上一切事物、现象都处在普遍联系、相互制约之中，每一种现象都是由另外一些现象引起的，它自己也必然要引起另外一些现象，现象、事物之间这种引起和被引起的关系就是因果关系。肯定因果关系的普遍性必然性就是因果决定论。它的深层的实质的内涵是肯定事物运动变化的规律性，因为因果关系的必然性只有从事物运动变化的内在规律性才能说明，一种事物、现象必然引起的某种结果，是它在一定条件下合乎规律地发生作用的结果。

人同自然界区分开来，就有了自己相对稳定的主观世界。人的实践活动是有意识、有目的的活动。同人的实践活动须臾不可分离的意识活动就是"解释"和"预见"。所谓"解释"说到底即是对已发生事件的原因的探究，所谓"预见"不过是对可能出现的结果的推断。这就是对于现实世界的因果关系的把握。如果没有最起码的因果观念，人们的实践活动就谈不上什么目的性，所以"原因"和"结果"可以说是人类认识和掌握自然现象之网时较早抓住的纽结。哲学作为对于人类自身活动的反思，因果决定论也就是哲学史上较早形成的哲学观念之一。

在古希腊哲学中最早对决定论原则作出理论表述的是唯物主义哲学家赫拉克利特和德谟克利特。赫拉克利特提出，世界的本原是在一定的分寸上燃烧，在一定的分寸上熄灭的永恒的"活火"。所谓"分寸"，大致就是指的规律性，他也将其称之为"命运"或"逻各斯",认为最高的智慧就在于认识和遵从这个"逻各斯"。赫拉克利特的"逻各斯"思想奠定了西方理性主义传统的基础,对后世的西方哲学产生了深刻的影响,以至后现代哲学家德里达把这个理性主义传统称为"逻各斯中心主义"。德谟克利特的"原子论"发展了赫拉克利特的"逻各斯"思想,把自然必然性归结为因果必然性。他肯定了客观规律的存在,肯定了因果联系的普遍性、必然性,也就确立了朴素的决定论哲学的基本原则。但他断然否认偶然性的存在,这在事实上便成了近代欧洲机械决定论的思想渊源。

近代欧洲机械决定论的兴起是与近代自然科学特别是机械力学即牛顿力学的产生密切相关的。在牛顿力学里,物体在不同时刻的机械运动状态之间有着严格的因果确定性,即物体在每一瞬间的运动状态被前此时刻的运动状态所决定,同时又严格地决定了其后时刻的运动状态。由于牛顿力学在解释地球上宏观物体的机械运动方面获得了巨大的成功,且在日后机器大工业的生产中得到了广泛的应用,因而人们普遍相信,牛顿力学是解释世界的最根本的依据。机械力学的成果,很快被重视科学成就的欧洲早期唯物主义经验论哲学所吸收。17世纪英国哲学家霍布斯就是用机械运动的原理去解释因果关系,并将此视为哲学的全部任务。他认为,因果联系是必然的联系,世界就是原因和结果必然联系的锁链。他肯定因果联系的客观普遍性、必然性,而否认任何意义上的偶然性。

这种机械决定论在法国唯物主义哲学中得到了更为彻底的发挥,霍尔巴赫是其主要的代表。1814年,法国天文学家和数学家拉普拉斯在其《概率的哲学》一书中，把这种机械决定论推向了极端，认为"应当把宇宙的现在状态看作是它先前状态的效果，随后状态的原因"。只要把宇宙中的一切物体运动纳入同一公式中，那么，未来和过去一样，都呈现在我们面前。

古希腊的朴素决定论和近代欧洲的机械决定论，都属自然哲学的范畴，都是自然哲学决定论。尽管有些哲学家例如霍尔巴赫也把这种机械决定论引申到社会历史领域，那也只是把机械决定论视为普遍适用的原则应用于社会历史领域，并不是着力于社会历史领域的特殊性的分析而建立起来的观念，所以还算不上历史哲学，算不上历史决定论。历史哲学的研究固然受到自然哲学的影响，但它是循着另外的线路酝酿和形成的。

1725年意大利的历史学家和法学家维科的《新科学》一书出版，当可视为这条线路的开端。维科以伽利略、培根、牛顿等人所代表的自然科学研究为典范，力图建立起"人的物理学"，希望找到支配人们的社会生活和社会制度演变过程的自然法则。在他之后，康德、谢林、黑格尔、孔德、斯宾塞等一批哲学家和社会学家都致力于创立能够与自然科学媲美的"社会科学"。他们确信，社会现象尽管有着扑朔迷离的外表，但也不是没有规律、不能解释和预见的。例如康德认为"人类的历史大体上可以看作是大自然的一项隐蔽计划的实现"[1]，它既是合目的的又是合规律的，因而深信人类社会是在不断地朝着改善前进的。谢林的"同一哲学"认为社会历史过程和自然过程在本质上是同一的，都是

---

[1] 〔德〕康德：《历史理性批判文集》，何兆武译，商务印书馆1990年版，第15页。

合乎规律的发展过程。他甚至明确指出了"历史的主要特点在于它表现了自由与必然的统一，并且只有这种统一才使历史成为可能"[①]。黑格尔更是系统地阐明了自由与必然的关系，可以说是以唯心主义的方式进行了辩证的历史决定论的理论建构。当然，马克思以前的哲学家或社会学家、历史学家都只是在观念或文化的领域寻找历史发展的基础，探索历史发展的规律性。但是，他们的理论努力，为马克思的唯物史观即唯物主义的历史决定论的创立准备了重要的思想资源。

自然哲学决定论的核心问题是必然和偶然的关系问题。如何看待因果过程中必然和偶然的关系，是自然哲学中决定论和非决定论、辩证决定论和机械决定论的分水岭。承认必然性是决定论，非决定论则抬高偶然性而否认必然性；只承认必然性而否认偶然性是机械决定论，主张从必然和偶然的统一中把握现实的因果过程则是辩证的决定论。

辩证决定论的自然哲学主张从必然和偶然的统一中把握现实的因果运动。这一理论原则对于理解和阐释历史决定论也是适用的，并且是很重要的，但应当说这还是远远不够的，还不能充分揭示社会历史领域因果过程的特殊性。

人类历史是人自己创造的，是人的活动构成的。人类的第一个历史活动就是物质生产活动。物质生产过程是人和自然的相互作用过程，但它和自然界中自然物与自然物之间的相互作用过程

---

① 〔德〕谢林：《先验唯心论体系》，梁志学、石泉译，商务印书馆1976年版，第243页。

是不同的。这种差别是自然哲学与历史哲学这两个哲学维度的差别的终极缘由。自然物是一种没有自觉意识的存在。它的存在就是它自身，它在与他物的相互作用中表现出来的性质并不是它"想"要具有的。自然物作为一个系统，由于其内部诸因素之间非线性相互作用的关系和复杂的外部条件，因而其未来的演化状态也往往具有多种可能性。但是自然物包括高等动物没有意识，这个未来演化的可能性空间对于自然物来说实际上是关闭着的。在其演化过程中哪种可能性变为现实，不取决于它的选择（它也不能选择），而是取决于它恰巧与其他的哪些因果过程相"汇合"或"交叉"。就是说，这种演化只是必然性与偶然性的统一。而人与自然相互作用的物质生产过程即人化自然的过程，情况就不同了。人有意识，他能意识到自己的活动，或者说他具有对自己活动的自觉，因而他能够在一定程度上意识到这个人化自然系统的未来演化的可能性空间，并能根据自己的需要对将其中的哪种可能性变为现实作出选择。物质生产是人类能动地改造自然的物质实践活动。人不会只是被动地接受客观必然性和偶然性的摆布，而是能够在一定程度上认识客观必然性，也能在一定程度上预见和应对各种偶然情况的发生，把客观必然性、偶然性及其关系置于人的掌控之下。随着人类认识水平和实践水平的提高，特别是科学技术的发展，人类的这种掌控能力会越来越强。物质生产过程如此，在物质生产基础上的一切历史活动、历史过程都是如此。

进一步说，人为什么能够具有对于自己活动的自觉，能够意识到事物发展的多种可能性、能够打开这个可能性的空间？关键是人在劳动中形成意识的同时产生了语言。"语言和意识具有同样长久的历史；语言是一种实践的、既为别人存在因而也为我自身而存在的、现实的意识。"①语言是意识实现的必要条件。正是语言把人类的主观的心理活动规范化、普遍化、客观化，才使以概念思维为特点的人类意识得以形成或实现。有了语言，人类便建构起来了日益丰富、日益强大的主观世界。

语言作为符号系统，由"所指"和"能指"两个极构成。语言的"所指"是人类活动所经历着的事物；而语言的"能指"作为一种能力系统则拥有一种潜在的大于所指的完整性。这就是说，语言的能指不仅仅能够反映现实的事物或事物的现实性，而且还拥有足够多的剩余量去表现或"反映"非现实的事物或事物的非现实性。那些具有客观性的事物的非现实性，表现于语言之中，就是人类所把握的客观可能性。如前所述，这个可能性空间对于没有语言能力的动物来说是关闭着的，而人类则可以打开这个可能性空间，因为人类可以借助语言的象征性功能，通过对于事物的语言"影像"的分解、重组和转换，去想象、把握和述说这种客观的可能性。因此，在人的面前便不再只是一个纯粹实然的世界，而是一个现实性与可能性相互交错的世界。现实的事物或现实的世界不再是唯一的事物或唯一的世界，而不过是多种可能性之中在特定条件下实现了的一种可能性，其他的可能性在它所需要的条件具备时也是能够成为现实的存在的。这样，人就能够在语言揭示出来的多种可能性中选择一种，将争取这种可能性

① 《马克思恩格斯选集》第1卷，人民出版社2012年版，第161页。

的实现作为自己活动的目的。这种选择，就是人的活动的自主性，就是自由，是同必然性对立的自由。可见，历史哲学决定论与自然哲学决定论不同，它的核心问题不再是必然和偶然的关系问题，而是转换成了必然和自由的关系问题。必然和自由的矛盾是贯穿于人类一切历史活动中的基本矛盾。马克思创立的辩证的历史决定论就是正确认识和解决这个基本矛盾的历史哲学理论。

历史决定论与历史选择论的统一*

马克思创立的人类活动论或实践论的哲学思维范式，是以必然和自由的关系作为基本的理解线索的。如果说，在构建马克思主义哲学的解释体系时是以必然和自由的关系为线索去理解整个马克思主义哲学，那么，在这里则是运用马克思主义哲学的理论和方法去理解必然和自由的关系问题本身。这两个方面是相互论证、相互诠释的，这两种研究路向是相互支持的，都是对马克思主义哲学的实践论解读。

"社会生活在本质上是实践的。"① 这一命题是辩证的历史决定论全部立论的基础。实践"是主观见之于客观的东西"②。实践是客观的物质性的活动。实践的物质性、客观性决定了人类社会是一个遵循其自身固有规律运行的有机系统，这是历史决定论的客观基础。同时，实践又是有意识有目的的自觉活动，实践的目

* 本文原载《辩证的历史决定论》，中国社会科学出版社2007年版。

① 《马克思恩格斯选集》第1卷，人民出版社2012年版，第139页。

② 《毛泽东选集》第2卷，人民出版社1991年版，第477页。

的性、自觉性决定了人类社会又是一个具有精神文化特质的存在物，是一个以价值观念为核心的文化集成体。在客观规律规定的社会发展的可能性空间内，人的活动是有自己的价值选择的，社会的发展是有观念引导的，这就是历史选择论的基本依据。辩证的历史决定论是历史决定论和历史选择论的统一，是必然与自由的矛盾的真正解决。

物质生产劳动是人类的最基本的实践，是人类全部社会活动的基础，是人类历史的起点。物质生产劳动的过程从一开始就包含着必然与自由的矛盾，社会物质生产发展的历史就是这一矛盾不断解决又不断产生的历史。物质生产活动作为人的存在方式，包含着人及社会发展的全部奥秘。因此，恩格斯把马克思主义称之为"在劳动发展史中找到了理解全部社会史的锁钥的新派别"[①]，理解全部社会史的锁钥当然也就是理解马克思主义历史观的锁钥。所以，对辩证的历史决定论的实践论解读，不论是对于它的决定论的说明还是对于它的选择论的说明都必须从解读劳动发展史入手。

一、实践的物质性、客观性：
历史决定论的客观基础

（一）生产实践的物质性

劳动即生产实践是最基本的实践形式，人类历史活动的其他实践形式都是由生产实践衍生的。因此，欲说明人类实践的性质

---

① 《马克思恩格斯选集》第4卷，人民出版社2012年版，第265页。

和特征，说明实践观点对于确立唯物主义的历史决定论的意义，首先就必须说明生产实践的客观物质性。

生产劳动的过程首先是人和自然之间相互作用的过程，即人以自身的活动来引起、调整和控制人和自然之间的物质变换的过程。构成生产劳动的基本要素是劳动对象、劳动资料和劳动者。劳动对象是自然物，即使经过人类加工过的物体也是源自于自然的。劳动资料（以生产工具为主）是使用自然界提供的物质材料制造的。劳动者是劳动过程的主体，整个劳动过程都是由劳动者的活动引起和推动的，而且劳动者的活动是有意识有目的的。但是，意识、目的这种观念的东西不能直接作用于人身外的物质世界，只有物质的力量才能直接地作用于物质的东西。"单个人如果不在自己的头脑的支配下使自己的肌肉活动起来，就不能对自然发生作用。"①肌肉的力量当然是一种物质的力量，是人自身拥有的自然力。而人类劳动的根本特点是制造和使用劳动工具，劳动者在劳动过程中肌肉的活动也首先和主要地是操作工具的活动。马克思在《资本论》的一个注里引用了黑格尔的一段话。黑格尔把人的工具行为称作理性的"狡猾"，理性的"狡猾"总是在于它的间接活动，即支配人按照物的本性，利用一些物（以工具为主的劳动资料）去作用于另一些物（劳动对象），通过控制物与物之间的相互作用去改变物质的存在形式，实现自己的目的。劳动者的目的是通过他制造和使用的工具来传递和体现的。可见，整个物质生产劳动的过程就是各种物质力量相互作用的过

---

① 《马克思恩格斯全集》第44卷，人民出版社2001年版，第582页。

程，就是人主体按照自己的目的，依靠自然，利用自然，改变自然并占有自然的过程。在这个过程中形成的人类控制自然、改造自然的能力，就是"生产力"。讲生产实践的物质性，首先就是讲生产力是一种社会的物质力量。

阐明生产实践的客观物质性，看来是在讲一些十分简单明白的道理，但它在思想史、哲学史上的意义却非同小可。这个道理，可以说是马克思的唯物史观即辩证的历史决定论的第一原理。辩证的历史决定论的整个理论体系都是在此前提下建立起来的。

（二）社会关系的客观性

人类社会是由各种社会关系之总和构成的有机体，它是人们在物质生产实践基础上形成的交往关系的产物。

人与自然的关系和人与人之间的社会关系是互为中介的，二者是相互制约、相互促动的。人们"只有以一定的方式共同活动和互相交换其活动，才能进行生产。为了进行生产，人们相互之间便发生一定的联系和关系；只有在这些社会联系和社会关系的范围内，才会有他们对自然界的影响，才会有生产"①。这里说的人们的"共同活动和互相交换其活动"就是社会交往活动，没有这种交往活动，就不能构成社会，就不会有生产。人类生活不采取社会的形式，就不能克服人类个体及其活动的有限性。人类的存在必须以同代诸多个体的共同活动和不同代诸多个体的连续活动为条件，这种共同活动和连续活动只能通过人类个体之间的交

---

① 《马克思恩格斯选集》第1卷，人民出版社2012年版，第340页。

往而构成。因此，社会是人类生活的必然形式。

讲生产实践的物质性不能只讲物质资料的生产，还要同时讲作为生产的社会形式的生产关系的生产。这两种生产是同时进行的，是同一个过程，都属"生产实践"的范畴。我们在思维中把它们分别地抽象出来，分别地作出科学的规定，是为了更清晰地理解和阐明二者的关系，而在实际的生产实践过程中二者是不能分开的。没有脱离生产力的生产关系，也没有脱离生产关系的生产力。单凭生产力和生产关系的不可分割的统一性，就可以直接从生产力的客观物质性推导出生产关系的客观物质性。但我们不能满足于这种简单的推论，在把握生产关系的客观性上还有许多特殊的问题需要作出更为深入的分析。而且，生产关系这个范畴实在是太重要了，是应当着重加以研究的范畴。生产关系是决定其他一切社会关系的基本的原始的关系。两对社会基本矛盾，正是生产关系所处的两种矛盾关系。生产力在社会发展中的决定作用要通过它所引起的生产关系的变革才能实现，上层建筑的巨大作用也是直接通过保护某种生产关系或推动某种生产关系的变革而实现的。社会生活的各个要素之间的相互作用都要经过生产关系这个决定性的中间环节，即都要通过它们与生产关系之间的相互作用这个"中介"。生产关系是制动整个社会生活的枢纽。所以，说明生产关系的客观物质性及其在整个社会历史发展链条中的地位，对于坚持唯物史观即辩证的历史决定论具有关键性的意义。

生产关系是通过人与物的关系而建立起来的人与人的关系，即以物（劳动对象、劳动资料、劳动产品等）为中介的社会关系，是以生产资料的所有制为核心的经济关系，其实质是物质利益关系。生产关系是物质生产必须具有和必然具有的社会形式。没有这种社会形式，生产劳动的各种要素都只是可能的生产力，只有确立了适合于各该时代的历史条件的生产关系，亦即确立了生产中"人"的因素和"物"的因素的结合方式，才能有现实的生产力。生产关系是由生产力这种物质力量所决定的社会生活的物质关系。它以"物"为中介，也就被"物"所限定。"人们用以生产自己的生活资料的方式，首先取决于他们已有的和需要再生产的生活资料本身的特性。"①确立什么样的生产关系，不取决于人的主观愿望，而是取决于物质生产力发展的客观状况和客观要求，它不是人们可以任意选择的。上述这些，就是生产关系的客观物质性的要点。生产关系是全部社会关系的基础，因此，生产关系的客观物质性也就是全部社会关系的客观性的根据和保证。

随着生产和社会分工的发展，人们的社会交往活动也逐步扩大，并在此基础上形成了日益复杂的社会结构即社会交往关系结构。前面所说的生产关系，是直接在物质生产过程中发生的交往关系。在物质生产活动之外而同物质生产活动联系最为密切的，是建立和维护社会共同生活的秩序的交往关系。秩序的需要也是人类生活的基本需要。没有一定的秩序，人类个体之间就不能有正常的交往，也就不能由此而形成整体力量与自然力量相抗衡，就不会有人类和人类社会的存在和发展。这种为建立和维护社会共同生活的秩序的交往，从一定意义上说是以交往本身为目的的

---

① 《马克思恩格斯选集》第1卷，人民出版社2012年版，第147页。

交往，是广义上的政治活动。它的最重要的内容或表现，就是形成能够组织、协调和控制社会共同生活的社会权力，并建立起个体对社会权力的服从关系。政治是经济的集中表现。建立和维护社会共同生活的秩序，首先正是为保证物质生产活动服务的，从根本上说是受物质生活的生产方式制约的，是由各该时代的经济关系所决定的。

精神交往看来是离物质生产活动较远的交往，但它也同样是为物质生活的生产方式所制约的。精神交往是个体之间的信息交流和传递以及各种心理倾向的互动。它不是独立于前两种交往，而是内在于前两种交往的。人类的活动是有意识有目的的，纯粹的物质交往不是人类的交往，而只能是动物的交往。如果说，生存的需要即物质生活资料的需要为人和其他动物所共有，秩序的需要也为某些动物所具有，那么，意义的需要则是为人类所独有的。精神的生产和交流就是人类生活的意义的生产和交流。人们只有通过精神的交往活动获得对于周围世界的某种必要程度的共同理解，并在此基础上形成共同信念和共享价值，即赋予了人们活动的可以共享的"合理性"意义，才会形成人类的各种共同体，才会有人类的共同的活动。人们的精神交往的过程，就是个体意识社会化的过程。精神活动的社会化也是它的客观化。人们在生产实践中获得的知识经验和技能，在生活实践中形成的信念、价值观念，一旦被人们广泛地认同和接受，以至成为被社会化了的普遍精神，它对于社会群体中的每个个人来说，就是一种制约着他们的思想和行动的客观力量。

还有一种社会关系类型也不容忽视，这就是血缘宗亲关系。

在人类社会的形成时期存在过杂乱的两性关系，那是纯粹的自然关系。随着乱伦禁忌的推进，稳定的家庭形式的形成，原始的血缘关系便逐渐转变为具有伦理精神的社会关系。从原始社会到封建社会，血缘家庭一直是人们从事生产劳动的基本单位，血缘宗亲关系一直在社会关系中处于重要的地位。这种情形，只要看看中国在奴隶社会和封建社会的极其漫长的历史时期里，以血缘关系为纽带的宗法等级制度、家族中心主义在经济生活、政治生活及整个社会生活中的强大影响和强大力量就清楚了。只是到了近代，随着资本主义生产方式的出现，这种情况才有了根本的改变。资本主义是以工业为主导的生产方式，是直接按照生产过程的本性和规律来组织生产，结成生产关系的。这时候，就必须突破血缘家庭的自然联系的限定，个人不再是作为"一定的狭隘人群的附属物"而是作为独立的个人出现。血缘家庭也就基本上只是一个单纯的消费单位了。当然，血缘宗亲关系依然是普遍的社会关系，社会伦理中相当大的一部分依然是针对家庭关系的，家庭亲属关系对社会生活的稳定和持续发展仍然具有不可忽视的作用。只不过在现代社会中家庭已不再是基本的经济单位和政治单位，家庭关系是一种从属于社会的经济、政治关系的存在了。在现代社会中，原来在家庭血缘的自然联系掩盖下的生产关系、社会关系，改变了它的"被给定"的自然外观，它的属人性质或人为性质显露了出来。血缘宗亲关系的客观性是凭经验观察可以把握到的，而现代的社会关系的客观性则需要理论的抽象和论证了。

社会关系的客观性的论证，可以归结于以下两个方面：一是全部社会关系都是在物质生产实践的基础上形成的，物质生活的生产方式制约着整个社会生活、政治生活和精神生活的过程，全部社会关系的客观性都可以从物质生产关系的客观物质性得到说明，这已于前述。二是经过个体之间在各个领域的交往活动形成了各个层面的社会关系，也就把众多个体整合成为共同生活的整体。这个整体就是社会关系体系。作为整体，有着不可还原为个体的功能和属性。它的存在和发展对于每个个人来说就成为一种不以他们的意志为转移并制约着每个个人的活动的客观必然性。

（三）人类历史发展的规律性

"社会生活在本质上是实践的。"实践是人和人类社会的存在方式，因此，也只有运用实践的观点才能把握人类历史的本质。人类为什么会有自己的历史？因为人类的活动是有意识、有目的的，是自觉的，他能够调整、变换他的目的，从而相应地改变自己的活动方式，包括物质生产方式和社会交往方式，以适应生存环境的变化。人的活动方式的不断改变就是一种历史。人在这种改变中不是失去自己的规定性，而只是不断地丰富自己的规定性。就是说，人能够在保持自身存在的同时改变自己的活动方式，或者说能够改变自己的活动方式以保持自身的存在。在社会活动方式的变化中，作为社会活动主体的人始终能够保持自我的同一性，这就使人的社会活动能保持它的连续性。这种人的社会活动的变化和连续的统一，就构成了社会的历史，构成了人的历史，即真正的人类历史。而人以外的动物则不然。动物与它的活动方式是直接同一的，其活动方式的变化就是该物种本身的变化。动物活动方式的变化意味着它变成了他物，即意味着物种的灭亡。所以，动物没有活动方式变化的历史，也就是没有真正意义上的历史。"动物也有一部历史，即动物的起源和逐渐发展到今天这样的状态的历史。但是这部历史对它们来说是被创造出来的，如果说它们自己也参与了创造，那也是不自觉和不自愿的。"①所以说，这不是真正意义上的历史。

由上所述可以得知，社会是人的活动构成的，历史是人的活动创造的，人类历史主要就是由人的活动方式即物质生产方式和在此基础上发生的社会交往方式的变化构成的。"人们不能自由选择自己的生产力——这是他们的全部历史的基础，因为任何生产力都是一种既得的力量，是以往的活动的产物……后来的每一代人都得到前一代人已经取得的生产力并当做原料来为自己新的生产服务，由于这一简单的事实，就形成人们的历史中的联系，就形成人类的历史，这个历史随着人们的生产力以及人们的社会关系的愈益发展而愈益成为人类的历史。"②考察人类历史主要就是考察人们的物质生产方式及在此基础上形成的人们社会交往方式发展变化的历史；揭示人类历史发展的规律性主要就是揭示物质生产方式和社会交往方式发展变化的规律性。这是研究人类历史的基本线索。

人类历史有没有客观的规律性？这是历史决定论和历史非决定论争论的焦点。有些历史非决定论者可以承认自然规律，就是

① 《马克思恩格斯选集》第3卷，人民出版社2012年版，第859页。
② 《马克思恩格斯选集》第4卷，人民出版社2012年版，第408—409页。

不承认历史规律。这个"扣"在什么地方？这个"扣"就在于，在历史中活动的都是有自觉意识的人，都是抱着自觉期望的目的各行其是的人，怎么能够形成人们共同活动的规律即历史的普遍规律？人们的意志对历史规律的形成有没有作用？这里，我首先想说的是这种疑惑中包含了双重的误解，既是对于历史规律的认识的误解，也是对于自然规律的认识的误解。

对自然界的认识和对社会历史的认识，都遵循共同的认识逻辑，都只有在实践场域内才能发生。这就是毛泽东说的"人的认识一点也不能离开实践"。毛泽东说："辩证唯物论的认识论把实践提到第一的地位，认为人的认识一点也不能离开实践，排斥一切否认实践重要性，使认识离开实践的错误理论。"①不论认识的发生、发展和检验，不论对社会历史的认识还是对自然的认识，都是一点也不能离开实践的。在《辩证的历史决定论》里，借助法国社会哲学家皮埃尔·布迪厄提出的"场域"概念，提出了"实践场域"的概念。②这十分有助于彻底坚持认识论的实践观点。构成实践场域的各种基本因素中，工具行为是主要的或主导性的因素，因而实践场域当然有主体的在场，但主体的意志对客观规律的形成却不起任何作用。不仅对于社会历史规律的认识是这样，对于自然规律的认识也是这样的。所以，要解开上面所说的"扣"，对于实践场域内工具行为的理解和说明显然具有关键性的意义。

① 《毛泽东选集》第1卷，人民出版社1991年版，第284页。
② 陈晏清、阎孟伟：《辩证的历史决定论》，中国社会科学出版社2007年版，第64页。

先说对自然界的认识。自在自然是人的有限活动可以无限扩展的可能性空间。肯定自在自然的存在，即是肯定外部自然界的优先地位，这是人类活动包括认识活动的前提，但自在自然并不是人们认识的客体。因此，我们这里讲的不是对于自在自然或自然界的自在形态的规律的认识问题。这样的问题是一个在逻辑上说不通的问题，也是一个在事实上并不存在的问题。恩格斯说，"人的思维的最本质的和最切近的基础，正是人所引起的自然界的变化，而不仅仅是自然界本身"①。人所引起的自然界的变化，就是人的实践活动对于自然界的自在性的扬弃。自然事物纳入实践场域（物质生产和科学实验中的观测、实验等都是实践形式，都可以构成实践场域）就是进入了对它的自在性的扬弃过程，它就不再属于自在自然。科学实验的"结果"，即人们在科学实验中观察到的"现象"，并不是物理客体独立运动的结果，而是实验仪器和物理客体相互作用的结果。仪器是人按照人的经验或理论制备的，是体现人的目的和意图的。但人的目的和意图不能左右实验的结果，不会影响科学认识的客观性。仪器是由物质的材料和能量制造的，仪器和物理客体的相互作用在表现形态上仍是客体之间的相互作用，只是把这种相互作用置于人们可观察、可理解、可述说的方式之中罢了。这个道理，我们在论述生产实践的客观物质性，讲到工具行为的性质（工具行为是理性的"狡猾"）时已经说明了。

科学实验的结果，就是呈现于主体面前的"自然现象"，是

---

① 《马克思恩格斯选集》第3卷，人民出版社2012年版，第922页。

人们进一步作出理论认识的客观依据。如果在同样的实验条件下，这样的结果反复出现，就说明这是一种合乎规律的现象。至于是一种什么样的规律性，如何对这个规律作出正确的理论表述，那就是理论认识的任务了。什么是规律？恩格斯说，"自然界中的普遍性的形式就是规律"[1]。列宁说，"规律是现象中持久的（保存着的）东西"，是"现象在自身同一中的反映"[2]。恩格斯和列宁的论述是完全一致的。现象中同一的、持久的东西，就是现象中具有普遍性的东西。据此，我们可以把规律规定为"实践场域内客体间相互作用关系的一般形式"。列宁还说："规律和本质是表示人对现象、对世界等等的认识深化的同一类的（同一序列的）概念"[3]。这就是说，规律是事物的内在的联系，不是直接呈现于人的感官的东西，是要依靠理论的思维才能把握的。实验中的结果，是直接呈现于人的感官的"现象"。当原有的理论即概念系统不能解释时，人们不能改变这些"现象"使之适合于原来的理论，而只能改造原来的理论以成功地解释这些"现象"，例如量子力学对于经典物理学的改造。这就是发现了新的规律，或发现了原来已知规律适应范围的改变。这就是自然科学的理论创新。

对于社会历史规律的认识也是如此。历史哲学和自然哲学的区别，不在于对历史规律和自然规律的认识方式或认识模式上有什么不同，而主要是客观规律发生作用的方式不同。历史规律是

---

[1] 《马克思恩格斯选集》第3卷，人民出版社2012年版，第938页。

[2] 《列宁全集》第55卷，人民出版社2017年版，第126页。

[3] 《列宁全集》第55卷，人民出版社2017年版，第127页。

通过人的自觉活动发生作用的，所以历史哲学决定论的核心问题是必然和自由的关系问题，而自然规律则不然。就对于这两类规律的认识来说，是没有区别的，都要依赖于主体的能动的活动，都只有在实践中才能获得。社会就是一个以工具行为为主导的扩大了的实践场域。生产工具既是人与自然之间交往（物质交换）的中介，也是人与人之间社会交往的中介。但在人们的社会交往中，除了生产工具这个中介以外，还在此基础上创造了语言作为交往的中介。实际上，语言是生产工具的符号功能的单纯化，因而是一种更便捷、更有效的中介。中介化即是客观化普遍化。通过工具和语言的中介，使各个主体联系起来，形成社会的共同生活和整体力量。这个整体就具有了各个独立的个体所不具有的属性和功能，它对于单个的个体来说就是一种客观的力量了。社会历史的规律即是社会这个整体中各种基本因素之间相互作用的一般形式。对于这种规律的形成，个体的意志就不起作用了，所以它是一种客观的规律。前面论述了生产实践的客观物质性、社会关系的客观性，对社会生活的基本因素如生产力、生产关系以及在生产关系基础上形成的各种社会交往关系包括政治关系、思想关系乃至血缘宗亲关系等都作了抽象，作了明确的规定。社会历史的规律就是这些基本因素之间相互作用的一般形式。可以说，前面的这些论述为阐明人类历史的客观规律性确立了逻辑前提。驳不倒这些前提，就否定不了历史规律。有些历史非决定论者可以承认自然规律，但不能承认历史规律，像波普那样的学者，甚至可以承认社会规律却坚决否认历史规律。这是没有道理的，是不合逻辑的，社会规律和历史规律没有绝对分明的界限。不考察社会生活的或长或短的历史演进过程就不能发现和确定社会生活各基本因素之间相互作用的一般形式，而历史规律也不过是社会生活各基本因素之间相互作用的一般形式在历史中的延续。只要不否认历史，就不能否认历史规律。当然，历史决定论要着力把握的是贯穿于整个人类历史的普遍规律。上述各种社会生活的基本因素，就是人类社会自始至终恒久存在的基本因素。马克思经过科学的抽象，把握到了社会生活的这些基本因素，并对其作出了科学的规定，在此基础上概括出了这些基本因素相互作用的一般形式，这就揭示了人类历史的普遍规律。他说："人们在自己生活的社会生产中发生一定的、必然的、不以他们的意志为转移的关系，即同他们的物质生产力的一定发展阶段相适合的生产关系。这些生产关系的总和构成社会的经济结构，即有法律的和政治的上层建筑竖立其上并有一定的社会意识形式与之相适应的现实基础。物质生活的生产方式制约着整个社会生活、政治生活和精神生活的过程。不是人们的意识决定人们的存在，相反，是人们的社会存在决定人们的意识。社会的物质生产力发展到一定阶段，便同它们一直在其中运动的现存生产关系或财产关系（这只是生产关系的法律用语）发生矛盾。于是这些关系便由生产力的发展形式变成生产力的桎梏。那时社会革命的时代就到来了。随着经济基础的变更，全部庞大的上层建筑也或慢或快地发生变革。"① 马克思这段非常著名的论述讲的就是人类社会的基本结构及其发展规律，主要就是讲的生产力和生产关系的矛盾运动、经

① 《马克思恩格斯选集》第2卷，人民出版社2012年版，第2—3页。

济基础和上层建筑的矛盾运动。毛泽东把这两对矛盾准确地表述为"社会的基本矛盾"。社会基本矛盾运动的规律就是贯穿整个人类历史的基本规律、普遍规律。

（四）历史规律对人的活动的客观制约性

前面论证了生产实践的物质性、社会关系的客观性以及人类历史发展的规律性，这就已经包含了历史规律对人的活动的客观制约性的论证。作为唯物史观出发点的现实的个人，就是"社会中的个人"，即受社会关系制约的个人。而如前所述，所谓人类历史的规律，主要的就是物质资料生产方式和在其基础上发生的社会交往关系发展变化的规律。社会中的个人的活动，当然也就是受着人类历史规律制约的活动。

马克思认为社会经济形态的发展是一种自然历史过程。"一个社会即使探索到了本身运动的自然规律……它还是既不能跳过也不能用法令取消自然的发展阶段。但是它能缩短和减轻分娩的痛苦。"①这是历史决定论的一个基本结论，是关于历史规律对人的活动的客观制约性的准确说明。所以，关于这个问题的理论论证本身，似无更多的话需要再说了。但是，与此相关联的问题却还是不少。例如，历史发展的自发性和自觉性的问题，历史发展过程的统一性和多样性的问题，社会的隐结构和显结构的关系问题，都是对于理解历史决定论的基本思想十分重要的问题。但对于这些问题的正确解决，都只是历史决定论基本思想的说明和发挥。

---

① 《马克思恩格斯全集》第44卷，人民出版社2001年版，第9—10页。

二、实践的目的性、自觉性：
历史选择论的基本依据

　　作为人类历史的真正基础的社会实践是人的有意识、有目的的活动。实践的目的性、自觉性决定了人类社会是一个以价值观念为核心的文化集成体。据考证，关于"文化"的定义已不下二百种。按照马克思主义的观点，文化是社会实践的产物，它在实质上是内含于人类实践活动，并在实践的过程和结果中被社会化和客观化了的普遍精神。这不是给"文化"下定义。我们在这里不是做文化学或文化哲学的研究，而是对历史哲学作文化视角的解读，所以不是也不须给"文化"下定义，而只是对于文化的一般意义的解释。我们对历史哲学作文化视角的解读，或者说，从文化视角对人类历史的考察，主要是为了说明人和动物的区别、人的活动和动物活动的区别，进而说明人类社会是一种具有精神文化特质的存在物，说明人类社会不同于自然界的发展方式。所以，也就不刻意去作广义文化和狭义文化的区分，但着重于（而不局限于）精神方面，即观念文化方面的说明。

　　文化精神与人们的物质实践活动是共生的。也就是说，人类社会一经产生，就具有它的文化精神；而文化精神也总是要同人们的物质实践活动相融合，这样才使物质实践活动真正成为属人的活动。离开了人的物质实践活动的文化精神或离开了文化精神的物质实践活动都是不可想象的。社会文化精神和人的物质实践活动都有一个从低级到高级的发展过程，这是一个文化和实践互相促动、共同发展的过程。

　　马克思和恩格斯在《德意志意识形态》里论述过"自然产生的生产工具"和"由文明创造的生产工具"的区别。[①]这个区别对于理解文化和文明的起源与发展颇为重要。刚刚脱离动物界的原始人只能使用自然产生的生产工具，从自然界直接获取生活资料，不懂得生产和创造，和动物一样完全依赖于自然界。他们也有对自然界的意识，但只是一种动物式的意识。"自然界起初是作为一种完全异己的、有无限威力的和不可制服的力量与人们对立的，人们同自然界的关系完全像动物同自然界的关系一样，人们就像牲畜一样慑服于自然界，因而，这是对自然界的一种纯粹动物式的意识（自然宗教）。"[②]这种动物式的意识突出体现在以图腾崇拜为特征的宗教观念上。原始人把某些自然物视为本氏族的祖先、庇护者或象征，并用一套崇拜图腾的仪式和禁忌来维护它的神秘性，以期得到保护或从中获得超越自身的力量。法国人类学家列维-布留尔在《原始思维》一书中详细叙述了原始人的智力活动是遵循自己特有的规律而不同于我们的智力活动的。布留尔把这个规律称为"互渗律"，即自然力与人的生命活动互渗、融通、彼此相关、直接同一。这是原始人对自然的直接依赖性在观念上的反映，表明人还没有同自然界区别开来。

　　只是到了会制造生产工具，即使用"由文明创造的生产工具"，人们开始懂得了制造或创造，懂得了可以依靠自己的力量去改变自然物的存在形式来满足自己的需要，也就逐渐有了依靠

---

① 《马克思恩格斯选集》第1卷，人民出版社2012年版，第183—184页。
② 《马克思恩格斯选集》第2卷，人民出版社2012年版，第161页。

人自己的观念，逐渐有了"人造物"即"文化物"的观念，这才真正开始有了文化观念。所以，严格说来，是在人开始制造生产工具以后，人类社会才可以说是一个"文化集成体"，尽管在早期还极其粗陋。

生产工具的制造和使用，表明人不再像动物一样只是通过基因突变和自然选择来适应外部环境的变化，把自己的命运维系于自然必然性，而是可以自觉地改变自己的活动方式来适应外部环境。人类社会的历史也就因此而成为有别于自然进化的自主活动的历史。

生产工具作为有意识有目的的创造物，本质上也可视为一种"物化"的精神力量。人可以依据对于自然界的不断深化和扩展的认识，依据自己需要的变化及对于这种变化的理解，不断地改造和革新生产工具。人的认识的发展是无限的，作为人类认识的产物、作为人类能力系统的生产工具的革新和进步也是无限的。"……发展着自己的物质生产和物质交往的人们，在改变自己的这个现实的同时也改变着自己的思维和思维的产物。"[1]这是生产和社会发展的逻辑，也是思维和认识发展的逻辑。遵循这个逻辑，人类已经创造了如此复杂、如此丰富和如此强大的文化。文化已经存在和活跃于人类生活的一切领域和方面并发挥着日益强大的作用。如果今天我们仍不能如实地把人类社会视为一个文化集成体，那么可以说我们对于人类社会历史不会有任何真正的认识。

---

[1] 《马克思恩格斯选集》第1卷，人民出版社2012年版，第152页。

　　如前所述，文化作为人类生活所独有的现象，是从人制造和使用生产工具，扬弃自然界的自在性，制造出不同于自然物的"文化物"即人工物品开始出现的。这时候，人们开始意识到人自己的力量，意识到人和自然界的区别，这是人的自我意识的萌芽，伴随而生的是文化观念的萌芽，也是自由观念的萌芽。可见，社会文化集成体的形成，人的自由本质的确定，其内在根据都在于人的自我意识的形成和强化。

　　人有了自我意识，就成为一种自为的存在。他不仅"存在着"，而且意识到自己的存在。人和动物一样，作为生命存在物都有着维持和再生产自己生命的需要，但人能意识到自己的需要并在观念中把它转化为自觉活动的目的，而动物则不能。人和动物一样要运用自然力同外部环境进行物质、能量和信息的交换，但人始终力图使这个交换过程及其结果符合自我设定的目的，而动物则没有目的。总之，人的一切活动都是以"自我"为根据，他不像自然物一样是一种为他物的存在，而是一种自主的存在，就是说，人的一切活动都是出于"自我"的决定。"在我、自我之内，有一个绝对决定者，它不是外来的，只是在自身内作决定的。"①

　　人有了自我意识，就会形成日益强大的相对独立的主观世界。人在处理自己同客观世界的关系时都会有日益明确的态度，做什么、不做什么、怎么做，都会有自己的选择。这就是所谓意

---

① 〔德〕黑格尔：《哲学史讲演录》第4卷，贺麟、王太庆译，商务印书馆1978年版，第10页。

志自由。这是一个实践过程，也是一个文化过程。选择就是人所拥有的对待客观世界的尺度在实践中的运用。人因为有了自我意识，他所拥有的尺度也与动物完全不同了。马克思说过人的生产和动物的生产的区别。他说："诚然，动物也生产。动物为自己营造巢穴或住所，如蜜蜂、海狸、蚂蚁等。但是……动物只是按照它所属的那个种的尺度和需要来构造，而人却懂得按照任何一个种的尺度来进行生产，并且懂得处处都把固有的尺度运用于对象；因此，人也按照美的规律来构造。"①所谓任何一个种的尺度，就是适合于一切客观事物的尺度，这就是把握客观事物的规律和属性的尺度，简单地说就是物的尺度，真理的尺度。所谓内在的尺度，就是人的本性和需要的尺度，简单地说就是人的尺度，价值的尺度。人在生产中，在一切实践活动中，都是同时运用这两种尺度，并力求实现这两种尺度的统一的。客观尺度即真理尺度的正确运用是人的实践活动取得成功的先决条件，这是毫无疑义的。但是，如果只有客观事物的尺度，没有人的内在尺度，人就不会有选择，就不能确定实践的目的，就不会有自由自觉的活动。所以，从文化的角度看，人的内在尺度具有主导性的意义，能够为一定的社会共同体所共享的价值观念是社会文化观念的核心。

价值观念是主客体价值关系的反映，是人的本性和需要的观念化，是人对于自己活动意义的自我意识，它决定人们的行为取向。如前所述，事物的客观规律只是规定了事物发展的可能性空

---

① 《马克思恩格斯选集》第1卷，人民出版社2012年版，第57页。

间，人们可以从客观规律规定的多种可能性中选择一种符合自己的需要又有实现的能力的可能性，将争取它的实现作为活动的目标，这就是价值观念对于历史活动的引导作用。

固然人的最基本的需要是生存的需要，但决不是把生存作为终极目标，否则人与动物就没有什么区别。即使是满足人的生存需要的物质生产活动，也具有经济学和人本学的双重意义。马克思恩格斯说："这种生产方式不应当只从它是个人肉体存在的再生产这方面加以考察。更确切地说，它是这些个人的一定的活动方式，是他们表现自己生命的一定方式、他们的一定的生活方式。个人怎样表现自己的生命，他们自己就是怎样。因此，他们是什么样的，这同他们的生产是一致的——既和他们生产什么一致，又和他们怎样生产一致。"[1]物种的本质体现在物种的活动方式上，人的本质就体现在人的活动方式上。人作为一种自为的存在，他的生产活动是以"自我"为根据的，是自由自觉的活动。这就是人的活动方式的本质，它表现了人的本质。所谓理解物质生产活动的人本学意义，就是理解人及其活动方式的这种自由自觉的本质，理解这种本质对于人类历史的意义。人的需要是不断变化和提升的。随着社会生产和实践的发展，人的需要会越来越远地超出物质生活的领域而扩展到政治生活、精神生活等其他社会领域。文明社会以来，各个时代的人们都有他们对于社会正义和美好的社会状态的向往，都有对于真善美的追寻，并且都由各个时代的思想家表达了出来。社会理想是一种价值诉求，是对基

---

① 《马克思恩格斯选集》第1卷，人民出版社2012年版，第147页。

本社会价值的追求，它的核心就是价值观念。理想是现实的超越。用社会理想观照现实，就能发现现实的不完满性。或者干脆说，社会理想就正是在批判现实对于人类生活的意义而言的不完满性中建立的。这种关于社会理想的价值观念激励着人们去改造自己生活于其中的社会环境，以至进行改变社会关系、社会制度的社会革命。因此说，以价值观念为核心的文化精神是社会进步的灵魂。

总之，马克思主义认为社会历史是一个遵循其固有规律运动发展的自然历史过程，因此，马克思主义的历史观是一种唯物主义的决定论，但它又肯定历史主体的价值选择和观念引导在历史发展中的作用，是包含了选择论的辩证的决定论，是历史决定论和历史选择论的统一。

文化决定论历史观批判[*]

肯定社会生活的文化属性，肯定文化价值观念对社会发展的引导作用，并不意味着社会生活是精神或"理念"的自由创造物。在这一点上，辩证的历史决定论与各种唯心主义的文化决定论观点是根本对立的。

文化决定论是泛指那些把社会发展过程归结为文化过程的理论。18世纪初的意大利著名法学家维科就力图从文化的角度建立关于人类社会的科学，他在《新科学》一书中提出人有分属于三个不同时代的三种自然本性，即神性的、英雄的和理智的本性。这三种自然本性在不同的历史时代创造出三种不同的习俗、自然法、政府、语言、文学、法学、权威、理性，历史的发展就是这三种自然本性所创造的三种文化的依次产生。19世纪中期，法国社会学家孔德则认为人类知识、职能的发展经历了三个不同阶段：神学阶段，又名虚构阶段；形而上学阶段，又名抽象阶段；

---

[*] 本文原载《辩证的历史决定论》，中国社会科学出版社2007年版。

科学阶段，又名实证阶段。在这三个阶段上，不仅产生出三种不同的文化，而且还形成了分别与这三种文化相适应的三个不同的历史时期，即军事时期、过渡时期和工业时期。孔德以后，许多社会学家、文化学家都以社会文化为中心线索，去揭示社会发展的原因和规律。美籍俄国社会学家索罗金主张社会发展是神性、感性和理性三种文化无休止的交替循环；施宾格乐和汤因比则认为，社会发展表现为多种文化模式的兴衰、替代、碰撞、融合的过程。文化决定论的诸种理论，尽管在具体内容的表述上不尽相同，但有一个共同点，这就是把社会文化看成社会发展的终极性因素，并且它们一般都是从人的精神活动中寻找文化发展的动因。如维科所讲的"人的自然本性"就是指人的"富于创造力的心灵"；孔德则认为社会进步的根源在于人的本能、情感和智力，认为人类进步实质上就是人类固有的道德和理智品质的进化。可以说，文化决定论不过是唯心史观的别样形式。

辩证的历史决定论当然不否认社会的发展可以通过社会文化的进步表现出来，认为社会文化在实质上是一种社会化、客观化了的普遍精神，在社会发展的一定历史阶段上必然会产生反映该历史阶段的基本性质的精神特质。辩证的历史决定论也不否认社会文化是人有意识有目的的创造物，因而必然要借助人的精神活动才能产生，并对社会发展起着强有力的引导作用。文化决定论的基本错误是在于，它们没有看到人的心灵、理智、智力等精神活动的发展是人类实践活动，特别是物质生产活动发展的结果，并在人类实践活动的发展中实现。人们确实要通过自己有意识的活动来创造文化，但是能创造哪种文化却不是他们可以任意选择、任意设计的。他们创造的文化连同他们创造文化的意识、目的归根到底取决于物质生产活动的发展水平，取决于由物质生产活动一定发展阶段所决定的社会经济、政治的基本性质。文化选择同样只能在人类社会实践活动所开辟的可能性空间中进行。

就文化的发展来看，由于社会文化模式一经形成就有相当的稳定性和保守性，新的文化因素、文化精神一般很难从旧的模式中自动产生。因此，文化的变迁，其动力不是存在于既定的文化模式中，而是存在于随着物质生产活动的发展而增强了的人的自主能力与旧的文化模式之间的矛盾。例如，欧洲文艺复兴时期，由加尔文教创设的新教伦理所倡导的文化价值观绝不可能从中世纪占统治地位的文化模式中自发产生，只有当资本主义生产方式的发展迫切需要从封建文化的禁锢中解放出来时，也就是当社会物质生产的进步同原有的文化价值观发生尖锐矛盾时，新教伦理才通过宗教改革运动确立起来，并成为资本主义经济和社会的精神特质。总之，存在决定意识。文化精神虽然同人的物质生活是共生的，但它在历史发展的每一阶段上所具有的内容归根到底是对人们的现实生活的反映，并随着现实生活的发展而发展。

辩证的历史决定论同西方盛行的"经济"与"文化"、"物质"与"精神"二元决定论的观点也是有原则区别的。德国社会学家马克斯·韦伯在考察新教伦理产生的根源和作用时，曾说过这样一段话："本文仅仅试图在一个非常重要的问题上，就新教伦理禁欲主义发生影响的事实和方向，追溯它们的起因，然而也还有必要反过来进一步考察社会状况，尤其是经济状况的总体是如何影响新教禁欲主义的发展和特征的。……当然我们的目的不是要用片面的唯心论代替同样片面的唯物论，对文化和历史做出因果解释。两种解释都同样能够做出，但如果这种解释不是作为一项研究的准备工作，而是作为结论，则对于寻求历史真理而言，两者同样没有多少作用。"[①]韦伯的这一观点，似乎既反对了"片面的唯心论"，又反对了"片面的唯物论"，而是要用物质的和精神的交互作用来说明社会的进步。这种表面上的"公允"和"全面"，使他的历史观点和方法被西方许多社会学家所接受。例如，美国社会学家查尔莫斯·约翰逊在他的著作《革命性变革》中就认为："一个社会制度的平衡依存于该社会的价值观与该社会的劳动分工之间协调程度。既然这两个变量还决定一个制度的结构，社会结构就会随着它们的变化而变化。"

然而，这种"全面"的观点却未必不会偏向"片面的唯心论"。只要把社会的文化价值看成独立于社会物质生产活动而起作用的东西，就必然会得出价值观念高于经济力量的结论。如美国社会学家罗伯特·N.贝拉就认为："社会行动并非仅仅由经济、政治或社会诸关系的结构来决定，而且还由当然是与纯粹意义上的文化体系有关的社会价值观结构来决定，但是这种结构并不是马克思主义意义上的上层建筑；毋宁说这些结构是社会制度的实际构成部分。"他并不认为这种价值体系是经济力量或阶级力量的直接反映。事实上，贝拉认为这种价值体系比经济力量或阶级力量具有更大的稳定性。

---

① 〔德〕马克斯·韦伯：《新教伦理与资本主义精神》，彭强、黄晓京译，陕西师范大学出版社2002年版，第177—178页。

　　如果说，从经济的和文化的交互作用中来阐明社会发展和社会结构、社会制度的变迁，阐明社会文化价值观体系对社会发展的引导作用，还是应当肯定的。因为，随着社会向更高的文明阶段进化，随着社会分化程度和文化的复杂性在社会发展过程中日益增大，社会文化体系就获得了相对独立的存在，人类对文化价值的追求，使文化价值日益成为批判旧的社会制度和确立新的社会制度的尺度。既然人类创造的物质的或精神的产品、社会制度、社会组织等等都可以被理解为广义上的文化创造，那就不能忽视文化价值在人类活动的过程和结果中的存在。我们的确不能把思想范畴的价值观文化体系简单地同物质生产所创造的经济条件对应起来，从而把社会变革和发展还原为物质条件的进步。仅仅从物质条件的进步，并不足以说明社会的变化，任何历史地形成的社会制度包括各种非制度化的社会规范，既是社会物质生产活动发展的结果，同时也以一定的社会文化价值观念为基底。正因为如此，在社会制度的变革中，文化价值观更新才显得至关重要。上述"二元决定"的观点的错误不在于它们强调文化价值观对社会发展过程的引导作用，不在于强调应当从经济的和文化的、物质的和精神的交互作用中说明社会的进步发展，而在于它们完全没有看到，社会的文化价值观体系并不是某种脱离物质生产活动而独立的东西，而恰恰是深深地根植于物质生产活动一般本性之中的东西。它们至多只是理解人类物质生产活动的经济学意义，而并没有真正理解马克思所揭示的物质生产活动的人本学意义，因而它们也就不能从人类的物质生产活动或人类实践活动的历史发展中发现社会文化价值体系本身发生发展的根源。马克思主义关于物质生产活动对于社会生活及其历史发展的基础作用和决定作用的观点并不排斥社会精神生活或文化价值观对社会发展的引导作用，只不过这种观点不把文化观念看成是社会历史发展的独立的"本原"，而是力图从物质生产活动出发揭示一定历史时代文化精神的现实内容及其得以产生和发挥作用的物质动因。

历史规律・历史趋势・历史预见*

近几年来，马克思创立的唯物史观不断遭到一些非议。而对国内影响较大者，当数英国的哲学家卡尔・波普。他在《历史决定论的贫困》《开放社会及其敌人》等书中，不仅攻击马克思的唯物史观，而且污蔑社会主义国家是反民主、反文明的。这些错误的观点一度在我国产生了不小的影响，这就迫使我们不能对其理论采取漠然的态度。

一、社会学规律与历史规律

反历史决定论理论的要害是否认社会生活及其历史发展有着不以人的意志为转移的客观规律性。波普与那些极端的反历史决定论者有所不同：他肯定"社会规律"或"社会学规律"的存在，但否认历史决定论所说的"历史发展规律"。他认为，第一，

---

* 本文原载《求是》2003 年第 18 期。

人类社会的进化是一个独特的、不可重复的历史过程，而规律是可以重复的，所以，对历史过程的描述就不是规律，而只是一个"单称的历史命题"①。第二，连续发生的三个或三个以上有因果关系的事件都不是按照某个自然规律来进行的，那种认为连续进行的事件或序列可以用一个或一组规律来解释的想法是错误的。②尽管看得出来，波普力图把自己同某些极端的反决定论者区别开来，尽力避免使自己的理论得出足以侮辱社会科学的结论，但他的论证却很令人失望。

首先，所谓社会规律（或社会学规律）无非是在人们的社会交往活动中生成的内在于人们社会生活过程的规律。一旦人们之间的社会交往活动和交往关系把个人的活动整合为社会性的共同活动，就会产生对于构成这种共同活动过程来说必不可少的社会生活基本因素，这些基本因素的相互关系就构成了社会活动的客观规律。由于这些社会生活的基本因素只能在人们的共同生活的层面上产生，不能还原为个人的活动，因而这些因素之间的关系作为规律对于共同生活中的每一个个体来说都具有不以他们的意志为转移的客观性。而人们的社会生活是一个在时空结构中不断展开的动态过程，也就是说，社会生活本身不能只在空间中存在，还必然在时间中存在，是一个不断延展的过程。构成社会学规律的那些社会生活的基本因素只能是一种历史性的存在，是历

---

① 〔英〕卡尔·波普：《历史决定论的贫困》，杜汝楫、邱仁宗译，华夏出版社1987年版，第85—86页。
② 〔英〕卡尔·波普：《历史决定论的贫困》，杜汝楫、邱仁宗译，华夏出版社1987年版，第92—93页。

史地生成和历史地传承的。这些社会生活基本因素都作为人类活动的历史前提制约着人们的生活，又在人们的活动中不断地改变。历史就是环境即社会生活基本因素和人及其活动不断改变的过程。环境的改变与人的活动的改变是一致的，是相互制约、相互决定的。这种相互制约、相互决定的关系就表现着和包含着历史发展的规律性。显然，只要我们不否认历史，也就不能否认历史规律。在社会科学中，如果不考察社会生活的或长或短的历史性演进过程，我们就很难发现任何被波普称为"社会学规律"那样的东西。在社会生活中根本就不存在着完全不同于历史规律的社会学规律或完全不同于社会学规律的历史规律。在这个意义上，承认了社会学规律也就等于承认了历史规律，就等于承认了唯物史观。

其次，波普认为，三个以上具有因果联系的事件构成的连续的序列中并不存在一个规律。这种看法只有部分的正确性。任何具体的历史条件，就其在复杂的环境关系中产生而言，本身都包含着多种因素，因而包含着多重的因果联系，我们可以指出当这些因果联系"聚合"在一起时就会导致何种事件的发生，但由这种"聚合"所造就的具体事件的确是一种"单称的"或"个别的"即不会重复的事件，对"聚合"的解释也的确只是个别事件的描述，而不可称之为一种规律。如果从历史的表观上把社会历史看成是由各种历史事件的连续所构成的过程，那么社会历史的确是一个"单称的""个别的"和不可重复的过程。但这是否意味着历史过程本身不存在着普遍规律呢？我们认为，社会历史发展过程尽管在外观上也是由大量的不可重复的历史事件所构成，但它本身也是由多种因素及其相互作用关系所构成的一种特殊的运动形式，因此社会科学完全有理由从不可重复的历史事件或社会事件中抽象出构成社会这种特殊运动形式的基本因素，并揭示这些因素之间的因果关系，以发现支配社会历史过程的普遍规律。

当然，在社会发展中，一般规律和特殊规律是有所不同的。那些存在于社会生活的一定历史形态中的特殊规律是会随着社会生活历史形态的变化而变化的。但是，由此却决不能否认一般规律的存在，因为前者不过是后者的表现形式。所以，马克思一方面坚决反对那种用臆想的联系代替历史过程中的真实的联系，并企图构造适应一切时代的永恒公式的"超历史"的历史哲学；另一方面又承认历史的一般规律的存在，认为应当从物质实践出发，把物质生产活动看作全部社会生活及其历史发展的现实基础，并从"生产的一切时代"所具有的共同规定中，揭示一切时代生产活动本身所蕴涵着的内在矛盾，即生产力与生产关系（交往形式）的矛盾及其运动规律。也就是说，马克思的唯物史观既反对那些否认历史发展过程存在规律的历史非决定论，同时也反对历史宿命论或机械的历史决定论，马克思主义正是在批判形形色色的机械决定论的过程中发展起来的。进而言之，马克思的唯物史观所表述的是贯穿于人类社会发展过程、把前后相继的时期联结起来的普遍的历史规律，但这个规律在不同的民族或国家，以及在不同的历史时期有着十分不同的具体内容并通过不同的"社会学规律"表现出来，因而它并不与"单称的""个别的""不可重复的"现实历史过程相矛盾。

二、历史规律与历史趋势

否认了历史规律自然也就会否认依据历史规律来判定历史趋势的可能性和必要性。波普在口头上并不否认历史趋势的存在，而是认为，"规律和趋势是根本不同的两回事"，"被解释的趋势是存在的，但它们的持续存在依赖于某些特定的原始条件的持续存在（这些原始条件有时又可以是趋势）"。[①] 他甚至说，历史决定论的"主要错误"是把规律和趋势相混同，从而把趋势看成"无条件的"。

这里有一连串的问题需要澄清。首先是如何说明条件和趋势的关系。波普没有说明"某些特定的原始条件"是什么，而只是用这样一种含含糊糊的说法否定了社会发展趋势和历史规律的联系。肯定趋势依赖于条件，这是没有问题的。但是，条件是一个十分宽泛的概念。波普所谓趋势依赖于条件的论点，不过是在最一般的意义上肯定了社会趋势形成过程中存在着因果关系，至于这种因果关系是如何发生和实现的，还是没有作出任何说明。可见，波普只是空泛地谈论趋势和条件，而有意避开趋势和规律的关系，结果是条件和趋势的关系也完全说不清楚。当然，条件和规律是有联系的。条件既是一定的规律得以形成的依据，也是一定的规律发生作用的基础。规定社会发展趋势的，是其自身发展的内在根据。这种内在根据不是别的，正是社会自身所具有的规

[①] 〔英〕卡尔·波普：《历史决定论的贫困》，杜汝楫、邱仁宗译，华夏出版社1987年版，第92、101页。

律。条件对于社会发展趋势的形成也是起重要作用的，但它是通过社会发展规律而起作用的，说到底，它只是社会规律借以发生作用的条件。条件总是相对于一定的规律才是条件，离开社会发展的内在规律，任何因素都不成其为社会发展的"条件"，就是说，离开社会发展的规律，条件起什么作用、如何起作用等等都无从谈起。

肯定社会发展趋势以社会发展的规律为根据，当然不意味着趋势等同于规律。人类社会是一个由多种因素、多种过程所构成的有机系统，其间充满了极为复杂的、可以导致多种演化结果的非线性相互作用关系，因此在社会发展的任何一个历史阶段上，社会生活体系本身所具有的规律并不决定社会的演化必然朝向哪个方向，而只是决定演化的可能性空间。这个可能性空间中究竟是哪一种可能性成为主导趋势便取决于现实的具体条件，这个"条件"即是前面所说的同规律相对区分的条件。显然，人在社会演化的可能性空间中并不是消极无为的，而是可以做出选择的，因为现实的具体条件是可以改变的。人认识了社会发展的客观规律，从而把握了社会在一定历史阶段发展的多种可能性以及各种可能性转化为现实的条件，就能够通过强化或抑制历史条件起作用的方向，或者说通过改变条件和创造条件促使其中某一种可能性变成现实。而条件的改变又显然是同这个历史阶段上的人的价值选择直接相关的。这表明社会发展的趋势既以社会发展的客观规律为内在根据，又必然包含着社会历史主体的价值选择。波普所谓"被解释的趋势"的持续存在"依赖于某种特定的原始条件的持续存在"的论断是没有什么意义的，因为没有什么始终不变或"持续存在"的原始条件，条件总是在变化的。从一定意义上说，人类的历史就是不断改变自己的生存条件的历史。随着条件的变化，社会规律发生作用的方向和方式乃至社会规律本身也会变化。把历史趋势的存在归因于特定原始条件的持续不变，只能说明波普仍然沉溺于近代的形而上学思维之中。

肯定社会发展趋势也包含着社会历史主体的价值选择，这并不意味着社会发展不具有历史的必然性。所谓社会发展趋势既是指社会历史演化的可能性，也是指人们历史活动的一般趋向。因此社会发展趋势是否包含历史必然性，既要看社会发展是否具有客观的规律性，当然也要看人类历史活动在其最基本的价值取向上是否具有一致性。历史的辩证决定论从对人类最基本的社会活动即物质生产活动的分析中对于后一个问题同样做出了肯定的回答。在马克思看来，物质生产活动既是人们满足自身生存的物质需求的活动，又是体现人的实践本质的自由、自主、自觉的活动。自主性、自由性、自觉性是人类活动的基本特征，也是人的生存与发展的最基本的价值。唯物史观确认生产力与生产关系矛盾运动所推进的历史过程既是经济和社会不断地由低级形态向高级形态推进的过程，也是人们不断地追求自主性、自由性、自觉性的过程。不管人们对自主性、自由性、自觉性的追求在不同的民族或国家中有怎样不同的文化表现形态，不管这个追求经历怎样的曲折，历史发展的总体趋势总是朝着人的自主性、自由性、自觉性不断深化和扩大的方向发展。

以上论述说明，一方面，人们的活动要受社会历史客观规律的制约，不能超出客观规律所规定的社会发展的可能性空间；另一方面，人们在这个可能性空间内又有选择的自由，即可以改变客观规律发生作用的条件，使其中最符合于人们的价值理想的可能性成为某个时期社会发展的主导趋势并争取其实现。社会历史的发展是客观规律性与人们历史活动的主观能动性的统一，而这种统一正是历史的辩证决定论的精髓。

三、历史趋势与历史预见

所谓历史预见是指对历史发展的趋势或可能性的揭示，唯物史观从历史规律和历史趋势的存在推出社会历史的发展是可以预见的。历史辩证决定论这一关于社会发展的可预见性的观点遭到了波普最猛烈的攻击。在波普看来，承认历史进程的可预见性是历史决定论的核心，他相信自己已经成功地找到了反驳历史决定论从而也是彻底摧毁历史决定论的"纯粹的逻辑理由"。这个"逻辑理由"是一个简单的三段式推论：（1）人类历史的进程受人类知识的增长的强烈影响；（2）我们不可能用合理的或科学的方法来预测我们的科学知识的增长；（3）所以，我们不能预测人类历史的未来进程。

波普对于自己的推论相当满意，认为经过这样一个推论就可以宣布历史不可预测，"历史决定论不能成立"。[①]但当我们仔细推敲波普的推论时，却不难发现，这个三段式推论是在一系列不

---

① 〔英〕卡尔·波普：《历史决定论的贫困》，杜汝楫、邱仁宗译，华夏出版社1987年版，第1页。

可原谅的理论"疏漏"中进行的。其中，最关键的"疏漏"是：断言人类知识的增长不可预测是没有充分根据的。知识的增长固然与知识创造者个人的才能、品德、境遇以及知识创造过程中各种偶然因素密切相关，因而确有不确定性的一面。但是，如果把知识的增长放到社会进步的历史过程中进行考察，而不是把它理解为仅仅是个人的事情，我们就会看到知识的增长及其对社会进步的强烈影响亦取决于两方面的社会条件：其一，知识资源的历史性传承和积累；其二，社会经济、政治和文化发展的需求对知识的"选择"。就前者而言，一种新知识的产生总是以历史地积累起来的知识资源为基础和前提，以往文化发展的成果包含着孕育新知识的种种智力因素，新知识的创造者只有充分占有这些知识资源才能真正有所作为。因此，依据人类知识业已达到的程度及其所面临的新问题，人们是可以大体上预测出知识增长的未来走向的。就后者而言，人类知识是在社会经济、政治、文化等诸方面因素交互作用中进步并通过这种交互作用而对历史进程产生"强烈的影响"的。一种科学知识或技术知识只有在被现实的生产过程所吸收，从而转化为现实的生产力的时候，它才能对人们的物质生产、经济过程乃至历史进程产生影响；一种关于社会变革的理论，只有当它把握了真实的社会矛盾或社会问题，并能够被更为广大的社会成员所接受时，它才能实际地影响社会进步的过程。因此，尽管知识本身的增长有其不确定性的一面，但现实的生产活动，或现实的社会矛盾和社会问题却对知识的运用产生一种"选择"作用，这种选择作用可以使人们用"合理的或科学的方法"从社会经济、技术、政治、文化等诸多方面的社会条件来判定哪些知识可以被吸收或接受，并推测出这些被吸收和接受的知识将对社会发展进程产生何种影响。而且，我们越是能够准确地把握使知识发挥作用的社会条件，就越能准确地预测知识的影响作用。在很多情况下，当某种知识缺乏的时候，生产活动或社会进步所面临的矛盾和问题也会激发人们去学习、创造这些知识。因此，真正推动历史进程的现实力量是社会物质生产力的发展以及这个发展所引发的各种社会矛盾。知识之所以能够对历史进程产生强烈的影响，是因为它能够融入这个现实力量中，能够融入现实矛盾和问题的解决中。没有融入这个现实力量的知识，是不可能对历史进程产生任何影响的。仅仅从知识增长的不确定性出发，是不能径直得出"历史的未来进程不可预测"的结论的。

波普争辩说："我的这个论证并不反驳对社会进行预测的可能性……我的论证只是根据历史发展可以受到我们知识的增长影响这一点，来反驳对历史发展进行预测的可能性。"[1]这又回到了前面讨论的问题，实在无须再说了。对社会进行预测和对历史发展进行预测有什么本质上的不同，波普并没有说清楚，但他的主要论点实际上不仅否认了历史预测的可能，而且也否认了社会预测的可能，因为他明确地说："我的证明在于指出了任何科学预测者——不管是一位科学家还是一部计算机——都不能用科学方法预测它自己的未来结果。"[2]按照这个说法，科学存在的价值就

---

① 〔英〕卡尔·波普：《历史决定论的贫困》，杜汝楫、邱仁宗译，华夏出版社1987年版，第2页。

② 〔英〕卡尔·波普：《历史决定论的贫困》，杜汝楫、邱仁宗译，华夏出版社1987年版，第2页。

历史规律·历史趋势·历史预见 ∕

要大打折扣了。科学存在的基本意义就在于能够通过把握研究对象的客观属性和规律，揭示事物系统演化的可能性空间，从而为人类活动提供某种意义上的预测。尽管存在着事物内部关系和外部环境因素的复杂性和不确定性，但科学预测可揭示出事物演化的可能性，便使人们能够通过自己的活动促使有利于人类生存与发展的可能性变成现实，并避免"坏"的可能性变成现实，至少将其危害减少到最低限度。从某种意义上说，人类就是依赖这种预测而存在和发展起来的，这正是人类活动不同于其他动物活动的地方。

总之，历史的辩证决定论完全肯定历史主体可以在社会演化的可能性空间中进行选择。这是它的辩证性之所在。这种选择之所以可能，正在于人们可以对社会发展的趋势做出预测。而选择和预见之所以可能，则在于每一种演化的可能性都以社会发展的客观规律为根据，并依赖于一定的条件。从历史规律、历史趋势和历史预见之间的这种内在联系可以说明，历史的辩证决定论，即历史唯物主义是一种正确的、逻辑上十分严整的历史观。

评哈耶克的"自发进化"理论[*]

英籍奥地利经济学家哈耶克也是以否定历史规律和历史预见为前提，鼓吹自发进化论，否认人类自觉地把握社会历史过程的可能性，否认通过理性设计而建构社会秩序的任何企图。他的观点和论证方法同波普十分类似，其实践的目的性也同波普一样明确。

哈耶克的社会自发进化论可以说是对启蒙运动以来逐渐形成，并在法国和德国的哲学中得到系统阐述的理性主义或建构主义历史观的直接而公开的挑战，同时也是对以亚当·斯密、大卫·休谟为代表的自由主义历史观的秉承与发展。在《致命的自负》这本书中，他开宗明义地道出了自己的基本论点："本书所要论证的是，我们的文明，不管是它的起源还是它的维持，都取决于这样一件事情，它的准确表达，就是在人类合作中不断扩展的秩序。……这种扩展秩序并不是人类的设计或意图造成的结

＊ 本文原载《辩证的历史决定论》，中国社会科学出版社2007年版。

果，而是一个自发的产物。"① 在这里，"自发进化"和"扩展秩序"是哈耶克社会进化论的核心概念，他试图用这类概念来否定通过理性设计而建构社会秩序的任何企图，认为"在未经设计的情况下生成的秩序，能够大大超越人们自觉追求的计划"。②

哈耶克的社会自发进化理论从对人类社会"原初状态"的理论设定开始，后来秩序的扩展，即超出原始的小团体秩序形成更大范围的秩序。在秩序的这种扩展中，财产分立的形成起到了关键的或基础性的作用。由于"个人决定要以个人的控制范围为前提，因此只有随着个人财产的进化才成为可能"③。随着财产分立的逐渐形成和普遍化，秩序的扩展经过漫长的演化过程最终造就出今天我们生活于其中的人类交往的扩展秩序——市场秩序。

哈耶克力图向人们证明，人类社会秩序的扩展是一个自发的进化过程，如果人们不想失去自己的文明基础和文明成果，就应当让这个自发的进化过程持续地进行下去，而不要试图凭借自己的理性去人为地设计和建构社会秩序，把文明的进展纳入任何计划都必然导致文明的覆灭。

为什么呢？哈耶克认为，扩展秩序之所以不可能是理性设计的结果就在于人类理性是有限的，在我们行动的基础和条件中总是包含着"理性不及的因素"。因此，尽管我们可以说人创造了

---

① 〔英〕F.A.哈耶克：《致命的自负》，冯克利、胡锦华译，中国社会科学出版社2000年版，第1页。

② 〔英〕F.A.哈耶克：《致命的自负》，冯克利、胡锦华译，中国社会科学出版社2000年版，第3页。

③ 〔英〕F.A.哈耶克：《致命的自负》，冯克利、胡锦华译，中国社会科学出版社2000年版，第53页。

文明，但这并不意味着文明是人之设计的产物。"那种认为人经由审慎思考而建构起了文明的观念，乃源出于一种荒谬的唯智主义；这种唯智主义视人的理性为某种外在于自然的东西，而且是那种能独立于经验就获致知识及推理的能力。但是，人之心智的发展乃文明发展的一部分；恰恰是特定时期的文明状态决定着人之目标及价值的范围和可能性。人的心智决不能预见其自身的发展。"①

就承认迄今人类社会发展史在很大程度上仍是一个自发进化的过程这一点而言，哈耶克与马克思之间没有重大分歧。马克思实际上也是以另一种方式阐释了传统社会和资本主义现代社会演化的自发性特征。二者的根本分歧在于：是否承认社会进化或发展过程本身是一个合乎规律的过程；是否认为人类能够逐渐地通过把握社会进化的规律来预测社会进化的可能趋向，从而将社会的自发进化逐渐转变成为人的理性所能控制的自觉的发展过程。这些问题无疑是辩证的历史决定论与历史非决定论的根本分歧之所在。哈耶克也正是在这些问题上十分坚决地用他的自发进化理论或扩展秩序理论来反对历史决定论的社会发展观念。他认为，文化进化与生物进化都是对不可预见的、无法预知的环境变化不断适应的过程；人们充其量可以揭示复杂的结构如何具有一种使进化进一步发展的调整方式，但是由其性质所定，这种发展本身是不可预测的。他断言："从规律支配着进化产物必然经历的各

① 〔英〕F.A.哈耶克：《致命的自负》，冯克利、胡锦华译，中国社会科学出版社2000年版，第21页。

个阶段，因而能够据以预测未来的发展这个意义上说，无论是生物进化还是文化进化，都不承认有什么'进化规律'或'不可避免的历史发展规律'。"① 扩展秩序既不为某种"进化规律"所决定，也不能为人们的心智所预见。

哈耶克的自发进化论或扩展秩序论以及他对历史规律的否认都是以贬低人类理性能力为前提的。在哈耶克眼里，理性主义或建构主义的错误首先表现为这样一种要求：不能盲目地顺从或采取行动，一个有目的的行为，对它的意图和后果必须做到事先有充分的了解。他认为，理性主义的这种要求是荒谬的。实际上，哈耶克所否认的所谓理性主义的"荒谬要求"正是人类理性能力的正当要求。的确，就个人理性的有限性而言，在我们行动的基础和条件中包含着"理性不及的因素"，我们也很难对行动的或近或远的后果作出准确无误的预测，我们的行动也常常不能完全甚或完全不能达到预期的目标。从这个意义上说个人的理性不足以穷尽来自自然和社会生活的全部信息，而且即便就人类理性的整体而言，要穷尽生存环境的知识也是一个无止境的过程。在这个意义上，我们不得不承认迄今人类历史在一定程度上依然是自发进化的历史。但面对这个事实，我们应当放弃理性的运用，还是应当发展我们理性运用的能力呢？这个问题其实并不难回答。人类科学的发展，不管是自然科学还是社会科学，都是在扩展我们的理性能力，丰富我们有关行动的基础和条件的知识，增强我

---

① 〔英〕F.A.哈耶克:《致命的自负》，冯克利、胡锦华译，中国社会科学出版社2000年版，第25页。

们对行动后果的预测能力，强化我们对行动方案的设计能力。人类正是通过经验和知识的积累，通过不断发展自己的科学理论，而强化自己的理性运用能力。正是因为这样，人类才最终脱离了动物界，创造了自己的文明史。

哈耶克为了给自己的观点作辩解，还提出了一个似是而非的论证：随着人类知识的增长，人的无知的范围亦会不断地增加和扩大。他说："人类的知识愈多，那么每一个个人的心智从中所能汲取的知识份额就愈小。我们的文明程度愈高，那么每一个个人对文明所依凭的事实亦就一定知之愈少。知识的分工特性，当会扩大个人的必然无知的范围，亦即使个人对这种知识中的大部分知识必然处于无知的状态。"[①]哈耶克的这种论证是站不住的。个人知识在人类知识总量中所占份额的相对缩小，正表明人类知识总量的绝对扩大。而人类社会由自发走向自觉发展所依赖的知识条件，只能是人类知识，而不是个人知识，个人知识是汇合到人类知识总体中去发挥作用的。这个过程自然也包含着个人对人类知识的占有，也就是说，个人知识正是通过对人类知识的占有而突破个人理性的有限性的。

哈耶克将人类知识归结为个人知识，即将人类理性归结为个人理性，由此论证人类理性的有限性，并进而论证他的"自发进化论"的历史观。这就使得如何看待人类理性和个人理性的关系问题成为理论上的关键问题之一。人类理性当然包含着每个个人

---

① 〔英〕F.A.哈耶克：《致命的自负》，冯克利、胡锦华译，中国社会科学出版社2000年版，第25页。

的理性，但绝不能简单地把人类理性看成是个人理性的总和，因而把个人理性的有限性直接地述说为人类理性的有限性。"人类理性"更重要的成分恰恰是克服个人理性有限性的认知机制，其中最典型的就是科学，就我们的论题而言特别是那些直接研究人类秩序的科学如人类学、伦理学、法学、政治学、社会学等等。正是人类的科学探索集中了、积累了、延续了人类的智慧。它的发展使人们日益清晰、日益全面、日益深入地了解和把握了习俗、道德传统的形成过程和条件，不断地把习俗、道德纳入人类理性的建构当中。今人能够较之古人更准确地理解习俗道德的秩序功能和价值，并不断地更新它们，淘汰那些野蛮的、不文明、不科学的习俗规范，并面向新的生活，通过自觉的立法和司法活动创立和维护新的秩序。

总之，哈耶克自发进化论的要害是否认社会发展的客观规律。否认了客观规律，社会历史过程当然也就是不能和不需为理性所把握的，所谓扩展秩序也就是不能和不需有理性建构的。这种理论的实践目的，就是要人们相信资本主义秩序只是自然进化、自然选择的结果，这种自然进化还要永远地持续下去，人们应当放弃依据对于社会发展的客观规律的认识，通过理性的设计而自觉地建构新的社会形态的"荒谬要求"。

物质生产劳动的人本学意义

恩格斯说马克思主义是"在劳动发展史中找到了理解全部社会史的锁钥的新派别"。[①]但我们过去对于劳动发展史的解读中，多是注重物质生产劳动的经济学意义，而较少关注生产劳动的人本学意义。理解社会发展和人的发展的统一，应当从对于劳动的双重意义即其经济学意义和人本学意义的全面解读入手。

一、劳动创造了人本身

最早的人本学就是研究人类起源的学问。所以，讲劳动的人本学意义，第一条就是劳动对于人类起源的意义。恩格斯说：劳动"是一切人类生活的第一个基本条件，而且达到这样的程度，以致我们在某种意义上不得不说：劳动创造了人本身。"[②]他在

---

① 《马克思恩格斯选集》第4卷，人民出版社2012年版，第265页。
② 《马克思恩格斯选集》第4卷，人民出版社1995年版，第373–374页。

《劳动在从猿到人转变过程中的作用》一文中，系统地、理论地阐明了劳动创造人的过程。

几十万年前，在热带的某个地方生活着一个异常发达的类人猿的种属。大概首先是由于在攀援时手干着和脚不同的活这样一种生活方式的影响，越来越以直立姿势行走，手脚分工，专事劳动的手的功能形成。这是"从猿转变到人的具有决定意义的一步。"①随着手的发展，随着劳动而开始的人对自然的统治，他们在自然对象中不断发现新的属性；另一方面，劳动的发展必然促进他们的互相结合和共同协作，并使每个人都意识到这种共同协作的好处。"这些正在生成的人，已经达到彼此间不得不说些什么的地步了"②，这就是语言的产生。"首先是劳动，然后是语言和劳动一起，成了两个最主要的推动力，在它们的影响下，猿脑就逐渐地过渡到人脑"③。随着完全形成的人的出现，其中，特别是作为人们相互交往的重要中介的语言的产生，猿群变成了社会。"人类社会区别于猿群的特征在我们看来又是什么呢？是劳动。"④可见，从猿到人的每一步，都是劳动在起作用。

劳动创造人，这个过程并不是在人最终同猿分离时就终止了。它贯穿于整个人类历史。人的发展过程，从它的基础来说就是劳动塑造人的过程。人的劳动技能的提高，思维能力的锻炼，以至科学技术的发展，整个人类文明的进步，都是物质生产劳动

---

① 《马克思恩格斯选集》第4卷，人民出版社1995年版，第374页。

② 《马克思恩格斯选集》第4卷，人民出版社1995年版，第376页。

③ 《马克思恩格斯选集》第4卷，人民出版社1995年版，第377页。

④ 《马克思恩格斯选集》第4卷，人民出版社1995年版，第378页。

所推动的。

二、生产劳动是人的本质力量的展现和确证

物种的本质体现在物种的活动方式上，人的本质体现在人的活动方式上。动物和自己的生命活动是直接同一的，人则使自己的生命活动本身变成自己意识的对象。正是由于这一点，人的活动才是自由自觉的活动。

马克思和恩格斯说："这种生产方式不应当只从它是个人肉体存在的再生产这方面加以考察。更确切地说，它是这些个人的一定的活动方式，是他们表现自己生命的一定方式、他们的一定的生活方式。个人怎样表现自己的生命，他们自己就是怎样。因此，他们是什么样的，这同他们的生产是一致的——既和他们生产什么一致，又和他们怎样生产一致。"[1]这就是讲的不仅要理解生产劳动的经济学意义，而且更要理解生产劳动的人本学意义；就是讲的劳动是人的本质力量的展现，这是劳动的人本学意义的实质所在。生产劳动作为自由自觉的活动是人的"类本质"。"正是在改造对象世界的过程中，人才真正地证明自己是类存在物。这种生产是人的能动的类生活。通过这种生产，自然界才表现为他的作品和他的现实。"[2]

"类本质"的概念还保留了费尔巴哈哲学的影响，它把类看

---

① 《马克思恩格斯选集》第1卷，人民出版社2012年版，第147页。
② 《马克思恩格斯选集》第1卷，人民出版社2012年版，第57页。

作人的本质，这主要是从人和动物相区别的角度揭示人的活动的本质。马克思说："诚然，动物也生产。它为自己营造巢穴或住所，如蜜蜂、海狸、蚂蚁等。但是，动物只生产它自己或它的幼仔所直接需要的东西；动物的生产是片面的，而人的生产是全面的；动物只是在直接的肉体需要的支配下生产，而人甚至不受肉体需要的影响也进行生产，并且只有不受这种需要的影响才进行真正的生产；动物只生产自身，而人再生产整个自然界；动物的产品直接属于它的肉体，而人则自由地面对自己的产品。动物只是按照它所属的那个种的尺度和需要来建造，而人懂得按照任何一个种的尺度来进行生产，并且懂得处处都把内在的尺度运用于对象；因此，人也按照美的规律来构造。"①马克思这段话的核心思想，就是说明动物的活动和人的活动的区别，动物的活动是本能的活动，人的活动是有意识的活动，是自由自觉的活动。所谓"任何一个种的尺度"，就是适合于一切客观事物的尺度，真理的尺度；所谓"内在的尺度"，就是人的本性和需要的尺度，价值的尺度，当然也包括审美价值的尺度。这就是自由自觉的活动体现着人不同于动物的本质即人的"类本质"。但这显然不是关于人的本质的现实性的理解，更不是关于人的本质的终极理解。

马克思从1844年开始研究政治经济学时，就注重了对于人的社会本质的探索，在作出上述论述的《1844年经济学哲学手稿》中，就提出了异化劳动的概念，阐明了在一定的社会关系

---

① 《马克思恩格斯选集》第1卷，人民出版社1995年版，第46-47页。

条件下，即在私有制社会，劳动和人的发展都走了一条曲折的道路。

按照马克思在《1844年经济学哲学手稿》中的论述，异化劳动表现于四个方面。其一是工人同自己的劳动产品相异化。工人劳动的产品，作为一种异己的力量同劳动相对立。工人在劳动中耗费的力量越多，他亲手创造出来反对自身的、异己的对象世界的力量就越强大，他自身、他的内部世界就越贫乏，归他所有的东西就越少。其二是工人同自己的生产活动相异化。劳动对于工人来说是外在的东西，而不是属于自己的东西；工人在劳动中不是肯定自己，而是否定自己；不是自由地发挥自己的体力和智力，而是自己的肉体受折磨，精神遭摧残；不是工人自愿的劳动，而是被迫的强制劳动，只要这种强制一停止，人们会像逃避瘟疫那样逃避劳动。其三是人同自己的类本质相异化。作为人的类本质的劳动是自由自觉的活动，但它却成了仅仅维持他个人生存的手段。工人的劳动本来是有目的的活动，但这个"目的"不是工人自己的目的。人具有的类本质由于异化而改变，变成对人来说是异己的本质。其四是人同人相异化。人同自己的劳动产品、自己的生命活动、自己的类本质相异化的直接结果就是人同人相异化。人的异化，人对自身的任何关系，只有通过人对其他人的关系才得到实现和表现。工人劳动的产品和生产活动本身都不属于工人自己，那么它属于谁？答案只能是："属于另一个有别于我的存在物。""正像他丧失掉自己的产品并使它变成不属于他的产品一样，他也生产出不生产的人对生产和产品的支配。正像他使自己的活动同自身相异化一样，他也使与他相异的人占有非自身的活动。"①

可见，这四个方面是相互关联的。而从考察人的发展的角度说，最需要直接关注的是人同自己的类本质相异化这一个方面。劳动本来是人的本质力量的展现和确证，而劳动的异化却是人的本质力量的扭曲和丧失。人的能力的发展只局限于少数不劳动的人，这少数人的发展是以牺牲广大劳动群众的发展为条件的。

异化劳动和私有制是相互促成的。"尽管私有财产表现为外化劳动的根据和原因，但确切地说，它是外化劳动的后果，正像神原先不是理智迷误的原因，而是人类理智迷误的结果一样。后来，这种关系就变成相互作用的关系。"②"异化劳动"概念揭示的是在一定的社会关系下，即在私有制特别是资本主义私有制条件下，劳动和劳动者的真实状态，既是劳动者的生存状态，也是劳动者生活于其中的社会状态。在资本主义私有制的条件下，劳动异化得到了最充分的表现，并且由经济领域的异化，扩展到政治思想领域的异化。资本主义就是社会全面异化的极端形式，因而也是异化的最后形式，它为异化的扬弃准备了条件。

劳动异化的扬弃，是劳动性质的改变，也是劳动的人本学意义的改变。劳动异化消除后，即劳动对于劳动者的外在性、异己性消除后，便成了人的第一需要。在人的不断更新、日益多样化的需要中，劳动本身排到了第一位，因为它是人的多方面需要得到满足的保证。需要的观念形式就是人头脑中的目的。劳动成为

---

① 《马克思恩格斯选集》第1卷，人民出版社1995年版，第49—50页。
② 《马克思恩格斯选集》第1卷，人民出版社1995年版，第50页。

人的"第一需要",表明人（劳动者）不再是工具而成了目的本身。诚然，物质生产劳动永远是维持人类生存所必需进行的活动，是一种似乎由外在目的规定要做的劳动，但在消除异化后，"外在目的失掉了单纯外在必然性的外观，被看作个人自己提出的目的"①，这就叫成了人们的"第一需要"。在这种情况下，劳动才真正是人的本质力量的展现和确证。

三、马克思关于"自由王国"的理论凸显了劳动的人本学意义

马克思在《资本论》里说："事实上，自由王国只是在必要性和外在目的规定要做的劳动终止的地方才开始；因而按照事物的本性来说，它存在于真正物质生产领域的彼岸。"物质生产领域始终是一个必然王国，"在这个必然王国的彼岸，作为目的本身的人类能力的发挥，真正的自由王国，就开始了。"②这里明确指出了所谓自由王国是一种社会状态，是人类能力的发挥和发展成为目的本身，即人可以全面自由地发展的社会状态。

马克思说，按照事物的本性，自由王国只存在于物质生产领域的彼岸，却不是说物质生产领域的彼岸就是自由王国，而只有当人类能力的发挥和发展成为目的本身时，才在那里开始了自由王国。

① 《马克思恩格斯全集》第46卷（下），人民出版社1980年版，第112页。
② 《马克思恩格斯文集》第7卷，人民出版社2009年版，第928、929页。

事实上，自从人类有了剩余劳动，就有了物质生产活动的"此岸"和"彼岸"的对立。但只有当历史扬弃了这种对立时，才有人类从"必然王国"向"自由王国"的飞跃。物质生产活动的"此岸"和"彼岸"的对立，实质上是劳动时间和自由时间的对立。扬弃这种对立的直接表现就是实现劳动的普遍化，即结束一部分人的可供支配的时间都成为劳动时间而另一部分人的可供支配的时间都成为自由时间这种局面。显然，结束这种局面，必须通过对于旧的生产关系和社会制度的根本变革。所以，恩格斯把从必然王国向自由王国的飞跃称之为完成"解放世界的事业"。而扬弃劳动时间与自由时间的对立，其最根本的物质前提是极大地提高劳动生产率，为社会创造和提供充足的自由时间。可见，归根到底说来，"自由王国"也是劳动创造的。

实现"自由王国"以后，人类能力的发展不是到此为止了，相反，它会更加大踏步地继续发展。"这个自由王国只有建立在必然王国的基础上，才能繁荣起来。工作日的缩短是根本条件。"①物质生产活动永远是社会和人的发展的基础，劳动永远"是一切人类生活的第一个基本条件"。马克思主义的历史决定论的这个基本论断永远不会改变。

人类能力的发挥和发展成为目的本身，因而人可以全面自由地发展，这是人类生活的终极理想。马克思主义关于"自由王国"的理论是科学共产主义的哲学表达。对于这一点，马克思恩格斯在他们的著作中，例如，在《共产主义信条草案》《共产主

---

① 《马克思恩格斯文集》第7卷，人民出版社2009年版，第929页。

义原理》《共产党宣言》《资本论》《反杜林论》等著作中还有一系列的论述。马克思主义关于"自由王国"的理论对我们的最重要的启示是，对劳动史这把理解全部社会史的锁钥，仅仅从它的经济学意义去解读是读不透的，还必须加上从它的人本学意义去解读，才能得到对于它的终极性理解，即才能探索和把握到它的终极意义。

社会发展和人的发展的统一

人类的历史是人自己创造的。社会是人的创造物。人的活动是有意识有目的的活动。人创造社会的过程是人的意识对象化的过程。这个"意识"包括对客观世界认识的科学知识，以及作为人的本性和需要之观念化的价值观念。对象化就是外化。所以，社会的变化，如生产力的发展，社会财富的积累，社会结构的演变等等，都可视为人类社会历史发展的外部表现，而人的活动及其变化则是人类社会历史发展的内在因素。人和作为人的创造物的社会构成了一个互相适应、互相映照的总体，人为内，社会为外，内实现于外，外表现着内。

人创造社会，社会（环境）塑造人。社会作为人的创造物，又反过来制约人的创造活动。社会的发展和人的发展的统一，环境的改变和人的改变的统一，从一个侧面体现了社会客观规律与人的自觉活动的统一。因此，阐明社会发展与人的发展的统一，是把握历史决定论与历史选择论之统一的一条重要的理论线索。

一、社会与人共同发展的历史形态

马克思在《1857—1858年经济学手稿》中对社会和人的发展的历史形态及其演变作了这样的概括："人的依赖关系（起初完全是自然发生的），是最初的社会形态，在这种形态下，人的生产能力只是在狭窄的范围内和孤立的地点上发展着。以物的依赖性为基础的人的独立性，是第二大形态，在这种形态下，才形成普遍的社会物质变换，全面的关系，多方面的需求以及全面的能力的体系。建立在个人全面发展和他们共同的社会生产能力成为他们的社会财富这一基础上的自由个性，是第三个阶段。第二个阶段为第三个阶段创造条件。"[①]马克思的这个精辟论述清楚地说明，人的发展是和社会（特别是人的社会关系）的发展相互制约、相互适应、共同发展的。

（一）人的依赖关系：社会和人的发展的第一大形态

对于刚刚脱离动物界的原始人来说，自然界是作为一种完全异己的、不可克服的力量与自己对立的，人们生活在对自然界的崇拜和恐惧之中，任何个人对它都无能为力，只有把个人的力量凝聚在共同体之中并依赖这个共同体，才有可能保障自己的生存。这个共同体就是自然形成的血缘共同体。这就是马克思说的人的依赖关系"起初完全是自然发生的"。人类进入文明时代以后，对于这种依赖关系的演进，逐渐生成和增加了一些社会的文

---

① 《马克思恩格斯全集》第46卷（上），人民出版社1979年版，第104页。

化的因素，但在一个长时期里，这种依赖关系的基本性质并没有改变。这种情况，从这个阶段上社会的经济特征、政治特征和思想文化特征都鲜明地表现了出来。

首先，从社会的经济特征看。直接从对自然的依赖关系中产生的文明是农业文明。自给自足的自然经济是农业文明的基础，所以，这个历史阶段实际上是指前市场经济阶段。所谓"自给自足"，就是生产活动以满足人的自然需要为界限，这种满足是直接由生产者自己的活动给予的。生产者把自己的产品直接当作生存资源，直接当作使用价值，而不是经过一定的社会过程即与他人的产品的社会交换过程才得到自己的消费资料。这就是说，生产和消费尚未分化，二者是直接同一的。当社会生产力有了一定的发展，除了生产者自己消费的必需品之外有了一定的剩余产品后，这种剩余产品也曾作为商品用于交换，但数量很少，它不影响生产的性质。如马克思所说："事实上，最初的交换也只是表现为多余的产品的交换，并不涉及和决定整个生产。"① 即是说，交换价值的生产并未成为一般的生产形式。

同商品交换极不发达相伴随，人们的社会分工也极不发达。人们消费所需的生活资料不是由社会生产部门所提供，而是由生产者自己生产；人们进行生产所需的生产条件（主要是土地以及土地上的自然资源）也不是经由其他生产部门加工过的产品，而是现成地由自然界提供的。生产活动的资源配置不需经过市场交换，也就谈不上社会分工。个人在家庭氏族等血缘共同体中没有

① 《马克思恩格斯全集》第46卷（上），人民出版社1979年版，第178页。

独立性，不能作为独立的主体互相交往，人们之间的联系是没有社会交换性质的直接的自然血缘关系，是狭窄的、地域性的、封闭性的联系。这种联系不但不是促进社会分工的条件，而恰恰是阻碍社会分工发展的条件。

马克思这样描述过19世纪法国的农村社会："小农人数众多，他们的生活条件相同，但是彼此间并没有发生多种多样的关系。他们的生产方式不是使他们互相交往，而是使他们互相隔离。这种隔离状态由于法国的交通不便和农民的贫困而更为加强了。他们进行生产的地盘，即小块土地，不容许在耕作时进行分工，应用科学，因而也就没有多种多样的发展，没有各种不同的才能，没有丰富的社会关系。每一个农户差不多都是自给自足的，都是直接生产自己的大部分消费品，因而他们取得生活资料多半是靠与自然交换，而不是靠与社会交往。"①人们的生活条件相同，需要相同，满足需要的方式也相同；没有互相交往，没有社会分工，没有丰富的社会关系，当然也就没有人的多种多样的发展，人们没有各自不同的才能。

人的发展首先体现在人的社会化程度的提高，这是人的一切发展的基础。人作为个人，初生下来时是一个自然人，他必须经过一个社会化的过程才能成为社会性的人。这个社会化的过程就是一个同周围的人们互相交往的过程，在这个交往过程中，学习作为这一社会或群体的成员所必须具备的知识和技能，学习社会或群体的规范和行为方式，培养适应于这个社会的情感和道德等

---

① 《马克思恩格斯选集》第1卷，人民出版社1995年版，第677页。

等，逐渐成长为这个社会或群体所能容纳甚至受到尊重的人。但在人的依赖关系的阶段，社会交往和社会分工极不发达，社会关系极其简单，人们的生产和生活都局限于狭窄的范围和孤立的地点上，个体需要学习、适应的东西比较简单；又由于社会的变化、发展十分缓慢，人一旦适应了这个社会就可以长久地适应甚至可以终生适应，似乎这个社会化过程是一次性完成的。这就是这个阶段上人的发展同社会的发展一样十分缓慢的基本原因。

其次，从社会的政治特征看。在人的依赖性的阶段，人只是"一定的狭隘人群的附属物"，没有个体的独立性。社会关系十分狭隘和简单，基本上是一种以人身依附关系为基础的自上而下的统治和服从的线性关系。经济活动本身不可能起到对于社会个体的整合作用，公共秩序只能依靠超经济的力量特别是政治的强制性力量来建立和维持，所以只能在政治上采用专制统治的形式。马克思这样描述19世纪的法国农村社会："一小块土地，一个农民和一个家庭；旁边是一小块土地，另一个农民和另一个家庭。一批这样的单位就形成一个村子；一批这样的村子就形成一个省。这样，法国国民的广大群众，便是由一些同名数简单相加形成的，好像一袋马铃薯是由袋子中的一个个马铃薯所集成的那样。……他们利益的同一性并不使他们彼此间形成共同关系，形成全国性的联系，形成政治组织……因此，他们不能以自己的名义来保护自己的阶级利益，无论是通过议会或通过国民公会。他们不能代表自己，一定要别人来代表他们。他们的代表一定要同时是他们的主宰，是高高站在他们上面的权威，是不受限制的政府权力。"①不受限制的政府权力支配社会就是专制政治，这就是人类社会发展的第一大历史形态的基本的政治特征，而且这种专制政治是以严格的等级制来维护的。等级制的实质就是阶级、阶层分化的固化。这不仅在经济生活、政治生活中体现，在文化、教育中也是如此。显然，这种以严格的等级制来维持的专制政治，绝对是限制和束缚人的发展的政治制度。

在人的依赖性的阶段上，生产力水平低下，劳动者提供的剩余劳动十分有限。剩余劳动时间是可以用于从事科学、艺术、社会管理等非物质生产活动的时间，就是社会游离出的自由时间。这种自由时间的出现，对于人类的发展具有决定性的意义。"整个人类的发展，就其超出对人的自然存在直接需要的发展来说，无非是对这种自由时间的运用，并且整个人类发展的前提就是把这种自由时间的运用作为必要的基础。"②但是，在这个阶段上，不仅社会游离出的自由时间数量很少，而且几乎全部为占人口少数的剥削者所侵占。剥削者侵占社会的自由时间，就是把持了人类能力发展的垄断权。剥削阶级能力的发展以被剥削阶级丧失发展为基础。

再次，从社会的思想文化特征看。人的依赖性的阶段，在思想文化方面表现的最基本的社会特征，是人们的自我意识薄弱，即主体性的缺失。在以农牧业生产为基础的农业社会，人们的实践方式是非构造性的。人的生产活动并不改变对象本身，只是顺

---

① 《马克思恩格斯选集》第1卷，人民出版社1995年版，第677–678页。
② 《马克思恩格斯全集》第47卷，人民出版社1979年版，第216页。

从自然规律，去改善对象的生长条件。没有人的参与，植物、动物照样能够生长，在生产中，人的活动不是主导性的。在社会生活的领域，由于社会的变化极其缓慢，人们在共同体交往中形成的社会关系和社会组织形式，往往上百年甚至上千年没有明显变化，它对于每个个人来说就是既成的、不能改变的，因而人们难以意识到是自己在创造历史，而把人类社会视为超人间的神的力量创造的。所以，社会的普遍的精神特征，是自我意识即主体性的缺失，突出地表现在缺乏独立意识、竞争意识和创新意识。这是这个阶段人的发展状况的结果和表现，也是形成这种状况的原因。

诚然，在这个阶段，人类的生产能力和社会活动能力并未停止发展，特别在精神文化领域，还产生了许多千古流芳的优秀作品，创造了光辉灿烂的古代文明。当物质生产劳动能够为社会提供剩余产品时，就会有一小部分人从物质生产劳动中超脱出来，专事精神生产，人类的精神生产逐渐形成一个相对独立的活动领域。从根本上说，精神生产的发展是以物质生产的发展为基础，是依赖于物质生产的发展的，但精神生产的各个领域对于物质生产发展的依赖程度和这种依赖的表现形式却又各不相同，例如科学和艺术就有明显的区别。马克思说："关于艺术，大家知道，它的一定的繁盛时期决不是同社会的一般发展成比例的，因而也决不是同仿佛是社会组织的骨骼的物质基础的一般发展成比例的。"[①]艺术创造是精神生产活动，比之物质生产活动更能体现生

---

① 《马克思恩格斯全集》第46卷（上），人民出版社1979年版，第48页。

产劳动的自由性的特点。艺术创造作为一种审美活动，是象征性地构造一个超越现实世界的理想世界，是为了把在现实的物质实践中未能充分展现的人的自身才能自由地展现出来，在这种象征性地对象化自身才能的过程和结果中获得自我欣赏，获得某种对于人的终极目的而言的人的完整性。所以，相对于物质生产活动而言，更容易或者说更有可能在一定程度上摆脱现实的物质条件的制约。甚至可以说，有些艺术作品，只有在社会生产力水平低下的历史条件下才有可能产生。例如，古希腊的艺术是在希腊神话的基础上创造的。"任何神话都是用想象和借助想象以征服自然力，支配自然力，把自然力加以形象化；因而，随着这些自然力实际上被支配，神话也就消失了。"①那种源于神话的艺术也就不可能繁荣了。哲学也类似于艺术。哲学按其本性来说，应是对于人类生活的终极关怀，即对于人类生活的终极意义、终极理想的探求。哲学的思考根源于现实又超越于现实。同艺术类似，它的一定的繁盛时期，也不是同社会的一般发展、同生产力的一般发展成比例的。古希腊哲学的发展，中国春秋战国时期哲学的发展都很典型地说明了这一点。

显然，这种情况只是在一定的时期、一定的范围内发生的，不是历史发展的一般状态。所以，马克思说："这里，在一定范围内可能有很大的发展。个人可能表现为伟大的人物。但是，在这里，无论个人还是社会，都不能想象有自由而充分的发展，因为这样的发展是同［个人和社会之间的］原始关系

---

① 《马克思恩格斯全集》第46卷（上），人民出版社1979年版，第48-49页。

相矛盾的。"①

（二）以物的依赖性为基础的人的独立性：社会和人的发展的第二大形态

随着生产力的发展，剩余产品的不断增加，产品交换的频率和范围也不断加大，由最初偶尔的行为变成经常性的活动，由本地扩展到外地。在欧洲，还随着某些自治城市的出现，城市人口的增加，商品交换的中心市场和市场网络逐渐形成。在这种情况下，生产的目的和生产的性质也逐渐改变，"由仅仅以剩余产品的形式提供交换价值的生产，变为只与流通相联系的生产"；"由以生产使用价值为直接目的的生产，变为以设定交换价值为直接目的的生产。"②交换价值成为生产的主要形式。这表明人类社会开始进入了市场经济阶段，这就是马克思说的社会和人的发展的第二个阶段，即以物的依赖性为基础的人的独立性的阶段。

这里所谓"人的独立性"，就是个人摆脱了对于原始共同体的人身依附，成为独立自主，因而能够自由发展的人。这是商品经济发展的必然结果，也是商品经济继续发展的前提条件。在自给自足的自然经济条件下，在自然血缘关系共同体或拟血缘关系共同体中的人具有高度的同质性。他们的需要相同，满足需要的活动方式相同，生产能力也大致相同，因而人们之间没有交

① 《马克思恩格斯全集》第46卷（上），人民出版社1979年版，第485页。
② 李淑梅：《社会转型与人的现代重塑》，山西教育出版社1998年版，第139页。

换的愿望，也少有交换的可能，有的只是人与自然之间的物质交换，而没有人与人之间的普遍的社会交换。只有当生产力的进一步发展及与其相伴随的社会分工的发展，人们不断产生新的多种多样的需要，并随之改变满足需要的活动方式，培养了适应于各种新的活动方式的能力，从而造成了人的存在的异质性，才具备进行交换价值生产即发展商品经济的必要条件。具有独立性的人，是摆脱了血缘上或政治上的依附关系、从属关系的人，是具有自由个性的人，这正是具备市场经济活动主体的应有品格的新人。市场经济活动遵循的主要规则是等价交换和自由贸易。马克思说："如果说经济形式，交换，确立了主体之间的全面平等，那么内容，即促使他们进行交换的个人材料和物质材料，则确立了自由。"[1]马克思举例说，"对卖者来说，一个用3先令购买商品的工人和一个用3先令购买商品的国王，两者职能相同，地位平等——都表现为3先令的形式。他们之间的一切差别都消失了。卖者作为卖者只表现为一个价格为3先令的商品的所有者，所以双方完全平等。"[2]至于交换什么，和谁交换，那是完全自由的。"平等和自由不仅在以交换价值为基础的交换中受到尊重，而且交换价值的交换是一切平等和自由的生产的、现实的基础。"[3]总之，平等和自由是以人的独立性为前提的，市场经济的确立和人的独立性的确立是共生共进的。

就欧洲社会来说，确立人的独立性，就是个人从封建社会的

---

① 《马克思恩格斯全集》第46卷（上），人民出版社1979年版，第197页。
② 《马克思恩格斯全集》第46卷（上），人民出版社1979年版，第199页。
③ 《马克思恩格斯全集》第46卷（上），人民出版社1979年版，第197页。

"臣民"变为资本主义社会的"市民"（18世纪的法国人把城市中摆脱了封建统治的自由民称作"市民"，从"市民"中产生了最初的资产阶级分子）。平等、自由就是这种"市民"的政治诉求。这种诉求体现了人的自我意识、主体意识的觉醒。新兴的市场经济社会的普遍的精神特征就是张扬人的主体性，张扬自由个性，这成为从文艺复兴到启蒙运动整个文化运动的主旋律。资产阶级在历史上曾经起过非常革命的作用，"它第一个证明了，人的活动能够取得多么大的成就。"①这种情况，只有从资产阶级的历史活动的时代特征上才能得到合理的解释。我们在前面谈到第一个阶段的思想文化特征时说过，在以农牧业生产为基础的农业社会，人们的实践方式是非构造性的，在生产中人的活动不是主导性的。这里讲的市场经济基础上的工业社会，人们的实践方式则是构造性的。在工业生产中，没有人的设计和参与当然就不会有生产，工业产品都是人造的。各种社会组织，如公司、工会、政府、政党等也都是基于现实的利益关系而建立起来的。人们的利益关系复杂多变，各种社会组织也必须在利益博弈中不断调整或重建，明显地显示了它的人为性、人造性。资产阶级的全部活动，就是"按照自己的面貌为自己创造出一个世界"②。人们常说市场经济社会是空前注重创新的社会。注重创新就意味着主体性的凸显。同创新意识密切相关的，还有竞争意识、效率意识以及独立意识等等，这都是主体性的突出表现，都是市场经济阶段社

---

① 《马克思恩格斯选集》第1卷，人民出版社1995年版，第275页。
② 《马克思恩格斯选集》第1卷，人民出版社1995年版，第276页。

会发展及与之适应的人的发展迅速的表现，也是它的重要的精神原因。

由第一阶段向第二阶段的最重要的、基础性的转变，是生产方式的转变，即由农业经济基础上的个体的小生产向以工业经济为基础的社会化的大生产转变。市场经济时代是生产社会化高度发展的时代，不论生产和消费都不表现为直接的使用价值，都是通过交换媒介而实现的。工业革命（大机器工业的出现）大大加速了生产社会化的进程。工业大生产推进社会分工的发展。分工要求协作。分工和协作使人们建立多方面的联系，社会关系越来越丰富和复杂，且形成了网络式的社会关系体系。这对于人的发展产生了极重要的影响。"这些社会关系实际上决定着一个人能够发展到什么程度"[1]。

生产的社会化要求人的高度社会化。首先，生产社会化的过程同时是社会分工发展的过程。社会分工的发达加深了人的异质性，推进了人的职业的流动性，大大丰富了社会关系，这些都有助于人的全面发展（能力的全面性），个人需要学习、适应社会的东西日益增多了。其次，生产社会化的关键是机器的使用，机器生产才是大生产。机器"是人类的手创造出来的人类头脑的器官，是物化的知识力量"[2]，机器生产要求生产者具备相应的知识。机器的更新要求生产者的知识更新。这种更新是没有止境的，而且是越来越迅速的。要求生产者也不断地更新自己的知识

---

[1] 《马克思恩格斯全集》第3卷，人民出版社1960年版，第295页。
[2] 《马克思恩格斯全集》第46卷（下），人民出版社1980年版，第219页。

社会发展和人的发展的统一 /

和技能。这种学习是终生的。尤其现代，信息化时代，新一代和老一代间很容易产生所谓"代沟"，人的社会化需要双向运行，即老一代向新一代（父母向子女，老师向学生）传授知识，可谓之"顺向社会化"；新一代向老一代（子女向父辈，学生向老师）介绍新知识，这可称之为"反向社会化"，例如，现代的网络使用，多数老人都需要向晚辈学习，不然就成为"时代的落伍者"。在这种情况下，大大提升了社会化的高度和规模。再次，社会化的地域范围扩大，由原来狭窄的范围扩大到全国乃至全世界。社会化大生产发展到现在，要求继续提升生产的社会化程度，突破国家或地域的限制，让生产要素在全球范围内流动，资源在全球范围内优化组合，这就是经济全球化。这是在现代科技革命推动下生产发展的必然趋势。由于经济全球化对世界政治、文化的影响，人类历史已真正成为"世界历史"。在这种历史条件下，如马克思和恩格斯所预言的，"地域性的个人为世界历史性的、经验上普遍的个人所代替"。①

从历史上看，近代以来市场经济的兴起和资本主义的兴起是同一个历史过程，所以，除后来走上市场经济道路的社会主义国家以外，市场经济社会的基本矛盾是生产的社会化与生产资料的私人占有之间的矛盾。这个基本矛盾在社会的发展和人的发展过程中都有充分的表现。就人的发展过程来说，生产的社会化要求人的全面发展，而资本主义私有制却总是限制人的发展。所以，马克思说这第二个阶段上的人的独立性是"以物的依赖性为基础

---

① 《马克思恩格斯选集》第1卷，人民出版社1995年版，第86页。

的人的独立性"。这种"独立性"，只是说的个人摆脱了人身依附，由人的依赖性变成了物的依赖性。这个"物"不是指的自然物，而是社会关系的物化，或物化的社会关系。"物的依赖性无非是与外表上独立的个人相对立的独立的社会关系，也就是与这些个人本身相对立而独立化的、他们互相间的生产关系。"①由人的依赖性转变到物的依赖性，不过是由"人的限制即个人受他人限制"转变为"物的限制即个人受不以他为转移并独立存在的关系的限制"。②生产的社会化使人们的社会联系日益扩大和加强，而生产资料的私人占有制却使人们根本无法驾驭自己活动所造成的社会关系，这种社会关系又反过来限制人的活动，限制人的发展。在以交换价值为基础的市场经济社会，"个人的产品或活动必须先转化为交换价值的形式，转化为货币，才能通过这种物的形式取得和表明自己的社会权力"。③所以马克思说，这些个人是"在衣袋里装着自己的社会权力。"④谁的腰包越鼓，谁的社会权力就越大。人的独立性只是表现在废除了"身份等级"，而改换成了"货币等级"。资产阶级市场经济社会中的人的独立性，如马克思所说是"外表上"的，即形式上的，这个社会中表现人的独立性的一些基本的社会价值如平等、自由、民主等也就都是形式上的，而不是事实上的或实质上的。总之，资本文明不是理想的状态，它必然向社会和人的发展的第三大

---

① 《马克思恩格斯全集》第46卷（上），人民出版社1979年版，第111页。
② 《马克思恩格斯全集》第46卷（上），人民出版社1979年版，第110页。
③ 《马克思恩格斯全集》第46卷（上），人民出版社1979年版，第105页。
④ 《马克思恩格斯全集》第46卷（上），人民出版社1979年版，第103页。

形态过渡。

（三）建立在个人全面发展和他们共同的社会生产能力成为他们的社会财富这一基础上的自由个性：社会和人的发展的第三大形态

在这个阶段，既消除了人的依赖性，也消除了物的依赖性，而是在个人全面发展基础上的自由个性，人们的社会结合方式是在共同占有和共同控制生产资料基础上的自由人联合体。它同第二个阶段的根本性的区别是在于人不再受物化的社会关系的支配，而是能够支配自己的社会关系，因而能够支配和控制自己的生存条件，而这又是以废除资本主义的私有制和建立于其上的整个资本主义制度为前提的。所以，这个第三阶段就是指共产主义社会（社会主义是它的低级阶段）。

中国已经建立了社会主义制度，就说明中国已经进入了马克思说的人类社会发展的第三个阶段。马克思说"第二个阶段为第三个阶段创造条件"，但由于历史的原因，中国社会的第二个阶段即市场经济社会的阶段没有获得充分的发展，即没有为中国社会进入第三个阶段准备好充分的条件。这正是中国的社会主义社会必须经历一个漫长的初级阶段的原因。中国需要在社会主义的初级阶段，运用社会主义制度的优势，发展市场经济，为自己在第三个阶段内的发展创造条件。市场经济是人类社会的发展不可超脱的历史阶段。从社会的发展来说，需要通过发展市场经济，发展社会化大生产，建立社会主义所绝对必须的物质基础，并在此基础上，经过全面的、不断深化的改革，推进社会结构及与之适应的社会体制的变革，实现国家治理体系和治理能力的现代化。从人的发展来说，同样要通过发展市场经济，促进人的全面发展。"全面发展的个人……不是自然的产物，而是历史的产物。要使这种个性成为可能，能力的发展就要达到一定的程度和全面性，这正是以建立在交换价值基础上的生产为前提的，这种生产才在产生出个人同自己和同别人的普遍异化的同时，也产生出个人关系和个人能力的普遍性和全面性。"[①]没有以交换价值为基础的市场经济的发展，就不会有普遍的社会物质交换和社会交往活动，不会有丰富的社会关系，当然也就不会产生出个人关系和个人能力的普遍性和全面性，不会产生出马克思说的"自由个性"，不会具备社会在第三阶段运行的前提条件。

可见，中国在重大的历史转折关头，选择走发展社会主义市场经济的道路，是非常正确的，是符合社会历史发展的客观规律的。前面阐述的市场经济对于社会发展和人的发展的积极意义，也是基本适合于中国社会主义初级阶段的。但是，中国现在的市场经济与西方"先发"国家即主要资本主义国家的市场经济不同。西方"先发"国家的市场经济是原生的，而中国是通过经济体制的社会主义改革，顺应经济社会发展的客观规律，自觉地建立起来的。在这种情况下，中国发展市场经济的最根本最重要的问题是如何保证市场经济的社会主义性质。与这个根本问题相联系，有一系列的问题需要认真探讨和解决，例如，在多种所有制形式并存的条件下经济利益实现方式的特殊性问题；资本主义市

---

① 《马克思恩格斯全集》第46卷（上），人民出版社1979年版，第108–109页。

场经济始终存在的诸如公平和效率、市场主体的特殊利益和社会的普遍利益的矛盾等，中国的社会主义市场经济能否有力地解决？

既然中国的社会主义市场经济是自觉地建立的，那么，就应当在中国市场经济发展的整个过程中始终保持并不断强化、提高这种自觉性。这就是要从思想上理论上清醒地认识和自觉地遵循中国市场经济发展的特殊规律。这主要体现在三个方面：第一，是充分发挥社会主义上层建筑的作用，限制和防止市场经济的自发性造成的消极后果。这就是政府对于市场自发作用的校正。这种校正可以采取直接的方式和间接的方式。直接的方式就是政府通过法律的、行政的手段直接干预市场运行。间接的方式则是借助于社会财富的再分配如通过提高税收、社会救济、兴办公益事业等方式，防止严重的两极分化的趋势。关于政府干预的问题，切不可用看待资本主义市场经济的眼光来看待社会主义市场经济。第二是加强社会主义的法治建设，用法律的手段维护市场经济的秩序。在这一点上，倒是应当借鉴西方"先发"国家的经验。第三是加强社会主义道德文明的建设。法治是外在的社会秩序的建构，而道德建设则是人的内在的心灵秩序的建构。内外两种秩序一致，相互适应，就可以相互为用。一个社会的良法善治，总是同道德的普遍进步相伴随的。可以说，道德建设对于保证市场经济的社会主义性质更具有重要意义。

最后，这种自觉性集中到一点，就是要有强烈的风险意识。市场经济可以在资本主义条件下运行，也可以在社会主义条件下运行。资本主义市场经济是自发地生成的，而社会主义市场经济则必须依靠高度的自觉性才能建立和发展。如果丧失这种自觉性，放任自流，中国社会的发展和人的发展都不可能顺利地走上人类社会发展的第三阶段。

二、从社会发展和人的发展的统一上
观察历史是辩证决定论历史观的重要理论视角

人和社会是相互规定的。人的本质规定是社会赋予的，这就是马克思说的"人的本质不是单个人所固有的抽象物，在其现实性上，它是一切社会关系的总和。"[①]离开社会，离开人的社会关系去讲人，那就是抽象的人性论。建立在抽象的人性论基础上的历史观是片面的、抽象的历史观。过去曾在一个长时期里注重对于抽象的人性论的批判，这种批判在大方向上是没有问题的。但是，在批判中一些重要的理论界限不清楚，因而也带来了一些消极的后果，造成了"谈人色变"的局面，以致有些人据此而将马克思主义讥为"人学的空场"。同样，离开人，离开人的活动去谈社会，社会也只能是一个抽象物。对于这种抽象的社会观点，马克思也曾作过批判，只是我们被前面所说的那样一种理论倾向支配，很少去关注而已。例如，马克思说"人们说，从社会的观点来看，……在这里，社会的观点是指这样一种抽象，它恰恰抽掉了一定的社会结构和社会关系，因而也抽掉了由它们所产生的

---

① 《马克思恩格斯选集》第1卷，人民出版社1995年版，第56页。

各种矛盾。"①所谓"社会结构"实际上就是人的活动结构，"社会关系"就是人的交往关系，即人们在交往活动中结成的关系，社会结构、社会关系中的矛盾说到底都是人与人之间的矛盾，都是讲的人。这些东西正是"社会"这个概念的真实内涵。抽掉这些东西，"社会"就只是个空洞的形式，无内容的形式。建立在这种抽象的"社会"概念基础上的历史观，同样只能是一种片面的抽象的历史观。

人和社会是相互改变的。人创造社会，社会（环境）也创造人。"环境的改变和人的活动或自我改变的一致，只能被看作是并合理地理解为革命的实践。"②即是说人改变环境和环境（社会）改变人都是通过人的实践实现的，是在实践过程中同时实现的客观过程。

马克思在评论蒲鲁东时说："蒲鲁东先生不知道，整个历史也无非是人类本性的不断改变而已。"③这个话似乎只是说历史是人的发展而已。但认真去读，它还是讲的人的发展和社会发展相统一的历史。因为马克思还说过："他们的需要即他们的本性"④。人的本性的改变首先在于人的需要的改变。人不同于动物，人的需要是人自己意识到了的需要，因而是靠自己能动的改变世界的活动去满足的需要。随着生产力的发展和社会生活的变化，人的需要会不断变化，因而要求自己采取适应于新的需要的活动方

① 《马克思恩格斯全集》第46卷（上），人民出版社1979年版，第396页。

② 《马克思恩格斯选集》第1卷，人民出版社1995年版，第55页。

③ 《马克思恩格斯选集》第1卷，人民出版社1995年版，第172页。

④ 《马克思恩格斯全集》第3卷，人民出版社1960年版，第514页。

式，具备适合于新的活动方式的知识和能力。人的需要不是单一的，而是多方面的，结构性的，活动方式的更新也就必然是活动结构的更新。活动结构的更新实际上就是社会结构的更新。例如，从宏观上说，人作为有生命的存在物首先有生存的需要或物质生活资料的需要，满足物质生活资料需要的是物质生产活动或广义的经济活动；人作为社会性的存在物有秩序的需要，满足秩序需要的活动是广义的政治活动；人作为有意识有思想的存在物有意义的需要，满足生活意义需要的活动便是广义的文化活动。这三种需要是人的最基本的需要，它们构成人类生活的基本领域，且这三个方面缺一不可，是互相依赖，互相紧密关联的。这三大基本领域的相互关系便是社会的基本结构，即社会的经济、政治、文化的结合方式。社会的变化就是人的基本活动方式的变化，即物质资料生产方式及在此基础上发生的社会交往方式的变化。人的需要的变化是历史发展的内在动力，它表现于外，投射到社会生活，便是社会结构的变化。可见，这既是人的发展，又是社会的发展，这两方面的发展是同一过程，是互相推动，互为因果的。直观地看，在现代社会，在以工业经济为基础的市场经济社会，在这两个方面中，人的活动是主导性的，社会的变化是人的活动的结果。人的主体性日益增强了，人创造历史的主体作用日益凸显了。而对于这种情况又缺乏应有的正确的理论说明。这恐怕是非决定论历史观在西方思想界强势泛滥的一个客观上的原因。

尤其是社会主义制度的建立，标志着人类社会的发展进入一个新的历史时期。"在这个时期中，人自身以及人的活动的一切方面，尤其是自然科学，都将突飞猛进，使以往的一切都黯然失色。"①这就是说，在这个时期，社会生活即人们的活动将获得全面的进步，人自身，人的主体性，人的认识能力将获得重大的提升，尤其在对于社会的认识方面将获得更大的提升。因为有了马克思创立的唯物史观的指导，人们对于社会规律即人们自己的社会行动的规律也能有所认识；因为废除了资本主义私有制，人们不再受自己创造的社会关系的支配，而是能够支配自己的社会关系，人们在社会领域的自由空前扩大了。这也是使人们，甚至一些马克思主义的研究者都对历史决定论产生了不同程度的怀疑和动摇。20世纪50年代初，苏联讨论政治经济学教科书未定稿时，有些经济学家认为人已经摆脱了社会经济关系的统治而成为自己社会生活的"主人"，就使经济规律失去了它的客观性质，提出苏维埃国家及其领导人可以废除现存的政治经济学规律，可以"制定"或"创造"新的规律。②几年之后，在我国社会主义改造基本完成之后，在我国理论界也有人发表同50年代初期苏联经济学家相类似的唯心主义观点，认为我们的国家已开始了向"自由王国"的飞跃，根据就是人的主观能动性已经"望不到边"了。③20世纪80年代中期以后，在我国学术界发生了关于历史规律客观性的激烈争论，有些学者公然坚决反对决定论，反对承认历史规律，都有与上述情况类似的背景。

这些情况都说明，在社会物质生产发展的基础上，随着文化

---

① 《马克思恩格斯选集》第3卷，人民出版社2012年版，第860页。
② 《斯大林选集》下卷，人民出版社1979年版，第541–545页。
③ 参看《红旗》1958年第12期关锋的文章《抓住时代的精神》。

的进步，人的本质力量不断提升，人的主体地位全面确立和增强，人的选择意识和选择能力逐渐提高，历史过程的选择论色彩越来越浓，这也就是说历史决定论与历史选择论的统一越来越深刻，愈加需要我们从更深的理论层次上去把握和阐释这种统一。

关于社会哲学研究的几个问题*

　　社会哲学在我国是近些年兴起的一个研究领域。因为它刚刚兴起，所以在诸如社会哲学的对象、方法、意义乃至社会哲学的学科定位等一些最基本的问题上，学界还有着不同的理解，这是很自然的。笔者不揣冒昧，在此谈一些不成熟的意见，以就教于学界同行。

一、马克思主义社会历史理论的两个哲学维度

　　马克思的社会历史理论有两个基本的哲学维度，即历史哲学的维度和社会哲学的维度。历史哲学的维度即一般历史观的维度，它研究人类历史的客观的、辩证的本性及历史发展的一般规律。社会哲学的维度则是直接关注现实社会生活的哲学维度，它从具体社会形态的社会结构切入研究人们的现实社会生活过程。

＊　本文原载《湘潭大学学报》1998年第4期。

在马克思的社会历史理论中，这两个哲学维度是内在地紧密地结合的。对于现实社会生活过程的关注和研究始终是马克思社会历史理论的源泉和起点，但马克思在考察现实社会生活过程时又总是保持着高远、深邃的历史视野，并善于从对于现实历史的研究中抽引出历史哲学的结论。

历史哲学的维度即唯物主义历史观的维度是我们所熟知的，而社会哲学的维度则被以往的研究者们所忽视了。实际上，对于马克思社会历史理论的许多重要内容，只有从社会哲学的维度去把握才能得到正确的理解。例如，马克思在他的经济学著作中剖析了欧洲资本主义社会的经济结构；在他的政治、历史著作中考察了当时欧洲社会的阶级矛盾和阶级斗争状况，剖析了资本主义社会的政治结构和意识形态结构；在他的一系列著作中考察了资本主义社会中人的生存状况，揭示了人的异化的根源以及扬弃异化、实现人的全面自由发展的现实条件和途径；在此基础上，他考察了经济、政治、文化的关系结构，从各种社会矛盾相互制约、相互作用的社会整体运动中揭示了欧洲社会发展的一般趋势，论证了社会主义代替资本主义的必然性；他还在同欧洲社会的比较中对东方社会的社会特征和发展道路也进行了一定的研究；等等。这些都是社会哲学的重要内容，在他的社会历史理论中占有十分重要的地位。但是，由于我们过去忽视了社会哲学的维度而只是把握到了历史哲学的维度，或者说，只是从历史哲学的维度去解读马克思的著作，因而不可避免地造成了两个方面的不良后果：其一是把马克思的社会历史理论抽象化了；其二是因为只知道有历史哲学这个维度，因而把马克思当时考察欧洲社会的一些具体的理论结论也纳入历史哲学（唯物史观）的理论体系，当这些具体的理论结论被历史进程所修正时，也就借此而否定了唯物史观的理论价值。

近些年在批评上述两种倾向特别是抽象化的倾向时，又有些学者否认马克思有历史哲学，认为历史哲学只是属于旧哲学的范畴，唯物史观不是历史哲学。这也是不正确的。马克思确曾严厉地批评过旧的历史哲学，指出："这种历史哲学理论的最大长处就在于它是超历史的。"①旧的历史哲学是从观念出发，用臆想的联系代替历史过程中的真实的联系，企图构造适应于一切时代的永恒公式。马克思还说："对现实的描述会使独立的哲学失去生存环境，能够取而代之的充其量不过是从对人类历史发展的观察中抽象出来的最一般的结果的综合。这些抽象本身离开了现实的历史就没有任何价值。"②显然，马克思是承认历史哲学的，但只是在这个限度内承认：它是"从对人类历史发展的观察中抽象出来的最一般的结果的综合"。承认这个"综合"的必要和价值，就是承认历史哲学。实际上，马克思的唯物史观的基本理论就是这样的"综合"。它不是从观念出发，而是从物质实践出发，从对现实社会生活的观察中抽象出最一般的理论结论，而不致使自己成为脱离现实历史的"独立的哲学"。

可见，历史哲学和社会哲学这两个维度的关系，在马克思主义哲学中实际上也就是唯物史观和现实历史的关系。历史哲学即

---

① 《马克思恩格斯全集》第25卷，人民出版社2001年版，第146页。
② 《马克思恩格斯全集》第3卷，人民出版社1960年版，第31页。

一般历史观，只是一种世界观，它虽然可以作为观察社会历史的观念框架，但本身不包含对于任何一个现实的社会历史问题的解答。社会哲学是直接关注现实社会生活即研究现实历史的，它是包含对于现实的社会历史问题的解答的，当然这种解答也仍是哲学层面的。马克思主义的历史哲学即唯物史观必须植根于现实历史，并只有回到现实的历史中去才能保持它的活力。因此，从学理上讲，社会哲学应是历史哲学的基础。抛开社会哲学的维度，就会退回到旧的历史哲学的老路上去。

二、社会哲学的研究对象和学科定位

区分和把握历史哲学和社会哲学两个维度，把社会哲学同一般历史观剥离开来，这有助于理解社会哲学独立存在的价值。但是，这两个维度的区分不是绝对的。历史哲学要以社会哲学的研究为基础，社会哲学的研究既直接关注现实社会生活的研究也不能没有纵深的历史视野。社会哲学虽同一般历史观剥离开来，但仍然是哲学。社会哲学和历史哲学不是两个不同的层面，而是同一个层面即哲学层面的两个不同的维度。因此，又必须把社会哲学同实证的社会科学区别开来。即使是社会科学的理论部分如理论社会学、理论经济学等，也是不同于社会哲学的。

哲学研究的层面具有两个显著的特征：一是总体性，二是反思性。按照我的理解，社会哲学是对于人类社会生活的总体性把握，这种研究是从对于社会结构及其变化的研究切入的。社会的变迁是社会的整体性变迁亦即结构性变迁，对于对象的总体性把握也就必然是一种结构性把握。因此，从社会结构及其变化的研究切入，是可以达到哲学所要求的总体性的研究层面的。同时，研究社会结构及其变化，也是对人类自身活动反思的一个方面。社会学也研究社会结构，但它不是反思的。社会哲学与社会学相区别的一个根本点，乃在于社会哲学是从社会和人的相互观照中研究社会结构。它把社会结构视为人的活动的产物，也是人的活动的社会形式。因此，它不只是研究社会结构本身，更要研究一定社会结构中的人的活动，从中探寻社会结构形成、演变的根源，要研究一定社会结构中人的生存状况，寻求人类生活的意义支撑。哲学要追问人类活动、人类生活的意义，也就同时要追问社会结构的本质及其合理性。反思性表现为对于认识前提的追问。哲学不同于具体科学，它对于前提的追问或批判是彻底的，没有限度的，这种彻底性的根由就在于人本身是不确定的，是未完成的。所以，从人类活动出发研究社会结构，也是可以达到哲学所要求的反思性的研究层面的。

　　社会结构问题是极其复杂的。把握社会结构的形成、演变、运行机制等，涉及对于整个社会生活的理解，涉及人的活动结构、人的需要结构、人类活动的价值结构以及人的活动方式、人类活动的组织方式、人类历史的进化方式等一系列的问题，这些都是重大的哲学问题。从社会结构及其变化的研究切入，不过是从社会结构的研究这个角度把这些问题集中起来，或者说，是从所有这些相关的角度去研究一定的社会结构及其变化。社会哲学的研究内容本来是异常广泛、异常丰富的，也正因如此，才有必要选取一个恰当的角度把它集中起来。在笔者看来，这个角度就是社会结构及其变化。

三、社会哲学应着重研究社会转型

社会哲学的研究从社会结构切入，就应着重研究社会转型。社会转型就是社会的整体性变迁即结构性变迁。社会转型时期，社会的结构关系即社会各种矛盾、社会生活各个领域的相互制约关系最为鲜明地呈现了出来。同时，社会生活急速变化，扑朔迷离，人们对于生活意义的追寻也异常急切，急切地寻求对于各种现实问题的理论解答。这都要求社会哲学从一般哲学中分离出来，形成一个专门的研究领域，以便集中地思索转型时期的社会现实和人们的社会生活。这实际上就是说，转型时期比任何时期都要求哲学同现实生活汇通，而实现这种汇通的最有效的方式就是社会哲学的研究。

从历史上看，真正构成系统化的理论的社会哲学正是近代社会转型时期的产物。在古代哲学中也包含了某些社会哲学的构想，但只是在近代市场经济的发展导致了社会结构的巨大变革、社会结构的复杂性以及社会运动的整体性特征日益显露时，才使得社会哲学的研究成为一种迫切的理论需要，并具备了建立社会哲学理论体系的客观基础。近代以来西方社会哲学的研究十分活跃，这几百年里支配社会变革和人们社会生活的许多深入人心的大观念，可以说都是社会哲学研究的成果。

马克思和恩格斯也创立了系统的社会哲学。他们的社会哲学也是这一社会转型时期的产物。马克思主义的社会哲学同西方非马克思主义的社会哲学在基本观念上是不同的，甚至是对立的，但其背景是共同的，所研究的问题也是基本上相同的。

中国正处在社会转型时期，现代中国也需要建立自己的社会哲学。马克思和恩格斯的社会哲学理论当然是中国建立社会哲学的极重要的思想资源，就是西方非马克思主义的社会哲学理论也有借鉴的价值。但是，任何东西都不能代替中国人自己的研究。社会哲学既然是研究现实的历史，那就是说，它不是超时空的，没有适应于任何时代、任何国家的社会哲学。如前所述，即便是历史哲学都不能将其视为永恒的历史公式，社会哲学更是如此。这个道理是很清楚的。就以社会转型来说，中国的社会转型是处在现代化这整个世界历史时代的后发阶段，它同西方主要资本主义国家即先发国家相比，有着不同的历史起点，并且面临着完全不同的世界格局。即使在后发国家里，中国也有自己不同于其他国家的特殊的国情，包括独特的文化传统，独特的地理、人口、资源条件，以及由近代革命进程所创造的独特的历史前提，等等。因此，中国的社会转型必然遇到不同于其他任何国家的特殊的问题，要求有对于这些问题的特殊的理论解答。这就是说，必须建立有中国特色的社会哲学。

四、对于社会转型的研究
应首先把握社会结构变化的基本趋势

对于转型时期社会结构的变化，既要把握社会结构关系内容的变化，更要把握社会结构形式即结构方式的变化。结构形式或结构方式具有普遍性，越是最为一般的形式就具有越高的普遍性。

社会的结构方式主要地是由一定生产力水平基础上的社会分工和交换的发展状况决定的。据此，可以把自文明时代以来的社会划分为社会分工及交换不甚发达的非市场经济社会和比较发达的市场经济社会。在非市场经济社会是以政治为中心的各领域合一的社会结构方式，而在市场经济社会则是各领域相对分离的社会结构方式。

在非市场经济社会，分工不发达，经济活动的社会化程度很低，社会成员之间缺乏一种由分工和交换所造成的相互依赖性。在这种历史条件下，经济活动本身不具备社会整合的力量，一定的社会生活秩序的形成不能依靠经济的力量，而必须依靠超经济的力量去整合分散的个体。这种超经济的力量首先是政治的强力，同时也包括文化的精神凝聚力。而且，在这种社会整合状态下，物质生产力的水平虽不会有很大的提高，但一般地可以大体上保持稳定，而社会秩序却可能在很大程度上和很大范围内波动。这样，一定的社会秩序的建立和维持对于人类生存就具有决定性的意义。人类的生存和发展有三大基本的需要，即由经济活动去满足的一定数量的物质生活资料的需要、由政治活动去满足的一定程度的社会秩序的需要及由文化活动去满足的一定水平的生活意义的需要。在非市场经济的条件下，主要承担社会整合功能以满足一定社会秩序需要的政治活动不能不被推到了特别突出的中心地位，经济活动和文化活动必须服从于政治活动的社会整合功能，将它们限制在不损害必要的社会秩序的范围内。换句话说，社会对于秩序的需要构成了物质需要和意义需要的界限。在这样的社会里，各个领域就必然是以政治活动为中心而直接地统合为一体的，这种社会结构方式可以称之为领域合一的结构方式。

在市场经济社会情况就不同了。这时，社会分工比较发达，每个人的生活资料的获取都必须通过与他人的交换活动，人们的经济活动高度社会化，人本身也高度社会化。属于经济范畴的分工和交换就造成了一种把各个社会个体结合起来的力量，就是说，经济活动本身就具有了越来越大的社会整合功能，这就使得经济活动（以及文化活动）从属于政治活动的情况在客观上成为不必要的，也是不可能的了。显然，如果仍然用政治的手段，去把社会整合成为同市场经济所要求的社会生活方式、社会活动方式相适应的状态，那是不可思议的事情了。这就必然使原来那种以政治为中心的领域合一的社会结构方式发生根本性的变化，而形成各领域相对分离的社会结构方式。

非市场经济的领域合一的状态实际上掩盖了社会的结构性特征。一切政治化了，就不容易看清社会的结构关系。市场经济社会的领域分离的状态才使社会的结构性特征突显了出来。所以，从领域合一到领域相对分离，表明了社会结构的日趋复杂，社会整合的形式和途径日趋多样，因而也表明了研究社会结构及其变化趋势的理论任务日趋紧迫，这恐怕也正是社会哲学在我国兴起的一个重要原因。

各领域的相对分离作为一种社会结构变化的趋势，已是一种不争的事实。像美国那样的"后工业社会"甚至如某些学者所说的那样，已达到了一种"领域断裂"的程度。这种趋势在世界其他国家也越来越明显，如"政企分离"，市民社会的逐渐形成，等等。诚然，由于市场经济的发展水平、社会分工和交换的发展水平不同，各个国家实现这种领域分离的过程、形式和程度也是不同的，这些都是需要研究的。更加需要研究的是各领域的相对分离对于经济社会发展的意义。从领域合一到领域分离既然是从非市场经济社会向市场经济社会转型过程中社会结构变化的基本趋势，那么，社会生活各个领域、各个方面的变化就都会不同程度地受着这一基本趋势的支配和影响，因此，对于各种社会问题的研究也就都应力求在这一基本趋势的观照下进行。比如，关于经济活动的特点和功能，市场经济体制的本质和运行机制，市场经济的文化精神，经济发展模式的选择；关于政治活动的功能及其变化，政治体制的改革包括政府职能的转变，推进政治民主化的基础和途径；关于文化活动的功能，文化运作方式的转变包括文化各层面的分离和整合，价值观念体系的重建，以及作为知识分子的"文化人"的社会作用和地位；关于社会的价值结构包括作为社会基本价值的公平与效率的关系，以及与此密切相关的社会代价问题；关于社会各领域的功能整合以及转型过程中的社会控制与稳定；关于市民社会；等等。所有这些问题，将其放在各领域相对分离的趋势观照下去考察，就有可能发现它们具有同领域合一状态下极不相同的内容、特点和表现方式。

五、对于中国社会转型过程研究的历史向度

社会转型时期，整个社会处在历史的转变中，社会生活的各

个领域、各个方面都处在急速的变化中。转型社会的最突出的特点就是它的不确定性，而对于社会转型的理论研究正是要在这种不确定性中把握它的确定性。这就有一个理论研究的历史向度或历史定位问题。

转型时期的中国社会，可以说是处在前现代、现代、后现代三个历史向度的交汇处。前现代的东西即传统的影响非常深厚，后现代的思潮（以及后现代的一些社会问题、社会现象）又随着对外开放的扩大而迅猛地涌了进来。尤其值得注意的是，西方的某些后现代主义思想往往正是从中国传统文化看到希望。这种情况，大大地增加了转型社会的理论研究的难度，我们的研究工作很容易在这点上发生失误。弄得不好，前现代的东西未加批判地保留了，后现代的东西未加批判地拿来了，唯独把握不了现代性，说不清什么是现代化。

因此，社会哲学的研究必须强调从中国的国情出发，从中国处于社会主义的初级阶段这种历史地位出发，牢牢地把握住社会主义现代化这个目标。对于前现代的东西，对于传统文化，一定要认真研究，但必须是以现代性或现代化的观念去审视。对于西方后现代主义思潮也一定要认真研究，但不能不加批判地拿来，而是要看它在对于西方现代化过程的反省和批评中提出了哪些值得我们警惕和借鉴的问题，为完善我们自己的现代化理论所用。

六、关于建构社会哲学理论体系的问题

社会哲学研究的学术目标，是通过学界同行们的共同努力，

建构一个体现现时代的时代精神并富有中国特色的社会哲学理论体系。确立这样一个目标不仅是应当的，也是可能做到的。但是，我认为目前构建理论体系的条件尚不具备，不应急于去构造理论体系，而是要把注意力投向现实社会生活提出的重大问题。

我们强调社会哲学的现实性，强调社会哲学维度同历史哲学维度的区别，特别强调我们的社会哲学要有中国特色，这似乎与建构社会哲学理论体系的目标相去甚远，而实际上，这是一条研究社会哲学的正确有效的途径，也是建构社会哲学理论体系的正确有效的途径。

中国情况、中国经验、中国问题的特殊性，并不意味着据此建立的社会哲学理论也只是特殊的，正如当时以英国为典型的西欧社会的特殊性并不意味着马克思和恩格斯据此建立的社会哲学理论也只是特殊的一样。社会哲学作为一种哲学理论，不是对于中国社会转型过程的感性描述，而是一种通过概念系统的把握，并且是将中国的特定经验置于世界现代化进程总体中的考察，包括批判地借鉴世界现代化研究的积极的理论成果，因此，它也就必然具有理论的普遍性品格。只是，它不会是一种抽象的普遍性，而是与特殊性相连结的普遍性，是寓于特殊性之中的普遍性。这实际上是任何一种科学的理论研究的正常途径。

要求对于社会现实问题的研究达到社会哲学的理论层面，主要的就是从对现实生活的研究中提炼出揭示社会生活某方面的本质、能够引导社会变革潮流的大观念。所谓理论体系，在一定意义上说不过是这些观念的系统化，而不是凭空编造某种社会哲学的概念演绎系统。这当然决不是可以忽视社会哲学基础理论的研究。基础理论的研究固然要以马克思主义唯物史观的基本理论作指导，同时也要有选择地改造和借用以往的社会哲学的范畴，但最重要的是在基础理论中贯注丰富的现实内容，把对于现实问题研究的理论成果有效地吸取到基础理论的研究中去。这无疑是异常艰难的道路，但除此以外，别无他途。

建立中国自己的社会哲学

关于社会哲学，我国学界曾存在一种误识，即认为历史唯物论就是社会哲学，因而在过去很长一段时间，不少人对于是否有可能和有必要在历史唯物论之外建构独立的社会哲学存有怀疑。其实，在历史唯物论的创始人马克思、恩格斯那里，社会哲学是可以也应当与历史唯物论区别开来的。

我们从马克思卷帙浩繁的著作中可以清楚地看出，他的社会历史理论存在历史哲学和社会哲学两个不同的维度。历史哲学注重从历史发展过程中揭示人类历史的本质和一般规律；社会哲学则直接关注现实社会生活，它从具体社会形态的社会结构切入，研究人们的现实社会生活过程。这一区别构成了社会哲学存在的基础。

社会哲学作为一种哲学形式，是对人们现实社会生活的总体把握。社会生活的总体有着多种可能的存在样态，因为体现社会整体性的社会结构是多重的，即有多种构成类型。这就是说，社会哲学所面对的是一个庞大的社会体系。因此，研究社会哲学必须找到合适的切入点，否则研究工作便无法展开。理论研究的切入点，归根到底是由研究者身处其中的社会实践的背景所限定的。当代中国正处于由社会主义市场经济发展所推动的社会转型时期，一方面迫切需要从哲学层面提供一种总体性的观念，以实现对这一社会转型的观念引导；另一方面，社会转型是一种社会整体性或结构性变迁，社会运动的整体性特征能更为鲜明地呈现出来，这就为具有总体性的哲学研究提供了客观基础。因此，当代中国的社会转型无疑是社会哲学研究最好的切入点。

考诸思想史，近代西方社会哲学的兴起就是与西方国家由市场经济发展所推动的社会转型相伴随的。近几百年里，支配西方社会变革和社会生活的许多深入人心的观念，可以说都是由社会哲学提供的。中国正在进行的社会转型，是世界范围现代化进程的一部分。西方社会哲学的积极成果，对我们有可资借鉴的价值。但是，中国的社会转型处在现代化的后发阶段，走的是与西方资本主义国家十分不同的道路，需要中国的马克思主义者对它进行独立的理论研究。

社会转型指的是由传统社会向现代社会即由前市场经济社会向市场经济社会、由农业社会向工业社会转型，就是从社会结构变化的角度讲的现代化。从世界范围看，这个过程开始于16世纪。在历史上，这个社会转型过程是同资本主义生产方式的确立和发展密切联系的。14—15世纪在地中海沿岸的某些城市出现了资本主义生产的萌芽，当时的"地理大发现"给新兴的资产阶级开辟了广阔的活动场所，导致了殖民主义的扩张，加速了商品经济的发展。商品经济的发展极大地推动了欧洲工业革命的爆发，英国于18世纪率先实现了农业文明向工业文明的过渡，随后法国、德国等西欧国家以及美国也相继步入现代社会的发展阶段。它们在工业化的基础上迅速推进了经济社会化、市场化的进程，并使传统的社会结构发生了根本性的变革。随着生产力的发展和世界市场的扩大，现代化的进程从西欧向世界其他地区扩展，亚洲的日本也进入了现代化的行列。第二次世界大战以后，原来的殖民地半殖民地国家经过民族革命纷纷摆脱了殖民主义的枷锁，也逐步走上了独立自主的发展道路，汇入了世界现代化的洪流。现代化是世界历史的潮流，从近代开始的社会转型过程正是各民族走向世界历史的过程。

显然，各个民族是在各不相同的历史条件下走向世界历史的。由前市场经济社会向市场经济社会的转型是人类历史的一般趋势，但各个国家、各个民族实现这一社会转型的道路则是各个不同的。当代社会发展理论将首先实现这一转型的西方主要资本主义国家称为"先发国家"，而把自20世纪40年代中期以后才真正进入这一转型过程的发展中国家称为"后发国家"。这种区分首先在于揭示了两种社会转型过程或世界现代化的两个历史阶段的不同的历史特征。

先发国家与后发国家的社会转型过程有着不同的历史起点，并且面临着完全不同的世界格局。西方主要资本主义国家的市场经济是原生的，它是随着新的经济关系在旧的社会结构中日渐孕育成熟而自发地、逐步地成长起来的。在工业革命的推动下，资本主义商业迅速发展起来，资本向全世界扩张，并逐渐形成了世界市场。但这个世界市场的形成过程同时也是一个殖民化的过程，即是说，资本主义世界市场的形成是以地球上大多数民族和国家沦为殖民地或半殖民地为代价的。在这样形成的世界格局中，先发国家显然处在一种绝对的优势地位。因此，先发国家的现代化过程尽管也要受到国际环境的制约，但这种制约作用是很有限的，不可能具有决定性的意义。后发国家的情形却完全不同了。从一定意义上说，后发国家是被"逼"上现代化的进程的。由于长期遭受殖民主义的统治和剥削，这些国家经济落后，工业化水平很低，在社会经济结构中普遍呈现出少量先进的工业经济和大量落后的农业经济二元并存的状况；由于在社会经济结构及其演变中缺乏刺激文化转型的变革因素，后发国家在文化观念的变革上也长期滞后，传统文化和现代文化、本土文化和外来文化之间的冲突日趋激烈，且由于缺乏必要的健全的消化机制，民族文化同世界文化的结合或世界文化的民族化异常困难，乃至常常容易发生偏离现代文明主流、与现代文化精神相背离的现象；在政治上，后发国家虽然争得了民族独立，但由于受经济、文化状况的制约，这些国家的政治制度的完善也相当艰难和缓慢。可见，后发国家的现代化进程在社会的经济、政治、文化各个方面都显示出起点较低、准备不足的特点，显示出同现代世界发展水平和趋势的诸多不适应、不协调的状况。而在现代条件下，这种不适应、不协调便具有了异乎寻常的意义。随着资本的国际化过程的加速和世界市场的扩大，特别是随着20世纪以来现代交通和通信技术的飞速发展，已经形成了全球范围内的普遍相互制约的世界经济体系，各个国家、民族的政治和文化也相互影响、相互激荡，任何国家和民族都再也不可能把自己封闭起来，孤立地求得生存和发展了。在这种情况下，国际环境对于后发国家发展的制约作用无疑会更显强烈，后发国家同现代世界发展水平和趋势的不适应、不协调所带来的问题也更加严重和复杂，这些国家的现代化进程更加艰难。总之，不论从自身状况还是外部条件来说，后发国家不可能再走先发国家的道路。"先发"可为"后发"所借鉴，却不可作为"后发"的榜样。后发国家必须独立地探寻既适合现代世界历史条件又适合自己国情的现代化道路。

中国属于后发国家，中国的现代化过程具有后发国家所共有的一些特点，但又具有它不同于其他国家的独有的特点。这不仅在于中国具有自己独特的文化传统，独特的地理、人口、资源条件，更重要的还在于中国近代以来的革命进程所创造的独特的历史前提，这个独特的历史前提就是在中国建立了社会主义。社会主义制度的建立，表明中国已经自觉地开始了现代社会转型即现代化的进程。中国实现社会主义现代化的方向和目标自这一过程的开始就是明确的，但社会主义现代化的道路却一直在探索之中。我们曾在一个较长时期照搬苏联的模式，实行高度集中的计划经济体制，而把市场经济与资本主义等同起来。因此，从实质上说，我们即使在社会主义制度建立以后的一个较长时期也都只是停留在现代社会转型的门槛上。这种历史情况，不能不对我国的社会转型即现代化过程产生双重的影响。我们既要坚持现代化的社会主义前提，又要努力探索符合现代社会发展规律且适合我国国情的现代化道路。但实际的情形往往是，当有学者强调探寻符合现代社会发展规律的道路时，容易把现代化和西方化混同起来而忘记社会主义的前提；而当部分学者强调坚持社会主义的前提，强调同西方资本主义现代化的道路相区别时，又容易弹回到我们已经走过的计划经济体制下的老路上去。这说明，探索中国社会主义现代化的道路是十分艰难的。我们会遇到其他国家包括"先发国家"和"后发国家"社会转型过程中不曾发生的新问题。例如，社会主义市场经济体制的特殊性问题，特别是在多种所有制形式并存的条件下经济利益实现方式的特殊性问题；资本主义市场经济始终存在的诸如公平和效率、物质进步和人的异化、市场主体的特殊利益和社会的普遍利益的矛盾等等，社会主义市场经济能否更有力地克服这些矛盾；由计划经济体制向市场经济体制过渡与由原生态的自然经济向市场经济过渡相比有什么不同，在一个时期里不得不存在的所谓"双轨制"会引发什么样的社会问题；如何理解社会转型的代价、如何把握代价付出的合理限度；中国作为"后发国家"的现代化是所谓"追赶型"的，在急速的体制转轨时期蕴含着巨大的社会风险，这种风险如何防范和控制，如何保持社会的稳定；如此等等。即使像同社会转型相适应的价值观念、文化观念的转变这样的问题，虽然是任何国家的社会转型都会经历的，但它在当代中国的社会转型过程中却会呈现十分不同的状况和特点。所以，当代中国必须建立中国自己的社会哲学。

关于建立社会主义市场经济的代价问题*

　　建立中国特色社会主义市场经济，是一项艰巨的社会工程。由于种种历史的原因，中国市场经济的建立已不可能走一条自发的道路，而只能是一种自觉的过程。作为一项自觉地实施的社会工程，它固然有可能更为快速和有效地达到目的，但同时也由于包含了更为巨大的风险而有可能付出沉重的代价。这就要求我们掌握社会发展的客观规律，最大限度地减少盲目性，尽可能地避免付出不必要的代价。因此，对于中国建立社会主义市场经济的代价问题进行哲学层面上的分析考察是十分必要的。

一

　　在社会的经济转型过程中，代价的付出是不可避免的。经济转型必然伴随着价值模式的转换，即用一种价值取向代替另一种

价值取向。经济转型的过程是一个复杂的社会过程，不可能按照某种订单而整齐划一地实现，一般地说，在经济转型过程的一定阶段上，社会必须优先地把主要的力量放在解决当时最为迫切的问题上，而使其他问题的解决不同程度地受到延滞。这说明，在经济转型过程中，社会只能保证创造和实现一些价值，而不得不丢失或暂缓实现其他的一些价值——这就是代价。如果追求一种没有任何缺憾、无须付出任何代价的经济转型或社会进步，那只能陷入不切实际的空想。当然，一定代价的不可避免性并不说明任何代价的付出都是必要的和合理的。代价的付出超出了合理的限度，就意味着我们决策和实践中有失误，而失误是应当尽可能地加以避免的。因此，问题不在于要不要付出代价，而在于什么是经济转型所必需的合理的代价，以及如何使这些代价得到合理的补偿。

经济转型中社会所付出的代价，基本上可以区分为两种类型：一类称为模式代价，一类称为过程代价。所谓模式代价，是社会为换取一种新的经济模式所付出的代价。经济模式的转换必然要求和造成价值模式的转换，社会追求一种同新的经济模式相适应的价值，而使原来的价值追求受到压抑，以致使原来的价值受到损失。这种代价的付出具有总体性和永久性。所谓过程代价，则是为实现经济转型的过程而付出的代价。每一种经济模式都只有在其结构完备的情况下才能发挥它作为有机体协调运行的功能。而经济模式在结构上的完备不可能一下子实现，必须经历一个改造旧的经济模式和确立、发展新的经济模式的过程。在这个过程中不可避免地会出现某些失衡和失序的状况，使某些方面受到压抑或损失，即付出一定的代价。这种代价的付出只是涉及经济生活和社会生活的部分领域，并且可以在新的经济模式的完善过程中逐步得到补偿，因而具有局部性和暂时性。

模式代价和过程代价是交织在一起的，但又有着十分不同的意义，我们也应当寻求对它们的不同的补偿方式。因此，有必要对这两类代价分别地加以考察。

二

中国从计划经济转向市场经济，社会的价值取向也会随之转换，这主要地体现在对于公平与效率两种价值追求的关系上。一般来说，市场经济模式看重效率，而计划经济模式则把公平置于首位。需要说明的是，这里所说的公平是指实质上的公平，而不是指形式上的公平。如果就形式上的公平而言，市场经济也是讲究公平特别是机会均等的公平竞争的。当然，这种公平仍然服从于对于效率的追求，机会均等只是出发点而不是目标。为不使问题复杂化，本文暂不涉及这种从属于效率的形式上的公平。

公平和效率是人类社会生活中两种基本的价值。一定程度的效率是一个社会得以存在和发展的前提，而一定程度的公平则是一个社会实现整合，得以稳定、和谐地存在和发展的必要条件，二者缺一不可。然而，它们之间却有着复杂的关系。一方面，二者具有相互排斥性，这往往使得"鱼与熊掌不可兼得"，过分地追求公平便难以有较高的效率，追求高效率往往不免损害公平。另一方面，二者又具有协同性的一面，而不是绝对地相互排斥的。一个仅有公平而无效率的社会固然不能满足人们增长着的需要，一个仅有效率而无公平的社会同样不能满足社会大多数成员的需要。这两种价值在其实现过程中也是相互制约、互为前提的。没有高的效率就不可能在一种较高的水平上实现公平；而缺乏应有的公平，它所造成的社会成员的异己感、冷漠感也可能导致效率的降低。因此，在事实上，尽管不同的经济模式突出地强调一种价值取向，却没有一个社会只追求一种价值而全然排斥另一种价值。计划经济效率不高，但并非不要效率；实行市场经济的国家，也不是全然排斥社会公平。

由于公平和效率两种价值之间具有相互排斥的一面，因而由计划经济转向市场经济，由主要地追求公平转向主要地追求效率，就不得不使社会在某种程度上减少对于公平的追求，以一定程度的公平的丧失去换取较高的效率。这种模式代价的付出是不可避免的。但又由于公平与效率两种价值之间具有相互协同的一面，因而作为代价的公平的减少不是没有限度的。并不是越高的代价就能得到越高的报偿，而往往是过度的作为代价的公平的放弃会导致损害效率的结果。尤为重要的是，建立和发展市场经济是从属于中国社会主义现代化的整体目标的。这个目标就是经过社会生活的全面改造，建设一个富强、民主、文明的社会主义现代化国家。显然，这样一个目标决不是仅仅依靠追求高效率就能达到的，而是必须同时发挥社会公平这种价值的调节作用才能达到。因此，对于公平这种代价的付出必须把握住合理的度。这个合理的度就是公平与效率的合理的结合点，在这样一个结合点上，不仅有较高的效率，而且兼顾了公平。不言而喻，这样一个合理的结合点在不同的历史条件下是有所不同的；同样，这样一个合理的结合点是我们在建设社会主义市场经济的整个过程中都应当去探寻和把握的。

公平与效率的合理的结合点不会自动地出现。就市场经济本身来说，它是自发地追求效率而排斥公平的。在市场中，效率是生存的法则。谁要想生存，谁就得有效率，有比他人更高的效率。在这一法则的制导下，人们就会把一切有损效率的东西都弃之不顾。这就必然导向把高效率的工作能力视为人的最重要的价值，把物质财富视为最值得追求的东西，而漠视人的平等生存权利这些基本的方面，漠视人的能力的全面发展。在这一法则的制导下，人们对于社会生活的各个领域都会以经济领域的标准去衡量，这就往往导致忽视非经济领域不同于经济领域的特殊规律，使得那些不能直接带来经济效益的社会事业难以生存。这些都说明，实现公平与效率的合理结合不能指望市场的自发作用，而只能靠政府从市场外部对其自发作用给予某种程度的校正。

政府从市场外部对于市场自发作用的校正可以采取直接的和间接的两种方式。直接校正的方式，就是政府通过法律的、行政的手段直接干预市场运行，直接地限制或约束市场的自发倾向。间接校正的方式，则是借助于社会财富的再分配如通过提高税收、社会救济、兴办公益事业等方式，对于受到损害的社会公平作某种程度上的补偿。这种依靠政府的校正或补偿方式，是所有实行市场经济的社会都不同程度地采用的，但在私有制条件下，这种校正或补偿作用是极其有限的，而中国以公有制为主体的社会主义市场经济则应当也可能更好地做到这一点。

三

过程代价虽然是一种局部性、暂时性的代价，是可以控制在一定的范围内并随着经济转型过程的结束而得到补偿的代价，但决不是无足轻重的。恰恰相反，由于中国经济转型的特殊方式伴随着巨大的社会风险，因而使过程代价的问题显得更加重要。

过程代价存在于经济的领域，也存在于非经济的领域即整个社会领域。从经济领域来说，在经济转型过程中难免出现经济运行失序和失衡的状况，使经济发展在某些方面受到损失。计划经济和市场经济都是一种资源配置方式，各为经济运行提供一种秩序。在经济模式转换的过程中，当旧有的秩序被革除时，新的秩序却不可能及时建立起来，这就会出现某种"秩序真空"状况，即经济运行处于某种无序状态。在这种状态下，在宏观上，不可避免地使国民经济出现某种不平衡；在微观上，则一方面使得那些由于种种原因而一时难以适应这种尚未发育成熟的新经济模式的企业陷入困境，另一方面又给那些侵害国有资产者以可利用的机会。这都会使社会财富蒙受损失。从非经济领域来说，社会的各个部门如文化、教育等部门，为着适应经济模式的转换，都需要调整自身的内部结构以及它们在整个社会格局中的位置。但由于这些非经济领域的特殊性，更由于新的经济模式本身的不完善性，使得这种调整和适应过程具有极大的不确定性，更难以完成。这就有可能导致文化、教育等事业的严重困难和发展滞后状况，使社会发展并最终使经济本身的发展蒙受损失。

一般来说，过程代价是任何一种社会经济转型所不得不承受的代价，但由于现今中国经济转型的特殊性所带来社会风险的存在，一般意义上的过程代价有可能被过度地放大，因而使得原本不很严重的问题产生十分严重的后果。中国市场经济的建立过程与西方那种原生的市场经济的建立过程是很不相同的。首先，西方的原生的市场经济是在非市场经济的缝隙中自发地、逐步地成长起来的，在其成长的过程中可以与非市场经济并存于一个社会之中。在那里，非市场经济对于市场经济既有限制的作用，又在客观上有一种补偿的作用；从避免社会风险的角度上说，它对于市场经济还有一种保障的作用。由于这种补偿和保障作用的存在，市场经济在其发育成长过程中不可避免的不完善性及其造成的失序和失衡就只是局部的，不会导致整个社会失衡和失控的风险。而中国的社会主义市场经济则是在多年来全面实行计划经济的历史前提下，由国家自觉地、整体地将计划模式改造为市场模式的。中国不可能采取两种模式并存的方式去建立市场经济。两种模式的并存即通常所说的"双轨制"，不但不能对市场经济起到补偿作用或保障作用，而且常常是产生种种社会问题的重要原因。由于中国的市场经济在其成长过程中不存在其他经济成分的补偿和保障作用，因而在经济转型过程中便包含了社会风险，由新的经济模式的不完善性所造成的无序在一定条件下可以导致整个社会的失衡，本来是局部性的问题可以引出全局性的后果。其次，在现今条件下，中国经济模式的转换，已不可能像西方原生的市场经济的建立那样经历漫长的年代，而只能采取在几十年时间内快速完成的方式。在这样一个短促的过程中完成别人用了数百年时间所做的事情，人们不可能有足够的时间和充分的心理准备去适应这种变化。这就不能不使这一变化过程潜藏着更多的不确定性，从而有可能放大某些局部的失序和失衡，使之成为影响全局的东西。

可见，中国社会主义市场经济的建立，由于过程代价可能被放大而蕴含着巨大的社会风险。这就要求我们强化风险意识，在决策中采取谨慎的态度，尽最大可能减轻模式转换过程中的无序程度，避免可能避免的代价。这里，最根本的环节是尽快实现政府职能的转变，即由适应于计划经济模式的政府转变为适应于市场经济模式的政府。

政府职能的转变和加强，首先就在于建立并完善新的经济秩序，尽快消除经济模式转换过程中的"秩序真空"状态。转向市场经济无疑是要充分发挥企业的自主性，让企业具有完全的自主经营权，使其不受干扰地走向市场，但这并不意味着政府可以撒手不管。仅仅把企业推出不管，并不能直接导向市场经济，至少不能导向一种完全的市场经济。市场并不是可以为所欲为的地方，它也有自己的一套规则。计划经济固然是高度有序的经济，但市场经济对于秩序的要求也不次于前者，只不过它所需要的是不同于计划经济秩序的秩序。这样一套秩序不能自发地形成，需要由超越于市场的政府帮助建立，并以法律的形式予以保证。

还应看到，在我国由计划经济转向市场经济时，世界上的市场经济早已由古典型转变为现代型，即由在"无形的手"支配下的自由放任的市场经济转变为以"无形的手"为基础并加进了"有形的手"即政府干预的现代市场经济。在这样的世界历史条件下，我们不需要也不能够重走西方国家经由自由放任再到加进政府干预的市场经济的道路，而是应当直接借鉴世界市场经济的现代模式。在现代市场经济中，政府不仅作为一种超经济的力量必须担当建立并保证市场正常运行秩序的职能，而且还须以自己应有的方式去干预经济过程，这就是在市场完全地发挥其调节作用的基础上，发挥政府的宏观调节作用，以补充市场调节的不足。这种干预或补充作用对于我国的经济转型来说，尤其具有重要的意义。与许多国家不同，我们拥有相当大数量的国营大中型企业，这些企业是国家经济的命脉，大多具有较先进的技术水平，但由于规模巨大，在经济转型过程中不及小企业那样易于适应市场经济，因而不同程度地遇到了效益低下的困难。如果让其自生自灭，必将给整个国民经济带来十分不利的后果。在转向市场经济的过程中，政府必须采取特殊的措施，帮助这些企业适应市场经济。

最后，政府职能的转换还在于适应市场经济的条件，调整文化、教育等领域的结构及其同经济领域的关系，在新的经济秩序的基础上建立起新的社会秩序，在整个社会范围内尽快地消除"秩序真空"状态。

总之，在经济转型过程中，政府新的职能的尽快形成和加强，是避免不必要的代价付出和减弱社会风险的关键。

四

对于经济转型过程中的代价，由政府采取一定的措施使其减少或予以补偿是极其必要的，但这种减少和补偿不可能完全，而是有其客观的限度的。过高的补偿会导致效率的下降，以至失去市场经济的积极意义。这是一个很简单的道理。如果效益不好的企业的职工也能够通过政府补偿而获得与他人同等的收入，那么谁还会去关心提高效益？因此，总是会有一部分无法避免和得不到补偿的代价需要人们承担下来，并在主观上适应这种承担。这就要求社会成员在心理上有承受代价的准备。就过程代价而言，要求人们有承受阵痛的忍耐力，尤其要有清醒的风险意识。就模式代价而言，则要求人们对既有的价值观念和以价值观念为核心的整个精神文化进行调整和改变。这两个方面是紧密地联系在一起的。过程代价是模式转换过程中的代价，不是同模式代价无关的代价。承受过程代价所需要的心理上的忍耐力和风险意识，都要以对于模式转换即社会变革的理解为前提。因此，解决经济转型过程中人们的心理准备问题的基础和核心，就是价值观念的变革。

价值观念变革的实质在于通过渗透于文化之中的价值观念的改变来改变人们的心态，使人们从计划经济体制下主要地对于公平的期望心态，转变为适应于市场经济体制的主要地对于效率的期望心态。这是通过主观上的调节作用以达到平衡与补偿的目标。这种主观上补偿的必要性是显而易见的。人的行为是自觉地进行的。这种自觉性不仅指人的行为是按事先的计划进行的，更重要的是指人总是给自己的行为赋予某种意义。人总是追求行为的意义即价值，排斥以至禁止无价值和负价值的行为。而评价一种行为是否有意义这是有客观标准的。人们的价值观念与行为实际取向的一致，是一个社会得以正常运行的必要条件。如果占主导地位的价值观念与特定经济模式中所要求的价值取向不一致，人们就会在主观上排斥这种经济模式，不可能在这种经济模式中扮演一个积极的角色，这种经济模式也就难以有效地运行。中国从计划经济转向市场经济，社会的实际价值取向由以公平为主导转向以效率为主导以后，要使人们的心态能够适应这种变换，使人们能在市场经济模式中成为积极的行为者，就必须在价值观念和文化上实行根本性的变革。而且须知，在多年的计划经济体制下形成的看重公平的价值观念，由于有着悠久的传统文化中不患寡而患不均的平均主义、重义轻利的道德观念等等的支持，而具有巨大的历史惯性，这种变革是十分艰难的。

诚然，在价值观念和文化上实行根本性的变革，决不是全盘否定传统的文化和价值观念。市场经济尤其是社会主义市场经济，在价值取向上以效率为主导却并不完全地排斥公平，因而与公平的取向相适应的传统价值观念也就并非绝对地过时与无用。因此，变革传统的价值观念也需把握住合理的度，过与不及都是有害的。"不及"固然达不到市场经济所应有的要求，"过"也会使问题变得困难以至根本不能解决。在这个问题上，必须反对对于传统文化的保守主义和虚无主义两种偏向。文化保守主义认为传统文化及其价值观念不加根本性的改造就能够适应市场经济，而看不到传统文化中所体现的价值观念与市场经济的基本价值取向在根本上的不相容性。民族文化虚无主义则走向了另一极端，否认传统文化对于市场经济的任何积极意义，主张绝对地抛弃传统而重建或移植一种同传统完全割裂的文化和价值观念，它看不到市场经济与传统的价值观念仍有某种相容性、协同性的一面，看不到传统文化资源对于建立新的文化和价值观念的可利用性的一面。

必须明确的是，反对文化保守主义和虚无主义，建立新的文化与价值观念，决不是现成地从传统文化中摘取一点，又同样现成地从西方文化的所谓"现代观念"中摘取一点，再将它们简单地拼合起来。社会文化及其包含的价值观念，作为一种时代精神，是一种具有有机整体性的东西；它也不只是一种使人们消极地适应现实的力量，而是一种引导人们进行积极的创造活动的具有自身生命力的能动的东西。很显然，一种新的文化不可能采取外在的拼合去构成，而只能在现实的社会实践中通过人们的创造性活动去铸成，只有通过人们的创造性活动才能赋予其勃勃生机。因此，重要的不仅在于必须汲取和借鉴传统民族文化和现代外国文化，而且更在于现代中国人自己的创造。汲取和借鉴也是为了创造，是把传统文化和外国文化都当作可资利用的资源而进行文化的再造。如同富有生命力的社会主义市场经济是现代中国人的独创一样，富有生命力的中国新文化也只能出自现代中国人的独创。几十年来争论不休的"中体西用论"与"西化论"的失误，正是在于它们只想现成地搬用一种文化，而没有想过把既有文化只是作为一种资源去创造出新的中国现代文化。适应于和服务于社会主义市场经济的精神文明建设，应当汲取这个教训。为此，有必要在上述意义上坚持和强调"古为今用""洋为中用"两个口号，使一切既有文化都为建设中国现代文化所用，为社会主义现代化所用。

政治哲学的当代复兴及其意义[*]

一、政治哲学的衰落与复兴

肇始自苏格拉底的政治哲学是哲学的一个特殊分支。政治哲学不仅追求知识而且追求德性，不仅追求德性而且追问德性与知识之间的关系，因此，它是一种关于人类应当怎样生活的智慧。它的目标是对政治事物进行善恶之别、好坏之分的价值判断，对政治事物的内在本性进行形而上的反思。可是，19世纪以后，随着自然科学成就的日益突出，其方法论原则也日益渗透到各个知识领域并逐步占据统治的地位。这就使以探讨政治事物的价值和意义、追问政治事物的内在本性为目标的政治哲学陷入了知识合法性的危机。科学主义的知识论原则不承认政治哲学的合法性。根据这种知识论原则，只有关于经验事实的知识才是真知识，因此，对政治问题的科学研究只能诉诸事实而不能进行价值判断，

---

[*] 本文原载《哲学研究》2005年第6期。

更不能诉诸形而上的思辨。也就是说，科学研究的目的是探求真理，而探求真理就必须遵循价值中立的原则，必须以可证实的经验事实为依据，而不能以价值判断或理性思辨为依据；政治哲学的价值判断和思考阐述的则是一些规范性命题，既无所谓真也无所谓假，它们不仅不是认识真理的有效方式，而且会妨碍人们对政治问题的真理性把握，因而现代政治科学的一个重要任务就是要革除这些附加在人类知识中的"赘物"。自19世纪中叶至20世纪六七十年代，政治科学的研究经历了从政治思想史家们称之为"传统主义时期"到"行为主义时期"的发展，虽然这期间政治哲学的规范性问题始终未被完全排除掉，但实际上政治哲学的衰落与危机已是一个不争的事实。

政治哲学的危机只是从一个侧面反映了在强大的科学话语面前整个人文话语的衰落。正如19世纪末的英国学者梅尔茨在总结这一人类知识原则转变时所说的那样，"科学据说是精密的、实证的和客观的，它同那些不精密的、模糊的和主观的其他思想相对立。科学据说用确定的、直接的和一般的术语传达其结果或观念，而有一个很大的文学和思想部门则以不确定的、象征的和间接的表现方式运动。科学声称立足于清晰和精确的知识，因而与其他立足于意见、信念和信仰的思想领域相对立。"[1]梅尔茨指出，19世纪中叶以来，这种科学主义的知识原则首先在法国，然后在英国，最后在德国日益渗透到学术研究和大学教育之中，并成功

---

① 〔英〕梅尔茨：《十九世纪欧洲思想史》第1卷，周昌忠译，商务印书馆1999年版，第61—62页。

地将与之相对的宗教和人文话语驱逐出去，形成了科学主义的一统天下。政治哲学在19世纪以后的衰落与危机实际上从属于知识观的如下演变过程：开始是人文话语与科学联手铲除宗教观念，接着就是科学主义的知识原则对人文话语的放逐。在人文话语被科学话语所替代的同时，政治哲学也就被作为科学的政治学和行政学所替代。

近代以来，以经验理性为基础的实证主义知识原则不断扩张并取得了节节胜利。它不仅建立了现代的科学体系，而且建立了整套的现代知识观和以这一知识观为基础的世界图景。这种结果的一个方面是，原本试图通过哲学而获致知识的完整性和统一性的愿望遭到了重创，甚至被抛弃。各门具体科学在相互隔离的知识领域中进行着日益细化的知识积累，具有各种不同专业知识的科学工作者在日益专门化的分工中进行着几乎各不相干的劳作。在这些劳作中，人们得到的是一个破碎化了的生活世界。这种结果的另一个方面是它所导致的"社会的技术化统治"和"技术统治的意识形态"的形成。在一个被充分技术化和"合理化"的世界中，经验理性正在以新的物化方式塑造着个体和社会的生存个性，塑造出一个高度理性化的生活世界。在这样的世界里，一切超越性的关怀和价值性的诉求，均因其不可与实证知识相通约而被贬斥为"非科学的"或"非理性的"，被排除在"合法知识"之外。世界的技术化统治说明，想要克服意识形态的经验理性自身已经变成了一种独大的意识形态，想要排除非理性的实证性知识自身已经变得恣意狂妄。怎样在经验与理性、真理与价值、实然与应然之间保持一种张力？怎样既使现实世界接受生活意义的指引，又使理想世界接受经验理性的限制，从而避免它们在世界秩序建构中产生单一性的膨胀？对于这些困惑，当代人只能重新求助于哲学，在宗教信仰的权威被摧毁之后，哲学仍然担当着知识之完整性和统一性的责任，守望着人类的应然价值。在当代复兴的政治哲学正是在人们对哲学的这种期望中重新登场的。

纵观当代哲学史我们可以看到，20世纪后半期以来，政治哲学问题的讨论正日益成为哲学研究的一个重要领域，成为当代哲学一个新的栖居地。无论是列奥·施特劳斯对古典政治哲学问题的沉思所引发的争论，还是罗尔斯对正义问题的辨析所导致的政治学研究的革命性转向，或是社群主义与自由主义的对峙所引发的重新审视伦理学的基本问题的兴趣，都超越了以经验理性为基础的"精确的政治科学"的范畴，形成一种以考察政治事物的本性与政治事物的应然目的为内容的研究领域和致思进路。这种正在复兴的政治哲学因其不同于第一哲学和其他领域哲学的问题域，而成为一个特殊的哲学领域，也因其研究问题的方式区别于科学主义的知识原则，而成为一种研究政治问题的独特思路。

当然，政治哲学的思考方式会随着时代的变化而变化，因而，政治哲学的当代复兴并不意味着传统政治哲学的直接复活。例如，政治哲学中的根本问题之一是对"政治是什么"的问题的追问，但是，追问政治是什么的问题有一个方式问题，即思入此问题的路径的问题，而这一方式或路径在不同的时代里是大不一样的。在古代，这一问题是一个可以被直接谈论的本体论问题；而在当代条件下，当传统的形而上学已经遭到持续而有说服力的批判之后，对这一问题不再像古代哲学一样采取一种直接性的态度，将其作为一种直接的本体论证明去对待，而是将其转换为一种限定和澄清思的条件的思考。当代的分析哲学其实就是通过对语言和逻辑的分析而澄清思的条件，澄清人们可以在何种意义上以及在什么语言条件下谈论这一问题。罗尔斯对公正、正义的分析因循了古代政治哲学中的基本问题，因而他的《正义论》的问世被看作是政治哲学在当代复兴的标志，但他却是在接受并利用了当代分析哲学成果的基础上构造其政治哲学体系的。他的正义问题研究虽然冲破了20世纪以来伦理学研究中的形式主义倾向，强调研究实质性道德观念在政治哲学中的中心地位，却不再以预设一个当然的道德结论为起点，而是力图避免古代政治哲学的这一独断论的思入问题的方式。他非常清楚地知道，政治哲学的研究必须时刻站在现代哲学所构筑的语义和逻辑分析的方法论基础之上，通过对语言和逻辑的小心分析和对不同道德观念的反思平衡得出结论。也就是说，在很大程度上，他所要做的工作和古代政治哲学家一样，罗尔斯的这种公正、正义"是什么"或"应当是什么"的研究，是对政治观念的善恶判断和应然态度的哲学反思，可是，他却完全是以现代哲学的方式阐述这些问题的。

在一定意义上，我们可以将重新复兴的政治哲学看作是一种典型样式的当代哲学，因为它的问题域、切入生活世界的独特视角，以及对现实世界的理想性关怀，使它成为反思当代人类生存问题的最佳方式之一。作为对于政治的内在本性和应然价值的哲学反思，政治哲学关注的是政治价值观、理想的政治模式和政治规范的理论基础。这就决定了它的批判锋芒直接指向了经验理性的单一膨胀所导致的人类生存困境；也决定了它不像一般哲学那样远离现实的生活世界，不像有些领域的哲学那样缺乏价值评判的视野，而是直接面对人的当下生存状态。它不仅从一个不同于政治科学的角度揭示了经验理性的困境，而且从一个不同于其他领域的哲学的角度彰显了哲学在解决当代人类生存困境中的独特价值。因此，理解政治哲学的复兴，也将会为我们理解当代哲学的发展脉络和致思路径并在此基础上发展哲学，提供一种极具价值的进路。

二、政治哲学与政治学的知识论分野

政治哲学的复兴意味着以哲学的方式考察政治问题重新获得了合法性，也意味着哲学这种知识类型在当代的重新登场。当代哲学史家保罗·利科说："政治哲学实际关心的是对理论根据或基础的问题进行分析，这一点使其与日益增加其描述性与经验性论述的政治学形成对照。"的确，虽然政治事物始终是人类关注、思考和言说的对象，但是，在不同的学术视域内，人们对政治事物的思考方式和言说方式却存在着很大的差异。正是这些差异，构成了具有共同关注对象的政治哲学与政治学的根本区别；也正是这些差异，为说明政治哲学的复兴提供了知识论的根据。

科学是以讨论和解释经验世界为目标的，因而，作为科学的政治学关注作为经验事实存在的政治事物，关注政治事物的具体表现、政治活动的具体过程。政治学通过对政治事物的经验性研究把握政治活动的过程、公共权力的存在形式及其运作规律等。这种关于经验世界的说明是由我们称之为"经验陈述"的命题构成的，它们只陈述事实而不涉及价值，只谈论"是什么"而不追问"应当是什么"，因此，只要这些经验命题与人们所观察的经验世界相符合，它们的真理性就可以被证实。政治哲学则关注政治事物的内在本性，关注政治事物的价值指向和政治活动的应然规范，因而，它主要通过对涉及公平、平等、正义、自由等基本社会价值的研究，把握政治评价的基本准则；通过对政治事物总体性特征的反思，把握它的内在本性。规范性活动的核心是"应当是什么"的问题，因此，政治哲学对政治事物的价值论研究就是要对人类应当怎样生活，或者说对人类生活的伦理目标进行哲学的追问。这些追问由一些规范命题构成，是关于政治事物的价值判断和形上反思，不可能得到经验证据的证实。

但是，这绝不意味着政治哲学不提供有用的知识。政治哲学不是直接地研究现实的政治事物，而是对政治思考的反思，是对政治理论的基本理念、规范、准则得以成立的条件及其价值的再思考，即关于政治之思的条件和意义的反思。所谓反思政治理论得以成立的条件，就是要澄清政治理论中相关范畴、理念和准则确立的基础和前提。哲学是理念层面的东西，政治哲学则是建立人类政治活动的理念，即为人类的政治活动提供理念的支撑。一个社会为什么要建立和实行这样的而不是别的政治制度，一个国家和政府为什么要制定和实施这样的而不是别的政策和政治措施，一个人或一个群体为什么会采取这样的而不是别的政治行为，凡此种种皆由人们的价值准则决定，即由他们认为是应当的行为准则决定。将这些价值准则用特定的规范固定下来并实施于特定的政治共同体，就是具体的政策、制度和法律。这些价值准则是政策、制度与法律的根，而后者只是前者的藤蔓和枝叶。一个民族的文化因子中所含有的特殊价值观念之所以常常使外来的制度发生适应性的变形，原因即在于价值准则对具体政策和法律发挥着潜在的制约作用。因此，人类当然不仅需要研究政治共同体具体实施的政策和法律，也要追问这些政策和法律所依据的价值准则。即使是对于一些有理论素养的政治学学者来说，这一点也是明确的。美国政治学家莱斯利·里普森在其产生了广泛影响的政治学著作中探讨完政策和法律问题之后说："上面对制度的审视表明，尽管它是政治自由的基础但是却不能保证善的生活。虽然可以通过程序的制定帮助自由，接下来的目标是制定政策。决策的内容和实现的方法都应当包含在国家的哲学中，而要完成的目标比使用的方法更重要。国家在寻求社会的一体化时必须有伦理理想，否则不是善的生活具有对权力的优先性，而是权力窃取了福利的优先性。在这种情况下，就无法回答奥古斯丁提出的问题：如果没有正义，国家与大的抢劫集团有何不同？"[1]也就是说，仅仅以经验的方法研究人们的行为和约束行为的制度是不够的，必须进一步追问支配行为的伦理准则，必须进一步追问制定制度所依持的伦理根据，而后者只有通过政治哲学才能完成。政治哲学的复兴不是偶然的，因为任何一个政治共同体的人们都不仅关心它们采纳什么样的制度，同时也会关心这些制度的伦理根据。

实际上，在人类的知识体系中，存在着三种可能的知识类型：

---

[1] 〔美〕莱斯利·黑普森：《政治学的重大问题：政治学导论》，刘晓等译，华夏出版社2001年版，第331页。

一是以对世界的观察为基础的经验知识，二是以逻辑推理为基础的分析知识，三是以多种不同理论为根据的规范知识。美国政治学家阿兰·艾萨克认为，政治哲学主要是一种规范知识，政治学严格地属于经验知识，而分析知识则是政治学家和政治哲学家共同使用的。他说，当代政治学家只承认前两种知识的有效性，但是，当他们"试图将自己的知识运用于现实的世界，以解决社会和政治问题"时，就无可避免地要运用规范知识。他又说："尽管哲学家偏重于规范，科学家偏重于经验，但他们又往往在相同的基础上相遇。"①的确，正是实践的企图使作为科学的政治学遭遇到政治哲学，遭遇到一种无法克服的知识类型和思维方式的重新出场。

三、哲学之作为政治哲学

海因里希·迈尔说："在史学家首先看到的是苏格拉底的死的地方，哲人恰如其分地看到了政治哲学的生。"②尽管迈尔的这一说法里包含着一种对政治哲学和苏格拉底的双重特殊理解，但他力图从古代哲学的早期转向出发说明政治哲学与第一哲学的关系的意向却是值得肯定的。这一意向凸显了如下追问的重要性：

① 〔美〕阿兰·艾萨克：《政治学的视野与方法》，张继武、段小光译，南京大学出版社1988年版，第17—18页。

② 〔德〕海因里希·迈尔：《为什么是政治哲学——或回答一个问题：哲学何以要转向政治哲学》，载萌萌主编：《启示与理性》，中国社会科学出版社2001年版，第5页。

苏格拉底之所以要从研究宇宙、自然的本性问题转向人的、社会的、政治的问题，是不是意味着他不再关注世界"存在"的奥秘？这是不是仅仅意味着哲学的问题域和研究对象向"人"的一种转向？这些问题将从哲学史的源头上向我们显示，作为哲学的政治哲学是何以可能的。

在苏格拉底看来，政治生存是作为文明人的城邦公民唯一有意义的生存方式，因此，研究关于人的哲学与研究关于政治的哲学是一致的。他甚至认为，只有通过说明人的政治生存才能真正地说明人的生存，因此，研究关于人的哲学，研究与人的生存密切相关的政治哲学，并不意味着放弃对世界终极问题的考察，而是要通过对人这种特殊存在及其社会生存方式的考察，有效地深入到世界存在的奥秘。在他看来，对于人来说，世间最基本的存在就是人本身，而政治的生存方式则是最能体现作为社会动物的人之本性的生存方式，只有通过对这种存在和生存方式的把握，才能有效地思入存在本身。苏格拉底将"是什么"的问题转化或落实到"何以是好的"问题上，这就使哲学在政治哲学中得到了典型的体现，使哲学成为政治哲学。对于古代哲学而言，达到了对存在本身的把握也就是把握了终极的真理，这是哲学的使命。因此，在苏格拉底看来，人作为只能通过对自身的反思而认识真理的存在物来说，只有通过对"何以是好的"问题的追问，才能达到对"是什么"问题的理解。与前苏格拉底的哲学相比，这一致思进路无疑是一个转折，因为追问"何以是好的"就是追寻合理的生活，而合理的生活只有在追求善的政治生活中才能充分显现出来，才能被更真切地反思。人无法离开自己和自己的生活世界抽象地考察外部世界，只能在完善自己和改善生活世界的过程中不断拓展自己的外部世界，理解自己的外部世界。这就是苏格拉底完成的哲学转向。从这一转向中我们可以看到，政治哲学并不是哲学在政治领域中的应用，而是哲学活动的一种特殊方式，是解决哲学根本问题的一种特殊方式。换言之，政治哲学并不是关于政治学知识的概括和总结，而是通过对政治事物的一般本性的反思而深入地理解人的生存和世界本性的学问。在这里，政治事物不仅仅是一个特殊的场域，更是思入人生和世界切要问题的一个特殊视点。在这一视点上，哲学通过透视人的政治生存方式而显现人的一般生存方式，通过显现人的一般生存方式而显现存在本身，显现人的全部生活世界及其对人的意义。

从政治哲学的问题域来看，政治哲学只是一种特殊的哲学形式，但是，政治哲学之所以能够在当代复兴并成为哲学研究中的一种显学，并不是因为它所关注的领域的特殊性，而是因为它以一种特别的方式切入哲学的根本问题，因而它以一种切中了当代人的生存困境的特别方式，为人们理解世界和人生的根本问题提供了一种独具价值的反思路径。现实的生活世界不是一个抽象的整体世界，而是一个多层面、多维度的总体世界，因而当代哲学也必然是多视角的。不同的视角从不同的维度"看"同一个总体的世界，以不同的方式"说"同一个总体世界，形成了当代哲学中不同的哲学视界。近代哲学向现代哲学的转向使得对世界笼统的直接性追问成为不合理的理性僭越，也使得以此为基础的体系哲学的建构成为不合时宜的宏大叙事。因此，从现实的人出发，从人的现实生活世界出发进行哲学之思，就成为不同形式哲学的当然归宿。在当代，哲学不可能再以直接的方式言说总体，因为那种言说方式只适合于素朴的视界所把握到的混沌总体；按照韦伯的说法，在人类的现代知识系统中，这已是不得不被祛除的"巫魅"。哲学曾与科学联手击败了统治世界的宗教，在这一过程中哲学也改造了自身。在经过了科学知识原则的"洗礼"之后，哲学更需要从一个个深度的切口上探入，在不同的维度上深刻地把握总体世界。这些不同的维度并不是总体世界的各个孤立部分或要素，甚至不是它的不同层面，而是总体世界不同的显现方式。例如，对于人这种存在物而言，其生存境况既可以通过生产劳动显现，也可以通过精神文化活动显现，还可以通过政治活动显现，这些不同的显现形式都不仅是人的生存的一个方面，而且是透过这个方面显现出来的总体生存境况。从精神文化的贫困中透射出来的是人的总体生存困境，而不仅仅是精神的被奴役；从异化劳动中透射出来的也是人的总体生存困境，而不仅仅是经济的被奴役。既然这些不同的维度本身就是世界总体的显现，那么，对其不同维度的认识也就不是对总体世界不同要素、部分甚或层面的有限性认识，而是在不同视角上对它的总体性把握。虽然不同的维度的认识是从一个个有限的视点上切入，但却从一开始就超越了这些视点的有限性而指向总体和根本。这种把握世界的方式之所以不可为科学的方法所替代，就在于它的对象是总体的世界，在于它试图通过对总体世界的把握而探寻人类生存的意义。这也就是我们透过政治哲学的当代复兴所把握到的当代哲学的价值与意义。

当代中国马克思主义政治哲学的建构[*]

　　近几十年来政治哲学在世界范围内的复兴，尤其是近年来政治哲学在中国的兴起，是值得我们予以特别关注的、重大的哲学事件。在政治哲学兴起的思想潮流中，马克思主义哲学自然也不能置身事外，而是必须积极地予以应对，积极地回应现实生活与理论研究两个方面所提出的挑战，具体地说来，就是必须构建起一种适应于现实生活的马克思主义政治哲学理论。这是时代赋予马克思主义哲学的重大使命。

　　自20世纪70年代罗尔斯的《正义论》发表以来，政治哲学在西方世界已成为显学。在中国学界，近十多年来，政治哲学也受到越来越多的关注。对政治哲学的兴起这一问题人们可以从不同方面进行解释，例如，从精神生活内部不同方面关系的变化去解释，但从马克思主义的观点来看，最为根本之点还是应从社会存在的变化去理解这一精神现象的变化。

---

*　本文原载《中国社会科学》2006年第6期。

任何哲学研究都是密切地相关于研究者所处的社会生活状况的。哲学并不是一种与人们的实际生活无关的奇思异想，而是对于人们自身生活的反思，是与人们的生活相互映照的，政治哲学更是如此。可以说，作为一种理论体系的政治哲学，并非对于任何社会都是必需的，严格意义上的政治哲学在很多社会与历史时代并不存在。从马克思实践哲学关于理论与实践的关系上看，任何一种关于人类社会的理论，都是根源于现实生活中的问题，是现实生活中的问题引发了人们的理论思考。人类由于其有限性，其现实存在总是不完满的，总是"有问题"的。人们生活中的问题有两类：一类是在好奇心驱使下所遇到的问题，这类问题一般说来是没有止境的；另一类问题则是现实生活中必须解决的问题，这类问题则是具体的、有限的。前一类问题可能只是一种思想中的"疑问"，是一种"question"；后一类问题才是真正事关人们生活能否正常地进行的现实的"问题"，是一种必须解决的"problem"。政治哲学是对于社会生活的反思，因而它的"问题"便只可能是现实政治生活中必须解决的问题。

就政治哲学而言，何种历史条件下政治生活的问题能够成为政治哲学中的问题，这涉及决定着人类社会形态的实践方式的变迁问题。就文明时代而言，可以粗略地将社会形态划分为自然经济或非市场经济社会与市场经济社会两大类，在这两种社会形态中，人们的实践方式是根本不同的。实践方式亦即"做"什么的方式。"做"有两个方面，一是"做事"，涉及人与物之间的关系；二是"做人"，涉及人与人之间的关系。做事的产物为物品，而做人的产物则为社会关系或社会组织。自进入文明时代以来，在最基本的层面上，人类有两种可能的"做"或实践的方式，一是非构造性之做，另一则是构造性之做。非构造性的做事的典型是农业生产，做人的典型则是基于自然血缘关系或拟血缘关系的共同体交往，合起来就是以自然经济为基础的实践方式。在这种做事方式中，如在农耕和畜牧生产中，人的活动一般并不改变对象本身，而是顺应对象的存在规律，从外部予以照料、改善。在这类生产中，人的活动虽然也有贡献于最终的产品，但不是决定性的，而是辅助性的；且往往虽然"生产"出了某种产品，但却对其中的机理一无所知，正所谓只知其然，而不知其所以然。在这种做人方式中，人的受动性就更为显著了。一个人所生活于其中的全部社会关系，对于个人而言，通常都是既不可选择，又不可能改变的。一切似乎都具有一种现成性、永恒性，甚至神圣性，从而也就具有一种不可移易性。无论在中国还是在西方，一切既成的社会关系、社会组织，如宗族、村社、教会，都被视为天意或上帝的作品，只能当作"纲""常"和神意去崇拜，若欲更改，便为大逆不道。在这种情况下，人所生活于其中的世界对人而言便只能显现为一种现成的存在，即一种超乎人力的、不可改变的"实体"。构造性的做事之典型是工业生产，做人之典型则是基于自觉的利益关系的联合体交往，合起来也就是以工商或市场经济为基础的实践方式。在这种做事方式中，人的活动不仅触及了对象自身，而且一般地按照人的目的重新构造了对象。在工业生产中，人的活动不再是辅助性的，而是根本性的、主导性的。在农业和畜牧业中，即便没有人的参与，植物和动物照样能够生长、生产，尽管效果会有所不同；而在工业中，若没有人的设计、控制和参与，便不可能有生产。自然界在没有人参与的情况下，已经创造出了种种植物与动物，而人不过对其进行了改进而已；但自然却没有创造出飞机、汽车、火车、宇宙飞船和电脑。相应于工业生产的能动性、人为性，人们的社会关系也成为人为的或人造的。市场经济破坏了传统社会中视为神圣的一切社会关系和社会组织，而代之以出于利益关系和基于契约关系的市民社会。而建基于市民社会基础之上的民主政治，亦不过是市场经济在政治领域的翻版而已。与自然经济社会中基本社会组织基于血缘、地缘等自然性的资源不同，市场社会中的基本社会组织如公司、工会、政府等，都具有明显的人造性和可改变性。在这种情况下，人所生活于其中的世界对人而言便不可避免地显现为一种人为的、构成性之存在，即作为活动主体之产物的存在。

照此观点，政治国家作为一个存在物，在非市场经济条件下对于个人而言基本上是一个现成的东西，而不是一个人为的事物，因而关于政治国家如何构成、如何运行等，也就不成其为一个问题。在这种历史条件下，绝大多数社会成员对于政治事物而言，只是一种消极性的存在，而只有极少数占统治地位的社会成员能够对政治事物产生相当有限的积极的影响。但既然这些人只是极少数的，而绝大多数社会成员的行为不能对政治生活产生积极的影响，那么政治问题也就只是极少数人的问题，而对绝大多数人并不是问题。于是，在非市场经济社会中，便至多只会限于统治阶级内部极少数人的秘传的"君人南面"术之类的东西，而不可能有作为公共知识的政治哲学。而在市场经济条件下，由于个人权利的发展和政治生活明显的人为构成性，政治国家对于个人而言不再是一个现成的东西，而是可以影响其存在状态的东西，因而关于政治国家如何构成、如何运行等，也就成为问题。成了问题就需要人们去研究，包括政治哲学在内的政治理论也就自然地应运而兴了。从历史上看，政治哲学最先发端于古希腊。柏拉图的《理想国》、亚里士多德的《政治学》可以说开了政治哲学之先河。而造成政治哲学在古代一枝独秀这一现象的，不是别的，正是希腊（特别是雅典）社会的工商业性质，以及由此而决定的古典民主制度。既然希腊城邦是由希腊公民构造而成的，特别是殖民地城邦更是通过极为明显的人为立法构造而成的，那么，城邦国家如何构成，以及各种构成方式的优劣等也就成了需要人们去研究的理论问题。但脆弱的古代工商业很快就消失了，政治哲学也随之衰落了。直到近代，政治哲学才又一次在更大的规模上发展了起来。

尽管政治哲学为市场经济社会之对应物，但市场经济也有不同的存在形态，因而与之相对应的政治哲学也就必定有所不同。这其中的原因自然在于不同存在形态的市场经济社会有着不同的问题，从而要求有不同的理论去解决。从历史上来看，政治哲学在近代西方发生之初，主要是各种各样的国家或政府的构成理论，其中最有影响的便是从霍布斯、洛克到卢梭的社会契约论。其所以这样，便是因为处在新的社会形态降临前夕的人们的问题正是政治国家是如何构成的，如何才能建立一个合理的政府，等等。随着西方社会转型的完成，政治国家如何构成，其合理性何在等事关政治生活之根本的问题似乎已不成其为问题，而是转变为政治的正常运行之类常规性问题，这时候的政治理论自然也就转向了对于常态政治的运行机制的经验性分析。但这种经验性分析已不再是政治哲学，而成了一种经验性研究的政治科学。

从政治哲学转变为政治科学，这意味着政治哲学的衰落。政治哲学现在如果还有所保留的话，那也只能是对政治理论概念做语言分析的哲学技术了。但是，社会生活总是会发生变化的。20世纪30年代经济危机和第二次世界大战以后发展起来的福利国家，便是对19世纪自由资本主义国家政治生态的重大改变。而正是福利国家的发展所带来的政治生活的整体性变化，已不再为经验性的政治科学研究所能解释，才激发了政治哲学在20世纪70年代的复兴。而其后经济全球化对于福利国家体制的冲击，则更进一步对政治哲学研究提出了许多重大的理论问题。忽略了社会经济政治生活的这些变化，只看到精神生活自身的某些变化，对于政治哲学的兴起、衰落与复兴的解释便不可能抓住问题的实质。

当代中国政治哲学的兴起虽然与西方世界政治哲学的复兴有着千丝万缕的关联，但又有相当不同的背景，因而不可混为一谈。在中国，如前述，政治哲学的兴起首先是为市场经济的发展所决定的。正是市场经济的发展改变了国人的实践方式或"做事""做人"的方式，同时也改变了中国社会生活的经济、政治、文化各个方面，给哲学理论提出了必须予以解答的问题，才使得政治哲学应运而兴。其次，中国的市场经济同时又是在西方福利国家已充分发展和经济全球化加速的背景下发展的，因而它所面临的问题便不仅仅是市场经济在近代刚刚兴起时所面临的问题，而是要复杂得多。而这也就给中国的政治哲学提出了更为复杂和困难的理论任务。这是人们在从事政治哲学研究的时候必须充分注意到的。

上面我们所做的分析表明，政治哲学在西方世界和中国的发展，就其与社会生活变化的关联性而言，具有一种必然性，亦为社会生活所必需。在这样一种历史背景下，不言而喻，发展一种适应于现实生活的马克思主义政治哲学的任务也便提上了议事日程。马克思主义产生于资本主义市场经济已确立之时，按前面的分析，它不可避免地会有一种政治哲学。这对于西方学界的大多数学者来说，也根本就不成其为一个问题。对他们来说，马克思主义当然有一种政治哲学，甚至马克思主义主要的就是一种政治哲学。但是，由于种种理论上和实际上的原因，在很长时间中，马克思主义政治哲学却淡出了哲学的视野。因而，在中国发展马克思主义政治哲学，在某种意义上也是政治哲学的一种复兴。

但说马克思主义有一种政治哲学，并不意味着既有的马克思主义政治哲学有着与人们通常得自自由主义政治哲学概念相同或相似的那种理论内容。任何一种政治哲学所追求的，都是在其理论内达成价值性与事实性的某种统一，或所谓可欲之事与可行之事的统一。在这一问题上，马克思主义哲学作为一种唯物主义历史观，更是十分突出地强调了历史事实性对于价值性的限制，强调了任何价值、任何规范的历史合理性，而非超历史的、永恒的抽象合理性。这也就是将价值性与事实性的统一理解为一个在历史中变化的过程。在不同历史时代，事实性对于价值性的限制范围和方式会有所不同，从而所可能达成的统一也便有所不同。也就是说，在不同的历史时代，由于变化了的事实性的作用，会提出不同的价值目标。那种超历史的永恒的价值之类的观念，在马克思看来只不过是一种宗教的或唯心主义的哲学幻想而已。至于如何把握住一个历史时代所规定的价值目标，不同的政治哲学基于其理论立场的不同，可能会有不同的理论进路。因此，在同一历史时代，不同的政治哲学对于价值性与事实性的统一方式，便会有着相当不同的理解。但就一个历史时代而言，既然其事实性是客观的，那么，一种政治哲学是否真正地体现了时代的精神，就在于它是否真正深刻地把握住这种为历史的事实性所规定的具有客观可能性意义的价值目标。

在19世纪资本主义在工业革命之后完全地确立自身存在之时，马克思主义哲学认识到资本主义这一历史事实性在促进生产力高度发展的基础上，开放了一种人类解放的可能性，而这一可能性在以往历史上是不存在的。马克思主义政治哲学正是对于这一客观的可能性的把握。它首先是批判性的，是对于资本主义剥削制度的无情批判，同时它也是建设性的，是对于新的能够提供人的自由发展的社会制度的建设性构想。显然，马克思主义的这种政治哲学是与自由主义、保守主义等流派的政治哲学完全不同的。这些派别的政治哲学理论所指向的虽然也是一种价值性与事实性的统一，但那事实性在马克思看来并非真正的事实性，而只是一种局限于资产阶级狭隘眼界的现成的事实性。马克思所理解的事实性则是一种代表历史发展趋势的事实性，是一种有着现实依据的理想的事实性。如果说其他各种政治哲学所达成的理论统一，是一种屈从于现成事实性的现实的价值性与事实性的统一，那么，马克思主义所达成的理论统一，则是基于理想的事实性的价值性与事实性的统一。这样一种政治哲学可称之为理想性的马克思主义政治哲学。

但在20世纪末期，马克思主义政治哲学所实现的理想的价值性与事实性的理论统一，却受到了严重的挑战。一方面，马克思所设想的作为人的自由发展之基础的生产力的无限发展，受到了资源有限性这一事实性的挑战；另一方面，作为自由时间增长之前提的必要劳动时间的缩短，受到了消费社会来临这一事实性的挑战。我们适应历史事实性的变化提出的建设"和谐社会"的构想，与马克思所设想的能够实现价值性与事实性的理想的统一的共产主义社会相比，也显然是一种价值性与事实性的现实的统一，是一种现实的选择。马克思主义是坚持历史主义的，是将价值性与事实性的统一受历史发展制约视为其基本原则的。因此，面对事实性的这些变化，既不能轻率地宣称理想性的马克思主义政治哲学已经过时，也不能不顾历史事实的变化，将马克思主义教条化。正确的做法显然应该是适应历史事实的变化，根据马克思主义政治哲学的基本原则，发展一种基于现实的价值性与事实性之统一的现实性的马克思主义政治哲学。无疑，这样一种政治哲学目前尚不存在，要将其构建成功亦绝非轻而易举之事，但我们以为，在深入把握历史事实性变化的基础上，将其建立起来，也绝非不可能之事。而这一任务，当可视为时代赋予中国马克思主义哲学研究者的一项不可推卸的历史使命。

发展一种现实性的马克思主义政治哲学，并不意味着理想性的马克思主义政治哲学已经过时，失去了其存在的价值。即便不考虑理想性的马克思主义政治哲学的建设性意义，仅就其对于现实资本主义社会或一般而言的市场经济社会之弊端的批判来说，它也有着一种无可替代的作用。因而在现今时代，承续这一批判传统，发展理想性的马克思主义政治哲学的批判之维，就仍是一项意义重大的理论任务。

政治哲学的时代使命[*]

从人类开始自觉地反思自己的政治生活，并将这种反思诉诸一种系统的哲学表达起，政治哲学就作为哲学的一个分支存在了。在西方，这一历史可以追溯到古希腊的苏格拉底。作为一种特殊形式的哲学，政治哲学是对政治事物的内在本性进行形而上的反思，对政治事物进行善恶好坏之别的价值判断，它为人类的政治活动提供理念支撑，即为合理的社会秩序的建构提供理念基础。因此，可以说政治哲学是一种关于人类应当怎样生活的智慧。可是，在19世纪中叶至20世纪中叶这一时期内，当以追求知识的严格性和可实证性为目标的科学逐步确立了在知识体系中的统治地位之后，用"事实的描述"取代价值判断，用"科学的理解"取代形而上的追问，便越来越成为各个学科的基本准则。在这种情况下，以探讨政治事物的价值和意义，追问政治事物的内在本性和应然形态为目标的政治哲学，也就陷入了知识合法性

---

* 本文原载《求是学刊》2006年第3期。

的危机。只是到了20世纪后半期，政治哲学才又在世界范围内悄然复兴，曾经被认为"已经死亡了"的政治哲学再度兴起，并很快成为哲学研究中的显学。

政治哲学的当代复兴表明，仅仅从经验层面考察政治事物，是不能满足理论和实践的需要的，在对于政治生活的思考中，政治哲学有其不可取代的作用。政治哲学并不是积累起来的关于政治事物的经验性认识，也不只是关于政治事物的认识中较为深刻且具有普遍性的认识。它与作为经验科学的政治学之间的区别，从根本上说是思维方式或把握世界的方式的区别。从致思趋向上看，政治学关注的是作为经验事实存在的政治事物，是政治事物的具体表现、政治活动的具体过程，是通过对政治事物的经验性研究而把握政治活动的过程、公共权力的存在形式及运作规则等。政治哲学则是关注政治事物的内在本性、价值指向和政治活动的应然规范。它主要是通过对政治事物总体性特征的反思而把握它的内在本性，通过对涉及公平、平等、正义、自由等基本社会价值的研究而把握政治评价的基本准则。政治哲学是一种有别于经验性研究的规范性研究，其核心是"应当是什么"的问题，是要对人类应当怎样生活即人类生活的伦理目标进行哲学的追问。这种追问是哲学的，因而是终极的，它所要追问的不是政治活动的具体目标，而是由政治事物的内在本性决定的终极价值。从思考方式上看，政治哲学作为哲学不像政治学那样去直接地研究现实的政治事物，而是对政治思考的反思，是对政治理论的基本理念、规范、准则得以成立的条件及其价值的再思考，即关于政治之思的条件和意义的反思。所谓反思政治理论得以成立的条件，就是要澄清政治理论中相关范畴、理念和准则确立的基础和前提。例如，以英美语言哲学为基础的政治哲学的任务，就是要对政治学的语言进行分析，从而使政治学的研究能够在一种合理的基础上进行。它并不是研究政治行为本身，而是要为研究这种行为本身的政治学提供一个基础。所谓反思政治理论的意义，就是要以预设的人类生活的应当目标为基准，判别不同政治理念及在其基础上建立起的政治制度等的好坏、善恶、正义与非正义，判别它们对文明的人类生活所具有的价值。这都显然有别于实证研究的政治学。

政治哲学在当代复兴的最根本、最深刻的原因是社会生活的变迁。20世纪中叶以来，人类社会生活发生了一系列重大的改变，这种改变以政治的方式体现出来，并深刻地影响着人类的社会生存方式。在西方发达国家，第二次世界大战后试图以"福利国家战略"对自由资本主义进行调整的努力深刻地改变了近代以来一直统治着西方社会的社会秩序和价值观念。但是，这种改变的后果并不理想，它在降低传统冲突的可能、在为社会大众提供了一种更为安全的生存网络的同时，也产生了一系列难以克服的社会问题。这种社会生活的总体性改变产生了一系列新形式的政治冲突和抗争，而且这些冲突和抗争又难以被归入任何一种政治冲突的传统形式，因而难以在传统的政治理念下得到合理的解释。同时，在世界的另一端，苏联和东欧社会的剧烈变化，苏联模式的传统社会主义的失败造成了社会生活的新分化、新格局，市场化取向的社会主义改革也引发了一系列全新的政治问题。在这样一个社会生活急剧变动和各种问题相互交错的历史时期，人们迫切地需要有为社会整合和社会发展提供新的政治理念的政治哲学，去发挥它对社会的导向和规范作用。

更为重要的是，20世纪下半叶以后，全球化进程大大加速，与以往的时代相比，全球化已经成为当今时代最具历史意义的时代特征。这样一个迈向全球化的时代，并不是"福山们"所期望的历史终结，恰恰相反，它是一个充满矛盾、风险和冲突的时代。它向我们展示了一个传统的理论模式完全无法把握的矛盾体系、风险模式和冲突类型。在这个时代里，传统的价值观念不再受到尊崇，既往的秩序不再稳定，旧有的社会结构将会在新的基础上重构。所有这些问题表明，在现代条件下，人们对传统的政治价值和实践行为的认同在发生转变，即人们的政治认同和社会归属在发生转移。生活在现代社会中的人们不能不思考这样的问题：如何在被现代化和全球化毁弃了的废墟上重建自己的家园？这个家园的构建应当遵循怎样的正义原则？我们将怎样获得这种正义原则？对于这些问题的回答正是当代政治哲学无可推卸的历史使命。

政治哲学在世界范围内的复兴无疑会波及变革中的中国社会。中国社会主义市场经济的发展，使整个社会生活包括政治生活经历着空前的历史性的大变动。中国已经无可选择地汇入了全球化和市场化的世界历史进程。可是悠久而独特的文化传统、庞大的人口压力、落后的生产力、未能完全消除的旧有计划体制的影响等，为中国的市场化与全球化的进程设置了难以想象的复杂局面。上面论及的问题为包括中国在内的世界各个国家所共有，而它在中国的表现则更为复杂。驾驭这种复杂的局面需要高超的政治智慧和清醒明晰的政治理念。推进市场化和全球化的进程是一项巨大的社会工程和政治工程。完成这一社会变革的伟大工程需要观念上的自觉，而这种观念上的自觉则依赖于哲学的智慧。因此，作为中国社会转型发展过程的灵魂和指导思想的马克思主义哲学也必须与时俱进，必须进行一个同这一伟大社会工程的需要相适应的哲学理论变革，其中就包括马克思主义政治哲学的重建。怎样从时代生活的要求出发开展政治哲学的研究，把握当代政治生活的根本性问题，从而提炼出符合时代需要的政治理念，已经成为我们面临的迫切的时代课题。

马克思主义政治哲学的重建，显然不是要从某种僵化的概念出发去重新编织一个政治哲学的理论体系，而是要研究现实的政治生活，从中提炼出能够揭示当代政治生活的本质、能够引导和规范当代政治生活的基本政治理念，并逐渐将这种理念系统化。因此，重建马克思主义政治哲学的决定性的一步是实现政治哲学主题的转换。哲学的主题本来就是历史地变化的，各个时代有各个时代的问题，政治哲学也当然如此。就马克思主义政治哲学来说，无产阶级夺取政权以前，主题是革命，是破坏旧国家、建立新国家，而在夺取政权之后，则是管理好、建设好新国家。对于已经汇入市场化、全球化的世界历史进程的当代中国社会来说，政治哲学的主题就应是全球化背景下和社会主义市场经济条件下社会秩序的政治建构。马克思主义政治哲学的重建需要综合和利用各种哲学文化资源。首先是深入发掘马克思主义哲学的文本资源，但对马克思主义文本的解读必须由这一主题来引导。当然也要充分汲取现代西方政治哲学研究的积极成果，但这种汲取应当以这一主题为基准。当代中国社会秩序的政治建构问题显然同西方社会遇到的问题有许多共同之处，是现代市场经济社会政治建设的共同问题，但中国的政治建设有其独特的历史前提和现实基础。因此，对现代西方政治哲学汲取哪些、摒弃哪些以及如何汲取等等，都要着眼于中国的问题，都应从有助于建构当代中国政治哲学这一目标出发。只有紧紧地抓住时代的问题，马克思主义政治哲学的复兴，才能担当起时代的使命。

后形而上学转向与政治思维方式的变更*

20世纪下半叶，从罗尔斯的扛鼎之著《正义论》问世开始，西方学界为回应罗尔斯的理论主张展开了各种争论，涌现了一批有分量的政治哲学著作，形成了各种政治哲学流派，政治哲学从此走出了19世纪中叶以来的衰落局面，呈现出全面复兴的态势。政治哲学在当代全面复兴的原因，除了时代状况的变化外，也与哲学思维方式的变换密切相关。新的哲学思维方式为政治思维创造了新的思想语境，促进了新的政治理念的产生。这应当是政治哲学在当代复兴的内在原因。

一

当代哲学思维方式的变更主要表现为传统形而上学向后形而上学的转变。自亚里士多德把形而上学定义为一门研究"是者"

---

* 本文原载《天津社会科学》2006年第1期。

及其本性的科学后，它便初具了自身的形态。传统形而上学追求万事万物的本源，即追求终极性的存在；强调存在与意识的同一，寻求知识的确定性和绝对性；崇尚理性，相信理性的力量能够给人类带来一切福祉；追求社会生活的至善，追求人生的根基和终极价值。从亚里士多德到中世纪的经院哲学家，再到近代的笛卡尔和黑格尔，众多哲人都在力图构建形而上学的体系，使传统形而上学体系日臻完善。诚然，在哲学史上，也有一些与此不甚和谐的情形。培根提出归纳试验方法，并用这种本只应用于经验事实的科学方法去解决形而上的问题，抽去了形而上学中的价值性尺度和超验性追求的取向。培根之后的霍布斯、洛克、贝克莱、休谟也在一定程度上沿袭了培根的唯科学方法，把经验当作知识的唯一来源。这种经验主义传统发展到孔德、穆勒、斯宾塞等便形成了一股实证主义思潮。实证主义企图用实证的方法代替思辨和抽象，用实证的科学知识取代形而上学。而另一些哲学家则走向了另一个极端，他们把天赋观念视作知识的基础，也同样把传统形而上学置于一种尴尬的境地。此外，近代以来，西方社会面貌发生了持续的、剧烈的变化，社会生活日趋复杂，新的社会矛盾、社会问题层出不穷，传统形而上学不论就其思维方式还是基本理念来说，都在新的社会问题面前显得苍白无力。传统形而上学无可挽回地走向了衰落。

自从传统形而上学出现困境，便有些哲学家思索其症结之所在，试图找到摆脱困境的出路。康德首先走出了这一步，后来哈贝马斯等继续探究，逐渐完成了后形而上学的转向。一些后现代主义者如詹姆斯、皮尔士等从后现代的视角，从建设性的维度表明了对传统形而上学的态度，把自己的思想融入后形而上学思潮之中。另外一些后现代主义者如福柯、德里达、利奥塔等则从对现代性的一种批判和否定态度，从终结形而上学的态度表明他们对传统形而上学的理论立场。当然，上面所提到的哲学家中有的并不是生活在传统形而上学走向后形而上学的明显转折时期，也有的哲学家的思想并不是可以全部地归入后形而上学转向的范畴。之所以提及他们，主要在于他们的思想含有后形而上学的理论意蕴和思想维度，有一些与后形而上学思潮相契合的地方，为传统形而上学向后形而上学的转向起到了一定的推进作用。

后形而上学的转向表现为思维方式和理论旨趣的全面转换。从本文所要讨论的问题的角度来说，后形而上学区别于传统形而上学之处，主要包括以下一些重要方面：（1）强调实践优先于理论；（2）要求理性的重建；（3）肯定和强调异质存在的合法性；（4）提出和强调主体间性的概念以克服传统哲学的主客二分的缺陷；（5）重视公共性的探求。可以看出，所谓后形而上学不是反形而上学，即不是对形而上学的否定、拒斥和颠覆，而是对传统形而上学的一种反思、批判和重构。后形而上学的转向只是弥补传统形而上学的缺失，走出传统形而上学的困境，是在形而上学自身中完成的对传统形而上学的超越，可以说是走向一种形而上学的新形态。

二

后形而上学转向在哲学思维方式和理论旨趣上的转换，经过积淀而造成了一种后形而上学的语境。这种思想语境必定会影响到各门学科领域和社会生活领域。政治生活的领域当然也不例外，它甚至比其他领域的反应更加敏感。我们可以从上述后形而上学在思维方式和理论旨趣上变换的几个主要方面，分别地说明它对于人们的政治生活及政治思维方式的影响。

所谓后形而上学转向首先是一种哲学的实践转向。针对传统形而上学理论至上、热衷于构造理论体系的思维方式，不少哲学家纷纷提出哲学回归生活世界，提出实践活动优先于理论活动的思想。其实，这种实践优先的思想在历史上也有一个萌发、形成的过程。最早可以追溯到亚里士多德。亚里士多德把知识分为理论的、实践的和制作的三类，理论最优，实践次之，制作即技术居末。他虽然把理论看得优于实践和技术，但是，他把实践从技术和理论活动中区分出来，并把它规定为一种追求善的活动，这就给了后人重要的启示。后来，康德把实践理性置于高于理论理性的位置，就使实践优先的思想得以初步确立，对此后哲学家的思维方式产生了久远的影响。马克思创立的哲学就是一种实践哲学。"哲学家们只是用不同的方式解释世界，问题在于改变世界。"[①]这不仅道出了马克思的哲学变革的实质，在一定意义上，也可以说它道出了后形而上学转向的最根本之点。马克思的"改变世界"的哲学把所谓后形而上学转向引向了正确的方向，并将其置于坚实的唯物主义的基础上。当代哲学家哈贝马斯提出植根于生活世界的交往理性，也使实践优先于理论的原则得到进一步

---

① 《马克思恩格斯选集》第1卷，人民出版社2012年版，第136页。

充实。实践优先原则的确立，是哲学范式的转换。从此，实践活动受到越来越多的哲学家的关注，社会生活世界成为哲学家们理论探索的第一视域。当代政治哲学在后形而上学的实践优先思想的影响下，其思考的关注点也发生了重大的转变，即不再满足于抽象的理论思辨，而致力于考察人的社会生活实践。传统政治哲学关注的城邦、国家等宏大叙事退居次位，权利、自由、社会公平、民主等有关人的日常生活的话题则不断凸显。哈贝马斯认为，社会一体化资源已由原先的上帝、宗教、神转而被货币、权利和团结所替代。作为当代政治生活基本内容的民主，也越来越被视为一种生活方式的形式了。

在传统形而上学中，与其理论优先原则相应的是理性至上的原则。传统形而上学认为理性的力量是万能的，只要依靠理性就可以获得绝对的知识，可以主宰世界。当然，它强调的是以个体主体为中心的理性。到了20世纪，这种关于理性的神话已经破灭，绝对理性主义的弊端暴露无遗。哲学家们纷纷反省人类理性的能力以及理性主义膨胀的社会后果，对绝对理性主义的批判便构成了所谓后形而上学转向的基本内容。这种要求重建理性的哲学思潮对于政治思维方式的影响，最突出的是道德实践理性的凸显。凸显道德实践理性就是要改变那种工具理性和技术理性把外界事物或他人仅理解为实现某种期望的条件或手段的目的性态度，消除理性化过程中将理性片面化和扭曲化的后果，消除理性中的暴力成分。这体现在政治哲学的思维之中，就是要克服以往经验主义政治观的缺陷，克服政治生活中技术理性的过度膨胀。另外，后形而上学的理性重建思想也包含了否认一劳永逸的理性的存在，从而强调过程和程序的重要性。这体现在政治哲学的思维之中，就是要克服以往先验主义政治观的缺陷，不再事先预设一个目的，而是依靠程序和过程来保证某种政治理念和政治主题的贯彻和实现。对于要求理性重建这种政治思维的理论和实践，许多当代政治哲学家进行了不懈而又卓有成效的探索，哈贝马斯的话语民主和罗尔斯的程序正义理论当是突出的代表。

"'一'和'多'一开始就是形而上学的主题。形而上学试图把万物都追溯到'一'。自柏拉图以来，形而上学就明确表现为普遍统一的学说；理论针对的是作为万物的源泉和始基的'一'。"[1]在作为传统形而上学的主题"一"和"多"的关系中，"一"是本源，"一"派生"多"，"多"源于"一"。20世纪初，美国哲学家威廉·詹姆斯开始了反对传统形而上学对"一"和"多"关系的理解。在他看来，传统形而上学把"一"看作本源，"多"由"一"派生而来，这压制了人们对特殊事物和多样事物的好奇心，阻碍了对其他所有事物的认识，使人的理智止步于抽象统一性。他认为，同一性和多样性是相互协调的，二者中没有哪一个更为基本或更为重要，熟悉各种事物的差异和认识它们的联系是同样重要的。这就是肯定和强调异质存在的合法性，它构成了当代多元性思维方式的哲学根据。这种思维方式深刻地影响着当代政治哲学家们，使得他们在处理价值观念、生活方式和文化问题时持多样性共存的宽容态度。对于价值观念，一些政

---

① 〔德〕于尔根·哈贝马斯：《后形而上学思想》，曹卫东等译，译林出版社2001年版，第137页。

治哲学家以多种价值之间不可通约为理由否认存在最高和终极的价值，认为不同价值观念应该同时存在。如伯林认为，"对人类的问题，追求一种唯一的、最后的、普遍的解决，无异于是追逐海市蜃楼。有许许多多理想值得追求，其中有些理想是互不相容的"①。对于生活方式，他们也主张应该是多种多样的，人们可以选择这样的生活，也可以选择那样的生活，不能说一种生活方式优于另一种生活方式。对于文化问题，他们指出，文化传统存在着多种差异性和不一致性，不可能存在一个统一的评判各种文化孰优孰劣的标准，也不存在一种能够统一一切文化的文化，因此，要承认非唯一标准、非统一化以及多样性的共时存在。

近代哲学是一种主体性哲学，它表现了一种主客二分和对立的哲学思维方式。从笛卡尔开始，主体性被不断地弘扬和膨胀。笛卡尔提出"我思故我在"，把自我的存在看作高于一切。费希特把自我看作是独立自存的，而外部事物则只是"自我意识"的创造物。谢林更是把非我中对自我的一丝限制都给削去，把主观与客观、主体与客体之间的关系规定为一种无任何差别的绝对同一，被黑格尔描述为恰似一头"黑夜中的黑牛"。黑格尔对主体性概念作了最完备的规定，正如哈贝马斯所言存在着四种内涵：个体主义、批判的权利、行为自由以及唯心主义哲学自身。黑格尔对主体性原则内涵的理解确比前人更加深刻，但也使原本由主体性的膨胀而导致的主客的分离和对立更加系统化，主客之间的

---

① 〔伊朗〕拉明·贾汉贝格鲁:《伯林谈话录》，杨祯钦译，译林出版社2002年版，第43页。

张力达到最大化。主体间性概念的提出就是要弥补传统形而上学的主客二分和对立的缺陷，这便构成了所谓后形而上学转向的一个重要内容。强调主体间性，是要凸显主体之间的内在的共在和联系。在主体间性的观念框架内，认识主体、行动主体、言语主体等各类主体都处于一种对等的关系之中，不再存在谁更为优先或更为重要之分。这同对于语言的意义的重视也有密切关系。在传统形而上学的思维方式中，语言只是思维的外壳和形式，只是思维对象的指称符号，但在一些当代哲学家如哈贝马斯看来，语言是文化的载体，储存和积淀了以前文化的全部内涵和意义，语言是人和世界发生关系的中介，不但发言者即言语主体以反思的、不直接的方式同世界发生关系，而且认知主体、行动主体也不再直接地与主观世界、客观世界及社会世界发生关系，他们都是通过语言这个中介与各种世界发生关系。哈贝马斯还认为，主体所运用的语言要满足可以理解的要求，各个参与者言说的命题内容涉及的事实或事件必须是真实的，言语行为涉及的规范关系必须是正确的，言语者的意图是真诚的，与言语命题所表达的内容必须是一致的。在这些哲学家看来，只要获得和坚持关于语言意义的这些认识，就可以帮助人们走出传统形而上学和反形而上学之间无休止的争论怪圈，解决在传统形而上学框架中无法解决的个体性问题。这种思维方式和理论旨趣对于当代政治哲学的影响就是促使当代政治观诉诸对话和协商，放弃强制和暴力。对话性政治的追求在于政治共识的形成，在于消除各种歧见和暴力性关系，形成一种协商政治机制。对话性政治还要求参与主体不能考虑自我及他人的社会地位、家庭出身、传统习俗等，都要处于完全平等的状态。

近代哲学弘扬的主体性，主要是个体主体性。在近代，主体性的觉醒，个体性的弘扬，都是具有历史必然性的，也是有其进步意义的。主体性和个体性都是支撑所谓"现代性"的重要思想基础。但是，正像主体性的膨胀一样，个体性的膨胀也走向了历史进步的反面，产生了严重的社会后果。个体性膨胀的结果是，原子式的每个个体都以自我为中心，都自命不凡，无时无处不表现出本能式的排他性，最终是个人主义的恶性膨胀。每个个体都要凸显其个体性，就势必造成个体之间以及个体性和公共性之间的紧张和冲突，这必定会损害社会的公共利益，也会使个体性的真实生成环境遭到破坏。因此，对近代形而上学的主体性思想的反思，同时会引发对个体性思想的反思。这种反思也必然要影响人们的政治思维，甚至可以说它主要地影响着人们的政治思维。这是因为，对于个体性的思考直接进入到了近代以来政治思考的核心。近代政治思考的核心问题即是个人权利与公共善的关系问题，就是个人与社会或个体性与公共性的关系问题。因此，在当代，对公共性的追寻成为政治哲学最重要的理论旨趣。其中，公共理性的建构是公共性政治追寻的基点和合理性根源，在此基点上，公共领域、公共利益、公共权力、公共决策、公共伦理等都进入了当代政治哲学理论追问的视域。

三

从后形而上学转向中政治思维方式的变更可以看出，各时代的政治思维方式是紧密地相关于哲学思维方式的，因而，政治哲学也就不是游离于整个哲学发展状况的一个哲学领域。德国当代政治哲学家奥特弗利德·赫费说过，"从概念上廓清政治的正义性观念，尽可能使它成为可应用的标准，成为正义原则，一直是哲学的最高任务……政治讨论亦主要是从哲学角度进行的，而且成了道德的统治批判的决定性部分，并以这种形式建立了哲学的法和国家伦理学"①。政治哲学只是从人们的政治生活这一特殊领域切入，以达到对于人的生活、人与世界关系的总体把握，政治哲学的追问同样是一种形而上的追问。因此，政治哲学不是同第一哲学不相干的。毋宁说，包含政治哲学在内的各领域哲学，正是在传统形而上学即体系化哲学解体之后第一哲学的当代形式。

改革开放以来，我国的哲学研究也以自己的方式推进了所谓"后形而上学"的转向。这也不能不对包括政治哲学在内的马克思主义哲学的发展产生深刻的影响。我国正在兴起的政治哲学，不仅其主题发生了改变，而且，也初步表现了大不同于以往的政治思维方式。当今的政治哲学研究逐渐走出了纯理论的思辨，而转向于关注人们现实社会政治生活中的重要问题，转向于思考人们现实的生存状况。例如，关于良好社会秩序的政治建构和伦理建构的探讨，关于市民社会，关于非政府机构，关于协商政治，关于公共利益等问题的探讨，超出了以往政治思考的视域，也

---

① 〔德〕奥特弗利德·赫费：《政治的正义性——法和国家的批判哲学之基础》，庞学铨译，上海译文出版社1998年版，第3页。

鲜明地体现了当代政治思维的特点。总之，深入研究后形而上学转向与政治思维变更之间的关系，这不仅对于推进政治哲学的研究，推进哲学思维方式和政治思维方式的同步改革具有重要的意义，而且对于推进我国的政治文明建设也有重要的现实意义。

评哈耶克的自由观*

　　英籍奥地利经济学家哈耶克是新自由主义的奠基人之一。关于"个人自由"的观点，是哈耶克全部政治哲学理论的核心，也是新自由主义经济学派的根本性理论前提。尽管哈耶克的"个人自由论"以及整个新自由主义经济学说已经被拉美、苏东等地区的实践证明是一种给发展带来灾难的理论，但国内学界仍不乏称颂之声。因此，对于哈耶克的自由观进行一番认真的分析显然是十分必要的。

一

　　哈耶克的自由观十分明确地把自由与必然的关系从自由问题的论域中排除出去。他把自由限定在一个十分狭小的范围内，认为自由就是一种"人的状态"，"在此状态中，一些人对另一

＊　本文原载《求是》2008年第17期。

些人所施以的强制，在社会中被减至最小可能之限度"①。一个人是否自由，取决于他能否期望按其现有的意图形成自己的行动途径。来自他人的强制之所以构成了对个人自由的侵犯，是因为这种"强制"使一个人的环境为他人所控制，以至于"除了选择他人强设于他的所谓的较小危害之情境以外，他既不能运用他自己的智识或知识，亦不能遵循他自己的目标及信念"②。这种强制实际上使人彻底沦为实现他人目标的工具。当然，哈耶克并不一般地排斥对人的活动的限制或强制，在他看来，强制不能完全避免，因为防止强制的方法只能依靠强制，但必须把行使强制的权力赋予国家，即由国家对个人私域加以保护，以免遭他人的干预，由此形成所谓"个人主义秩序"或"自由秩序"。

哈耶克强调这种"自由秩序"或"个人主义秩序"只能建立在分立的财产制度（即保护私有财产）上。从"财产分立制度"出发，他明确反对追求事实上的平等，认为"平等地待人"与"使他们平等"是两回事。前者是指任何个人都不能受到他人的强制，都有按照自己的知识和信念行事的权利，因而这是一个自由社会的前提条件；后者则是用强制限制的方式，使人们彼此相同，这意味着一种新的奴役形式。因此，个人主义的主要原则是，任何个人或集团都无权决定另外一个人的情形应该怎样，这

---

① 〔英〕F.A.哈耶克：《自由秩序原理》上，邓正来译，三联书店1997年版，第3页。

② 〔英〕F.A.哈耶克：《自由秩序原理》上，邓正来译，三联书店1997年版，第16—17页。

是自由的一个非常必要的条件。

二

不容否认，对于市场经济社会而言，哈耶克的这些思想对于维护个人的基本权利，对于维护市场经济的秩序有一定的积极价值。但问题在于，我们能不能把哈耶克的自由观看成对人的自由的一种终极理解？或者说，以哈耶克为代表的自由主义所主张的这种自由是否真的能够免除人对人的强制和奴役？

回答只能是否定的。因为哈耶克明确反对"使人平等"，而只赞成"平等地待人"。所谓"使人平等"就是实现人们事实上的平等。而所谓"平等地待人"不过是要求国家的法律要平等地对待每一个人，要平等地维护每一个人的基本权利，特别是其中的财产权利。在市场经济条件下，维护这后一个意义上的平等必然会使人不平等，就是说必然带来贫富分化，必然带来苦乐不均。就市场经济的运作机制来说，收入差别在其适度的范围内可以提高市场的活力和经济活动的效率。但哈耶克自由观的要害是把反对"使人平等"同实现"社会公平"的要求绝对对立起来，从而反对为实现社会公正所做的任何努力。1971年，美国学者罗尔斯发表了《正义论》一书，使正义问题成了政治哲学的主要议题。人们普遍认同的观念，便是"正义是社会制度的首要价值"。然而哈耶克对此却公开表示反对，明确主张人们放弃对公正的追求，认为"坚持让一切未来的变化符合公正，这无异于要求终止进化过程……因此，罗尔斯的世界绝对不可能变成文明世界：对于由运气造成的差异进行压制，会破坏大多数发现新机会的可能性。"①哈耶克这种拒绝社会公正的态度必然使他无视财富分配上不平等的过度扩张。显然，市场经济本身所导致的这种贫富分化趋势是没有止境的，如果没有社会公正策略予以适当限制，它必然会使越来越多的人丧失财产，沦入贫困者阶层。对于那些贫困者来说，尽管他们在法律上依然被平等地对待，但是一个没有财产的人还需要平等地维护财产权吗？在市场经济社会中，对于个人自由来说，真正能够使人免除他人强制和奴役的不是财产权利，而是财产本身。完全丧失了财产的人，就不能不接受资产者对他的奴役和强制。

当然，这并不是说，在市场经济社会中法律上或基本权利上的平等和人的独立性、自由性都是骗人的鬼话，而是说在这种"平等"和"自由"之下产生的事实上的不平等以及由此导致的人与人之间的奴役关系，是出自市场经济的"自发倾向"。因此，如果没有恰当的社会公正政策和策略来进行调节，过度的贫富分化就必然会在事实上衍生出对人的奴役关系。但哈耶克把财产本身、财富的多少问题从自由问题的论域中排除出去，无非是想告诉人们，法律上的、形式上的平等和自由就是你所能获得的全部平等和自由。

由于哈耶克完全否认社会公正的要求，因而他对资本主义社会贫富分化的事实不但没有一丝忧虑，而且对少数富人占有财

---

① 〔英〕F.A.哈耶克：《致命的自负》，冯克利、胡锦华等译，中国社会科学出版社2000年版，第83页。

富的合法性给出了肆无忌惮的解释。他说："在一个进步的社会中，如果不允许少数人享有财富，那么我们就没有理由相信这些财富还会继续存在。这些财富既非剥夺于其他人，亦非其他人不可享用的东西。它乃是先锋人士所开创的新的生活方式的最初标志。"①从这段话中，我们至少可以看出哈耶克的三重意思。其一，财富的继续存在与财富的创造者无关，而仅仅与财富的少数拥有者相关。也就是说，正是因为财富积聚在少数富人手中，而没有让占人口绝大多数的劳动者（他们是财富的创造者）来共同分享，财富才得以继续存在。其二，富人拥有的财富并非来自剥夺，并不是出自对他人剩余劳动的无偿占有。这些财富在理论上是任何人都能享用的财富（但问题是，当少数富人拥有了这些财富的时候，绝大多数的劳动者也就在事实上丧失了享用这些财富的权利）。其三，少数富人是开创新的生活方式的"先锋人士"。更令人愤慨的是，哈耶克还公然为富有者骄奢淫逸的生活辩护，宣称"从量上来看，富有者在娱乐中的浪费与大众在相似且同样的非'必要的'娱乐中的浪费相比较，的确是微不足道的"，甚至富人的那些"最为荒谬的生活尝试"也能产生"一般意义上的有益的结果"。②相反，穷人的浪费却"偏离了一些从伦理标准上来看极为重要的目的"③。不仅如此，哈耶克还把资本家对工

———————————

① 〔英〕F.A.哈耶克:《自由秩序原理》上，邓正来译，三联书店1997年版，第159页。

② 〔英〕F.A.哈耶克:《自由秩序原理》上，邓正来译，三联书店1997年版，第158页。

③ 〔英〕F.A.哈耶克:《自由秩序原理》上，邓正来译，三联书店1997年版，第158页。

人的剥削美化为保障人的生存的"道德实践"，认为西方国家的资本家为西方社会和发展中国家的无产阶级提供了维持生活的手段，声称"只要我们成功地维持并改进使扩展秩序成为可能的私有财产基础，我们就能养活目前包括共产主义国家在内的世界人口"①。这就把劳动者血汗的榨取者毫无羞耻地说成是劳动者的衣食父母，甚至说成是国际主义的慈善家。由此我们可以看出哈耶克所鼓吹的自由是什么人的自由！

三

从上述分析中我们完全可以看出，哈耶克的自由观与马克思主义自由观有着本质上的区别。

就自由的基本价值而言，自由总是个人的自由。马克思主义同样是以个人自由的完整实现为基本目的的。马克思所设想的未来的理想社会就是一个个人自由得以全面实现的社会，"在那里，每个人的自由发展是一切人的自由发展的条件"②。不仅如此，马克思还历史地肯定了自由主义所推崇的"个人自由"的合理性和价值。在他看来，资本主义生产是一种以资本为基础的生产，只要这种生产还是发展社会生产力所必需的，是生产力发展的适当形式，这种生产"在纯粹资本范围内的个人运动"就表现为"个人的自由"，或个人之间的自由竞争。以资本为基础的资本

---

① 〔英〕F.A.哈耶克：《致命的自负》，冯克利、胡锦华等译，中国社会科学出版社2000年版，第150—151页。

② 《马克思恩格斯选集》第1卷，人民出版社2012年版，第422页。

主义生产本质上就是交换价值的生产，相应地，资本主义社会中的平等与自由，也就是建立在交换价值基础上的平等与自由。"如果说经济形式，交换，确立了主体之间的全面平等，那么内容，即促使人们去进行交换的个人材料和物质材料，则确立了自由。可见，平等和自由不仅在以交换价值为基础的交换中受到尊重，而且交换价值的交换是一切平等和自由的生产的、现实的基础。"①

哈耶克把在交换价值基础上的"个人自由"理解为一个人所能获得的全部自由，理解为个人自由的终极形式。与哈耶克自由观根本不同的是，马克思则进一步深刻地揭示了交换价值基础上的自由的不彻底性和表面性。他说："在现存的资产阶级社会的总体上，商品表现为价格以及商品的流通等等，只是表面的过程，而在这一过程的背后，在深处，进行的完全是不同的另一些过程，在这些过程中个人之间表面上的平等和自由就消失了。"②因为，"交换价值作为整个生产制度的客观基础这一前提，从一开始就已经包含着对个人的强制"③。产生这种强制的客观机制在于：交换价值的实现使"私人利益本身已经是社会所决定的利益，而且只有在社会所创造的条件下并使用社会所提供的手段，才能达到；也就是说，私人利益是与这些条件和手段的再生产相联系的。这是私人利益；但它的内容以及实现的形式和手段则是

---

① 《马克思恩格斯全集》第46卷（上），人民出版社1979年版，第197页。
② 《马克思恩格斯全集》第46卷（上），人民出版社1979年版，第200页。
③ 《马克思恩格斯全集》第46卷（上），人民出版社1979年版，第200页。

由不以任何人为转移的社会条件决定的。"①这样，个人之间的全面的相互依赖性使物化的社会关系成为外在于每一个个人的异己力量。马克思认为，交换价值基础上的个人自由之所以在现实中是一个悖论，就在于这种自由本质上不过是"自由竞争"的表现形式。因此，"断言自由竞争等于生产力发展的终极形式，因而也是人类自由的终极形式，这无非是说中产阶级的统治就是世界历史的终结——对前天的暴发户们来说这当然是一个愉快的想法"②。马克思的这一观点应当是我们认识和评价哈耶克自由观的基本立足点。

哈耶克的"个人自由"理论，不管他个人的意图如何，最终是要维护私有制，维护一个人奴役人、人压迫人的世界，一个没有公正甚至不能讲公正的世界，一个在事实上是少数人占有巨大财富和享有高度自由的社会。因此，哈耶克的自由理论是为维护资本主义的统治服务的。这种理论当然敌视引导无产阶级解放事业的马克思主义。应当说，像哈耶克这样极端地反对社会公正和人的解放的学者，即便在当代新自由主义的理论阵营中也并不多见。不过，这种极端的态度倒是能够从反面提醒我们在发展市场经济的同时注意社会公平和正义问题。中国正在通过改革继续完善社会主义市场经济体制，而完善的社会主义市场经济体制本身就应当包含两个方面的基本要求：其一，必须在维护个人的基本权利的前提下完善市场机制，以最大限度地谋求市场效率；其

---

① 《马克思恩格斯全集》第46卷（上），人民出版社1979年版，第102—103页。
② 《马克思恩格斯全集》第46卷（下），人民出版社1980年版，第161页。

二，必须有效地调节社会利益的分配格局，限制贫富的过度分化，以谋求最大限度的社会公平和正义。社会主义市场经济应当而且必须优于资本主义市场经济，应当而且必须更好地实施更为完善的社会公正政策和策略。而这恰恰是因为社会主义市场经济坚持社会主义的基本经济制度、基本政治制度、基本文化制度，同时也坚持马克思主义自由观的缘故。

当前我国马克思主义
政治哲学研究的几个问题*

近年来，我国马克思主义政治哲学的研究取得了长足的进展，它在马克思主义哲学中的重要性也越来越得到人们的认同。不过应该看到，随着这一领域研究的逐步深入和展开，一些根本性的问题也日渐显露出来，亟待澄清。

一、马克思主义政治哲学的理论定位

在我国，虽然关于"马克思主义政治哲学"的提法早已有之，但真正意义上的马克思主义政治哲学研究却是最近一段时间的事情。这里存在着一个唯物史观与政治哲学的关系问题。

在马克思、恩格斯等经典作家的著述中，关于社会政治生活的论述占有十分重要的位置，有着极为丰富的内容，以往的马克

＊ 本文原载《哲学研究》2010年第17期。

思主义哲学解释体系也并未忽视对这些思想的研究。不过应该看到，这种研究并不是在政治哲学特有的学科视角下进行的。而且，在关于什么是马克思主义政治哲学，以及是否存在着马克思主义政治哲学的问题上，人们的理解也存在着很大的差异。在以往的唯物史观解释框架中，关于社会结构的理论以及关于阶级、国家、社会革命的学说即被理解为"马克思主义政治学说"。一些人笼统地将其称为"马克思主义政治思想"，一些人干脆直接将其称为"马克思主义政治哲学"。这些说法肯定马克思主义有其政治哲学，并对它作出了一种极为宽泛的理解。与此相反，也有人认为，政治哲学是关于现实政治秩序之正义性的理论，而作为现实制度批判者的马克思等经典作家从未进行过这样的理论建构工作，因此在马克思主义理论中，只有对现实政治秩序之正义性的批判理论，而没有政治哲学。

如果将马克思主义的政治学说直接视为政治哲学，那么在历史唯物主义和政治学等学科之外的确就不再需要建立什么政治哲学，因为它们本来就是历史唯物主义和政治学等学科的具体内容。而从另一方面看，马克思等经典作家的确反对为现实政治制度的正义性进行辩护，他们也从来没有建构过类似于罗尔斯正义论那样的政治哲学，在这一意义上也确实可以说没有马克思主义政治哲学。但是，判断一种理论（如马克思主义理论）中是否包含着某一学术领域（如政治哲学）的依据不在于名称，而在于它是否参与了该领域基本问题的讨论。从政治哲学史上可以清楚地看到，自从马克思主义产生之后，几乎所有重大政治哲学问题的讨论都有它的声音。从当代西方看，马克思主义在政治哲学论争中所起的作用更加突出。在当代西方的诸多政治哲学流派中，有些将马克思主义作为直接的或者潜在的敌手，有些将其引为同路人，有些则自称为其继承者。这些学术流派都试图用它们所理解的唯物史观进行政治哲学问题的讨论。对于它们来说，马克思主义不仅是政治哲学的一个重要分支，而且已经成为政治哲学中堪与自由主义相对而立的另一极坐标。马克思主义在政治哲学问题的讨论中所发挥的作用表明，它实际上是有自己的政治哲学的；问题只在于，怎样从全部马克思主义的政治理论中为它的政治哲学找到合理的理论定位。

为了清楚地在理论上为马克思主义政治哲学定位，首先需要在马克思主义政治理论中对作为具体科学的政治学与作为哲学的政治哲学进行区分。政治哲学显然不同于政治学等具体科学。哲学之于具体科学的区别，在于它能够为后者提供一种基础性的立场、观点和方法，而正是这一点使它成为特殊而独立的东西。同样清楚的是，在全部马克思主义理论中，唯物史观便是一种基础性的和具有方法论意义的东西，它为全部的马克思主义政治理论提供了基本立场、观点和方法。离开了这些基本立场、观点和方法，全部的马克思主义政治理论就失去了根基，其理论特殊性也就无法把握。可见，关于马克思主义政治哲学理论定位的问题，密切关联于对唯物史观的理解。这就向我们提出了一些基本问题：什么是马克思主义政治哲学特有的学科视角？这一学科视角怎样不同于政治学等具体科学的学科视角？马克思主义政治哲学与唯物史观究竟是怎样的关系？

在最为一般的意义上，政治哲学是规范性学科，不同于描述性学科。可是，根据传统的马克思主义哲学解释框架，唯物史观是依据于科学事实揭示社会历史发展规律的学问，其理论任务是向我们揭示客观的社会结构和历史规律"是怎样"的，因而它只能是关于客观事实的描述性理论，而不是关于社会生活"应当是怎样"的规范性理论。也就是说，它只诉诸科学的事实，考察社会结构的客观性和历史规律的必然性，而不诉诸应然的道义原则，考察社会政治制度的正当性。关于唯物史观的这样一种基本理解，使得以规范性问题为主要内容的马克思主义政治哲学的合法性成为一个问题。这就意味着我们不仅应当放弃马克思主义政治哲学，而且应当放弃一切以马克思主义的名义进行的道德言说。但是，这种将马克思主义排除在政治哲学和伦理学之外的理解是有问题的，问题的根源即在于对唯物史观的片面理解。

笔者认为，唯物史观并不是关于社会历史事实的描述性理论。换言之，不能从唯物史观中排除考察问题的规范性方式。或者说，不能将唯物史观理解为只是以认知的方式考察问题的认知性理论，而是应当把它看作同时包含着以规范性方式考察问题的历史观和方法论。这两种方式相互补充、有机统一，构成了唯物史观对社会生活及其历史的总体把握。一方面，在认知性进路上，唯物史观通过对作为客观事实的社会历史条件的描述和分析，实然地揭示社会的客观结构和历史的客观规律；另一方面，在规范性进路上，它又通过诉诸应然的价值准则揭示人类社会的道义目标，向我们指明活动的目的。在唯物史观中，这是两个可以相互区分的理论维度，是考察问题的两种不同方式，但却并非相互冲突，而是可以统一的。它们之间的统一为把握事实与价值、实然与应然之间的统一提供了基础。在理解这种统一时，应当注意两个方面：一方面，这里讲它们是两个不同的理论维度，仅仅是指它们向我们提供了两种不同的考察问题的方式，而不是说它们隶属于不同的理论，它们仍同属于唯物史观；另一方面，既然是考察问题的两种不同方式，那么在面对同样的社会生活和社会历史时，它们便可以分别在不同的视角下对其进行考察，形成不同的学科路径，从而支持分疏性的学术研究。马克思主义政治哲学就是在这一意义上有其独立存在的价值：它的规范性进路使它能够揭示在唯物史观的认知性进路上无法很好说明的问题。

政治哲学的核心问题是以规范的合理性为基底的道义原则问题。马克思等经典作家虽然非常强调要以科学的方式认识世界，但他们从来也没有放弃过对资本主义的道义批判和对未来社会的价值构想；虽然他们很少甚至有时还反对讨论道义规范问题，但在他们的理论中仍然存在着一个考察问题的规范性方式和理论维度。所以，将唯物史观仅仅理解为认知性理论，甚至进而认为它是与作为规范性理论的政治哲学不相容的，既无法解释马克思主义的基本理想，又存在着将唯物史观解释为机械决定论和反人道主义理论的危险倾向，这种倾向在传统的马克思主义哲学解释框架中就曾实际出现过。在马克思主义的全部社会历史理论中，规范性的道义尺度和认知性的真理尺度其实是相互结合而不可分割的。为了避免割裂它们之间的关系，为了更为深入地研究马克思主义政治哲学，我们必须深入理解这两个维度及其关系。① 只有在此基础上，才能准确把握马克思主义政治哲学对于唯物史观的特殊价值，把握政治哲学致思方式的特殊性，从而为研究马克思主义政治哲学的核心问题、基本观念和方法提供准确的理论定位。

同时，既然政治哲学作为一种特殊的领域哲学有其独特的论辩方式，它便也就有其独特的概念和范畴系统。因而，如果将它简单理解为传统教科书框架中的唯物史观，就会遮蔽它的独特的致思方式。在学术理论活动中，这样做将不仅会使马克思主义无法与其他政治哲学进行有效的对话，而且会使马克思主义在当今强大的自由主义话语面前处于失语状态。事实上，这并不是无端忧虑。在当代西方，就关于权利、民主和正义等重大政治哲学问题的讨论而言，自由主义几乎独占了话语权。西方的这一学术状况也在一定程度上影响了我国的政治哲学研究，以致似乎只要一谈到权利、民主和正义等问题，就只能求助于自由主义的理论话语。造成这种状况的一个重要原因即在于，长期以来人们根据对唯物史观的传统解释，将权利、民主和正义等问题从唯物史观中排除了出去，使它们成为马克思主义哲学中的真空地带。威尔·金里卡认为，在关于这些问题的理解上，以往人们突出强调的是马克思关于未来共同体构想中的超越性理想。根据这种超越性理想，未来社会是一个没有经济匮乏、没有利益冲突、没有种族和宗教分歧的社会。对于这种社会而言，权利、民主和正义都是多余的，因此以权利的正义性为核心的政治哲学讨论也就是没

---

① 王新生：《唯物史观与政治哲学》，《哲学研究》2007年第8期。

有必要的。①他说："因此，直到不久之前，几乎没有什么马克思主义者有兴趣去发展一种关于正义、权利、宽容或民主的规范理论。可是，今天几乎所有的分析的马克思主义者都承认，匮乏、冲突、多元以及理性的不完善是人类的永久特征；任何有吸引力的规范的政治理论都必须解释政治制度应该如何面对这些事实。而向这个方向迈进的第一步就是去发展一种马克思主义的正义理论。"②

金里卡的这一理解是正确的。建构马克思主义正义理论并在此基础上建构整个马克思主义政治哲学，是当今马克思主义哲学的一项重要任务。而在当今的世界格局中，对于以马克思主义理论为指导的社会主义市场经济和民主政治建设来说，这一任务显得尤为迫切。

二、马克思主义政治哲学的
理想性层面与现实性层面的关系

最近几十年里，我国在马克思主义哲学研究上所取得的进展，很大程度上源自学术性方面的推进。这种推进是非常值得肯定的。但是，推进马克思主义哲学研究的学术性本身并不是最终目的，这一研究的最终目的应该是使马克思主义哲学更好地解释和作用于现实生活。对于当前我国正在兴起的马克思主义政治哲

---

① 〔加〕威尔·金里卡：《当代政治哲学》下卷，刘莘译，三联出版社2004年版，第319页。
② 〔加〕威尔·金利卡：《当代政治哲学》下卷，刘莘译，三联出版社2004年版，第319页。

学来说，强调这一点尤为重要，因为政治哲学的所有问题都直接关联于现实的社会生活。政治哲学问题的这一特点，使得当前我国的马克思主义政治哲学研究深刻地折射出马克思主义哲学研究的学术性与其实践意义之间所具有的张力关系。

这一问题可以从两个不同的方面看：一方面，就整个马克思主义哲学而言，这涉及对其基本理论与其政治哲学关系的理解；另一方面，就马克思主义政治哲学而言，这涉及对其理想性层面与现实性层面关系的理解。

就整个马克思主义哲学而言，笔者以为，马克思主义政治哲学虽然以社会政治问题为对象，因而是一种领域哲学，但它并不是马克思主义哲学基本理论的外在补充，而是它的原本内容。因此，只有从深化马克思主义哲学基本理论的意义上理解我国当前的马克思主义政治哲学研究，才能真正把握这一正在兴起的领域哲学的价值。[①]也只有在此意义上，我们才能通过政治哲学的研究，反观马克思主义哲学研究中的学术性取向与其实践意义之间的关系。

近代以来政治哲学的任务实际上就是整个哲学的时代任务，而在马克思主义出现之前，这一任务主要是在自由主义思想体系中完成的。从思想史上看，自由主义的主要思想成果是建立在启蒙运动对宗教神学批判的基础上的；而对于启蒙运动之后的哲学来说，在政治解放所达到的正义视野内寻求对人和社会的终极解释，安置人的自由和生存的意义，已成为替代宗教而解释世界和人类生存意义的唯一方案。即是说，对于近代以后的哲学而言，

---

① 　陈晏清、王新生：《政治哲学的当代复兴及其意义》，《哲学研究》2005 年第 6 期。

在宗教的神圣形象被揭穿之后，原本存在于神圣世界与世俗世界之间的紧张和冲突就被政治国家与市民社会之间的紧张和冲突所取代，因而神圣与世俗之间的伦理冲突便被政治制度的正义性与市民伦理之间的冲突所取代。这就像黑格尔所揭示的那样，近代以后市民社会与政治国家之间的冲突已经成为伦理冲突的一种主要形式。从表面上看，这是哲学从宗教言说转向了政治或伦理言说；更深入地看，这是哲学关于世界图景和人类生存意义解释模式的转向。从根本上讲，哲学对于生活的意义无非是建构一种理解世界的思想模式，从而把握和解决自由与必然之间的矛盾。启蒙运动之后的哲学所建构的这种理解世界的现代模式，力图在神学思想体系失去解释效力之后，重新把握人类生活中理想世界与现实世界、自由与必然、应然与实然之间的紧张和冲突，为人类生存提供意义的解释。这是一种既不同于宗教也不同于思辨哲学的理解世界和人类生存意义的思想模式。在宗教理解模式中，把握自由与必然等矛盾的企图可以靠着神圣的保障来落实；在思辨哲学体系里，这一企图可以通过某种形而上学的设定来落实；但在启蒙运动之后关于世界的新解释体系中，人的自由以及体现这一自由的人的生存方式的问题就只能靠政治制度的正义性来解决。也就是说，权利原则及其所代表的制度的正义性为人类生活规定了自由的限度，除此之外人类不能对自由有更高的奢求。马克思说，这是启蒙运动以来政治解放所能够达到的最高目标。[①]因此，启蒙运动之后的哲学，无论它们以何种抽象的语

① 《马克思恩格斯全集》第3卷，人民出版社2002年版，第170、183、189页。

言和特别的论题表达其内容，最终都只是一种立足于"市民社会"之上的解释世界的哲学体系。在这里，哲学作为第一哲学本身就是政治哲学，因为它们所处理的是同一个问题。

马克思要超越的正是这种哲学。他在《关于费尔巴哈的提纲》中直接地将自己的哲学与他所要超越的那种哲学的差别表达为两种唯物主义的差别，实际上更一般地说是关于新旧两种哲学观的差别："直观的唯物主义，即不是把感性理解为实践活动的唯物主义，至多也只能达到对单个人和市民社会的直观。""旧唯物主义的立脚点是市民社会，新唯物主义的立脚点则是人类社会或社会的人类。"①在这里，马克思为他的全部理论找到了一个完全不同于以往理论的立脚点。仅仅从新旧两种唯物主义的区别上理解马克思所陈述的这个新立脚点是不够的，而且，仅仅从哲学史的意义上理解马克思主义哲学的这一实践转向也是不够的，因为这一陈述中包含着马克思明显的实践意图：这个新的立脚点越出了市民社会所代表的社会关系类型及其所要求的伦理原则，因而超越了只能在以个人权利为基本原则的正义范围内解决社会政治问题的视野，这就从根本上突破了近代以来的哲学试图通过政治制度的正义性为人的自由规定的限度。这是一种超越政治解放、立足于人类解放基础之上的全新哲学观。在马克思看来，近代以来的哲学作为启蒙运动的产物以政治解放的成果为自由划定了限度，使人陷于自我权利的樊笼中而不能获得真正的自由，这与它所追求的解放宗旨之间构成了矛盾。马克思说：这种哲学虽

① 《马克思恩格斯选集》第1卷，人民出版社1995年版，第56—57页。

然以自由为宗旨，"但是，自由这一人权不是建立在人与人相结合的基础上，而是相反，建立在人与人相分隔的基础上。这一权利就是这种分隔的权利，是狭隘的、局限于自身的个人的权利"①。马克思是在克服现代性所自构的理论困境的意义上，将新哲学的立脚点确立为不同于"市民社会"的"人类社会"的。要克服这种理论困境，就必须克服它的实践基础，必须超越市民社会的伦理原则。这才是马克思哲学"实践转向"的真实含义。在这里，马克思所变革的是整个哲学，也包括政治哲学。因此，在马克思主义哲学研究中，只有通过揭示马克思哲学变革的实践宗旨而把握这一变革的真实含义，才能为马克思主义哲学研究的学术性找到真正的实践落脚点。在这一意义上完全可以说，不深入地理解和阐释马克思主义政治哲学，关于马克思主义哲学研究的任何学术性进展都将会因失去其价值底色而失去其学术性价值。

不过，必须注意的是，马克思从超越"市民社会"的"人类社会"的立场出发，在逻辑上必然要求对以个人权利为基础的自由的超越；但是，关于这种自由的理论只能是一种超越现实政治制度之正义性的理想性政治哲学。

就马克思主义政治哲学自身而言，超越现实政治制度之正义性的理想性政治哲学只是它的一个层面，它的另一层面是其现实性层面——对现实生活的正义关怀。这种正义关怀需要通过对现实政治制度之正义性的肯定得到落实，而关于现实政治制度之正义性的理论即是现实性的政治哲学。如果说马克思主义政治哲学

① 《马克思恩格斯全集》第3卷，人民出版社2002年版，第183页。

的超越性层面是批判性的，那么其现实性层面则是建构性的。即是说，其超越性层面是依据于超越性理想对现实社会之政治秩序的批判，而其现实性层面则是关于现实政治秩序应当是怎样的理论建构。马克思和恩格斯在他们的有生之年的确没有就现实政治秩序之正义性进行过理论的建构，但是不能因此就将马克思主义政治哲学仅仅理解成批判性和超越性的，不能认为今天我们也不能依据他们的思想原则进行这种建构，更不能据此认为不能有马克思主义政治哲学。

马克思主义不是无政府主义和乌托邦主义。在其政治哲学中，超越政治解放所确立的理想性原则并不是非历史地取消现实政治秩序的根据，而是强调在超越性的立场上批判性地理解现实秩序及其制度规范，从而使其不断走向合理。超越政治解放的政治理想并不是对现实政治秩序的当下否定，而是以理想性原则对其缺陷的批判。在现实的社会生活尚未越出政治解放的历史任务时，现实的社会生活就仍然需要以权利为核心的正义原则加以规范，需要以民主的政治制度保障这些正义原则的落实。有些人常常用马克思本人的言论来证明马克思只有超越性的理想而没有现实的正义关怀，但是他们也常常忘记了，在《论犹太人问题》中马克思就曾十分明确地指出，在当今历史条件下，要求犹太人站在人类解放的立场上看待自己的政治权利和自己的宗教是完全不合理的。①

社会主义市场经济与资本主义市场经济的差异之处并不在于是否肯定以权利为核心的正义原则和与之相关的政治制度，而在

---

① 《马克思恩格斯全集》第3卷，人民出版社2002年版，第167页。

于是否承认它们只是历史性的正义原则和政治制度。这同时也是马克思主义政治哲学与自由主义政治哲学在理论上的根本差异之处。马克思主义政治哲学从其历史主义出发，在理想性正义原则与现实性正义原则、终极自由与现实自由之间建构起的张力关系，是破解现代人自由秘密之钥匙。若要既不像宗教和思辨哲学那样将终极自由寄托于某种超验玄设，也不像自由主义那样将现实的自由看作是人类自由的终极可能，就需要历史主义地理解政治解放与人类解放的关系，在它们的双重变奏中把握人的自由及其实现条件。所以，在对市场制度保持批判态度的同时发展市场经济，是迈向社会主义理想目标的必经之路，也是建构现实性马克思主义政治哲学的立足点。

三、怎样借鉴当代西方政治哲学研究成果的问题

政治哲学是当代西方哲学中的显学，而马克思主义政治哲学在当代西方政治哲学中则占有重要的位置。许多当代重要的政治哲学家如罗尔斯、哈贝马斯、吉登斯等人，都将其讨论的问题与马克思的思想相联系或追溯到马克思的思想；许多新出现的"马克思主义流派"如生态主义的马克思主义、女性主义的马克思主义等，也常被视为"具有左翼倾向"的批判性的政治哲学。可以说，在当代西方的马克思主义哲学研究中，政治哲学问题比其他问题受到更多的关注。因此，加强对西方政治哲学特别是西方关于马克思主义政治哲学的研究，将会有利于推动当前我国的马克思主义政治哲学研究。

不过，我们也必须清醒地意识到，近代以来的西方政治哲学始终是以自由主义为价值基点的。在自由主义主导着话语权力的西方学术界，马克思主义政治哲学历来与它对自由主义的批判和自由主义对它的反批判联系在一起。这一背景下的马克思主义政治哲学始终只是自由主义的参照物，要么被视为自由主义的对立面，要么被视为自由主义缺陷的反向补充，其自身的逻辑并未得到独立的呈现。这首先意味着，马克思主义政治哲学的重大问题和重要方法是在与自由主义的对峙与对话中形成的，因此在考察和借鉴西方政治哲学时，我们应当始终把握住马克思主义与自由主义在重大问题、重要观点和方法论上的分野这一主线。这同时意味着，批判性并不是马克思主义政治哲学的唯一功能；为了建构当代形态的马克思主义政治哲学，我们必须超越西方政治哲学的理论和实践语境。

自19世纪末始，马克思主义与自由主义在涉及平等、自由、民主、权利、国家、阶级等一系列政治哲学问题时，一直未曾停息过争论。20世纪后半期以来，随着罗尔斯、德沃金等"平等主义的自由主义者"的出现，平等问题愈益成为两种政治哲学争论的核心，而关于平等问题的争论则主要集中在是否应当追求实质平等的问题上。在长期的理论争论中，马克思主义对自由主义平等观的核心批评主要是指出它仅仅肯定形式平等而无视实际的不平等，因而只是虚假地主张了平等。当代西方各种形式的马克思主义政治哲学延续了马克思对自由主义的这一核心批评；所不同的是，它们认为马克思当年对自由主义平等观的这一批评主要是从经济领域展开的，今天则应该拓展马克思的思想，在性别、消费、文化等其他领域中促进实际平等的实现。这也就是为什么在当代西方会形成多种多样的"马克思主义政治哲学"的一个重要原因。作为一支虽然话语庞杂但却足以与自由主义相对抗的学术力量，这些"左翼政治哲学"将马克思主义发展为一种批判性的激进政治哲学，从而定格了马克思主义在西方政治哲学中的"反对派"形象。正如道格拉斯·拉米斯所说的那样：从20世纪60年代开始，许多研究政治问题的学者就"一直借重马克思主义对自由主义的国家观和自由主义的经济学的批判力量"，而作为一种政治理论，"马克思主义被解释为和民主左翼有一定的距离，即是说比民主左翼更激进"①。

平等问题只是一面镜子，通过这一问题我们可以比较清楚地理解西方马克思主义政治哲学的性质和意义。这一问题表明，当代西方语境中的马克思主义政治哲学所面对的主要是当代西方资本主义的社会政治问题。在这种处境下，以"反对派"面貌出现的马克思主义政治哲学，突出强调的是马克思主义的批判性功能，因此马克思主义也就仅仅被理解为超越性的理想。它所发挥的实际作用也不过是通过对现实的批判揭示出资本主义及其以自由主义为主要内容的意识形态的弊端，从而激发资本主义政治制度和政治理念的变革。西方马克思主义政治哲学的这种处境表明：与19世纪和20世纪相比，在当代世界格局中，马克思主义与自由主义的关系更为复杂，因此对于当代马克思主义政治哲学

---

① 〔美〕道格拉斯·拉米斯：《激进民主》，刘元琪译，中国人民大学出版社2008年版，第1页。

来说，无论是批判还是建构都将是包含着全新任务和全新内容的理论探索。特别是对于建构现实性马克思主义政治哲学的任务来说，借鉴西方的研究固然是必要的，但中国等国家的社会主义市场经济实践也是一个不能或缺的现实参照点。

值得关注的是，20世纪后半期以来，马克思主义政治哲学与自由主义之间的争论越来越转向方法论问题，争论的核心则集中在个人自由与历史规律的关系问题上。从自由主义一方看，无论是波普、伯林还是其他自由主义者，都力图将马克思的方法归于只强调因果律的机械决定论，进而批判它以历史规律宰制个人，否定个人自由。他们认为，历史决定论将个人置于历史规律的控驭之下，取消了个人对伦理责任的承担，进而否定了个人自由选择的权利，最终导致专制主义的发生。①从马克思主义一方看，在回应这一批判的过程中，各种形式的马克思主义也在方法论上推进了马克思主义政治哲学的研究。哈贝马斯、霍耐特等批判理论家和一些分析马克思主义者关于事实与价值、唯物史观与规范理论的关系等问题的讨论，就是在回应这一批判的过程中形成的重要成果。②

马克思创立唯物史观的过程就是他的哲学方法论形成的过程，这一过程也同样是他的政治哲学及其方法论的形成过程。我

---

① 参见〔英〕卡尔·波普：《历史决定论的贫困》，杜汝楫、邱仁宗译，华夏出版社1987年版；〔英〕塞亚·伯林：《自由论》，胡传胜译，译林出版社2003年版。

② 参见〔德〕尤尔根·哈贝马斯：《在事实与规范之间——关于法律和民主法治国的商谈理论》，童世骏译，三联书店2003年版；〔德〕阿克塞尔·霍耐特：《为承认而斗争》，胡继华译，上海世纪出版集团2005年版。

们知道，马克思是通过对黑格尔关于"法""市民社会""政治国家"以及它们之间关系的批判性考察，通过对现实政治制度及其与社会生活之间异化关系的深入分析，才进入到对资本主义经济关系的深刻把握，进而创立了唯物史观的。由于以往人们对马克思在阐释这些问题上所体现的思想方法仅从认知进路的单一维度上加以理解，使得马克思主义哲学的规范性维度总是被当作不成熟时期的人道主义残余而遭到驱逐。这种关于马克思思想的分期与定位，关涉到的最深层次的问题不是哪些理论内容属于唯物史观的问题，而是方法论的问题：马克思究竟以怎样的方式考察社会政治问题和社会历史；他以怎样的方式处理事实与价值、实然与应然、合规律性和合目的性、自由与必然的关系问题，总之，政治哲学与唯物史观的关系究竟是怎样的。如果不深入到方法论的领域，关于这些问题的讨论是不可能取得突破性进展的。

正如笔者力图说明的，在唯物史观中，事实与价值、历史尺度与价值尺度的统一是考察一切问题的方法论基础，因而也是马克思主义政治哲学的方法论基础。只有在这一方法论基础上，马克思主义政治哲学的批判性与建构性、事实性与价值性、理想性与现实性的统一才能得到合理的说明。

"政治"概念的澄明

古往今来，特别是近代以来，出现了各种"政治"定义，佀相互之间没有公度性，几乎不可通用。究其原因，主要在于两个方面：一是各种政治学说的学术旨趣不同，或理论视角不同，因而对于"政治"的本质的理解和阐释也就不同；二是现实社会政治生活的变化较快，"政治"概念的外延不确定，相应地，它的内涵也难以确定，现代社会尤其如此。这使得政治思想的研究和对话、交流都不可避免地存在着逻辑上的障碍。我们过去使用的"政治"概念，是列宁的"政治"定义（政治就是各阶级之间的斗争），这在阶级社会是正确的、适用的，即使在现时代，对于某些重要的政治现象的思考仍然必须运用阶级的观点，但从总体上说，这样的概念显然是不够用了。

现在对于政治的关注和研究成为哲学社会科学的热点，政治哲学和政治科学的研究都十分活跃，却极少有人试图根据变化了的社会政治生活重新定义"政治"。有些学者对原来使用的"政治"概念作了必要的修正和补充，这当然是非常有益的，而且目前来说也只能如此。在我看来，出于上面所说的原因，要做出一个可公度、可通用的"政治"定义仍是很困难的。但若没有对于"政治"的基本规定，研究工作便无所依循。笔者想超出政治科学的视野，先从哲学上作些思考，将来如有可能的话再回到政治科学上来，这样或许可以提供一些新的研究线索。这里说的从哲学上思考，也不是企图作一个关于"政治"的哲学定义，而只是从哲学角度把握政治的一般规定，提供一个研究政治生活的观念框架。

按照马克思主义的人类活动论（或实践论）的哲学范式，哲学是对于人类自身活动的反思。人类是以自己能动地改变世界的活动来满足自己的需要的。人类生活有三大基本的需要。一是作为有生命的存在物，首先是生存的需要或物质生活资料的需要；二是作为社会性的存在物，有秩序的需要；三是作为有意识有思想的存在物，有意义的需要。满足物质生活资料需要的活动是物质生产活动或广义的经济活动，满足秩序需要的活动是广义的政治活动，而满足生活意义的需要的活动便是广义的文化活动，它们构成人类活动的三大基本领域，即经济、政治、文化的领域。哲学反思人类自身的活动，当然包括对于这三大基本活动及其相互关系的思考。而政治哲学作为哲学的一个重要分支，作为一种专门的哲学形式，它的主要任务正应当是对于现存秩序及其构成方式的合理性（主要是正义性）的批判性思考。这个看法，就是笔者作出国家治理是广义上的政治建设以及对于国家治理问题的哲学研究是一种政治哲学的研究这一论断的观念依据。这样的观念，同列宁的"政治"定义是可以相容的。在阶级社会，阶级斗争无疑是改变旧秩序、建设新秩序的根本途径。只是在我国国内剥削阶级作为一个阶级已不复存在，阶级矛盾已不是社会的主要矛盾，社会主义建设包括政治建设即社会秩序的建构和维护的活动，不再以阶级斗争为纲，因此，就国内政治来说，对于原来作为指导思想的"政治"概念需要有所澄清。

当然，说广义的政治活动是满足人类的秩序需要的活动，这是对于"政治"的最为一般即最为抽象的规定，还必须有一系列的补充说明，即作出一系列的限定。秩序普遍存在于自然界和人类社会中，进入"政治"范畴的只能是社会秩序。进一步说，即使在社会生活中，也不是任何一种秩序都与政治相关。人的一切活动都是需要有一定秩序的，这种"秩序"或"秩序性"同人的理性的运作直接相关，但有的只是同科学理性相关，只是一种技术上的要求，而同价值理性无涉，不关乎人们的利益关系的调整。例如，在经济活动中，任何一个具体的生产过程都是按照一定的操作规程有序地进行的，这种"秩序"与政治不相干，而宏观的经济运行秩序如市场秩序，则会涉及人们的利益关系，不仅影响经济活动，而且会影响整个社会生活。这样的秩序合理与否就具有政治的性质了，这是经济中的政治。政治视野里的秩序，主要是社会成员共同生活的公共秩序，它的最重要的内容或标志，就是形成能够组织、协调和控制社会共同生活的社会权力，并建立起社会个体对社会权力的服从关系。

公共秩序实际上就是调控和维护个体与共同体即个人与社会的关系的秩序。它的存在样态是由社会和人本身的发展状态决定的，是历史关系的产物。马克思指出："人的依赖关系（起初完全是自然发生的），是最初的社会形态，在这种形态下，人的生产能力只是在狭窄的范围内和孤立的地点上发展着。以物的依赖性为基础的人的独立性，是第二大形态，在这种形态下，才形成普遍的社会物质变换，全面的关系，多方面的需求以及全面的能力的体系。建立在个人全面发展和他们共同的社会生产能力成为他们的社会财富这一基础上的自由个性，是第三个阶段。第二个阶段为第三个阶段创造条件。"①马克思的这个论述，为我们研究社会秩序建构的历史类型提供了基本的指导线索。

就文明社会以来的历史考察而论，这第一个阶段即人的依赖性的阶段，是指的前市场经济社会。在这个阶段上，个体依附于共同体，没有个体的独立性；生产规模狭小，生产力水平低下，人们相互之间的经济交往和社会交往极不发达，因而社会关系十分狭隘和简单，基本上是一种以人身依附关系为基础的自上而下的统治和服从的线性关系；经济活动本身不可能起到对于社会个体活动的整合作用，公共秩序只能依靠超经济的力量特别是政治的强制性力量来建立和维持。这就是专制政治得以产生的社会基础。在这种社会形态下，人只是"一定的狭隘人群的附属物"。这种"狭隘人群"就是古代的共同体，如家族、公社、行会等。社会与国家一体，国家就是社会的共同体。皇帝、国王就是国家，皇权、王权就是秩序。所有的人包括那些小的共同体的首领和成员都是国家的臣民，都依附于国家，即依附于皇帝或国王。

第二个阶段是指市场经济社会。这个阶段上传统的共同体解体，人们解除了人身依附关系；社会生产有了巨大的发展，生产

---

① 《马克思恩格斯全集》第46卷（上），人民出版社1979年版，第104页。

规模不断扩大，日益成为社会化的大生产；随着商品经济的发展，人们相互之间的经济交往和社会交往也逐步发展起来，使整个社会关系越来越丰富和复杂，使从前的以人身依附关系为基础的线性的关系，逐步为以纯粹的经济利益关系为基础的、由错综复杂的横向交往所织成的非线性的网络式的关系所代替；社会化的生产和市场化的经济本身也对个体的活动具有整合的功能，社会秩序的建立和维护对于政治的强制性力量的依赖程度显然不如上述第一个阶段那么高，而主要依靠强力支撑的专制政治在客观上也已不适合于管理一个社会关系日益复杂的商品社会。这就是近代资产阶级民主政治兴起的社会基础。这里需要特别注意的是，马克思讲的第二个阶段的人的独立性是"以物的依赖性为基础的人的独立性"。这种"独立性"，只是说的个人已解脱了人身依附，由人的依赖性变成了物的依赖性。这个"物"不是指的自然物，而是社会关系的物化，或物化的社会关系。"物的依赖关系无非是与外表上独立的个人相对立的独立的社会关系，也就是与这些个人本身相对立而独立化的、他们相互间的生产关系"①。由人的依赖性转变到物的依赖性，不过是由"人的限制即个人受他人限制"转变为"物的限制即个人受不以他为转移并独立存在的关系的限制"②。本来是人在自己的活动中创造的并作为自己活动的社会形式的社会关系，又反过来限制人的活动，并成为支配人的力量，这也是一种异化，即社会关系的异化。在以交换价值

---

① 《马克思恩格斯全集》第46卷（上），人民出版社1979年版，第111页。
② 《马克思恩格斯全集》第46卷（上），人民出版社1979年版，第110页。

为基础的市场经济社会，"个人的产品或活动必须先转化为交换价值的形式，转化为货币，才能通过这种物的形式取得和表明自己的社会权力"①。所以马克思说，这种个人是"在衣袋里装着自己的社会权力"②，谁的腰包越鼓，谁的社会权力就越大。而且，按照市场经济自身的逻辑，它的自发发展的逻辑，必定是一部分人即少数人的腰包越来越鼓，另一部分人即大多数人的腰包越来越相对缩小的两极分化的趋势。所以，资本主义的市场社会，就是一个信奉货币万能、金钱万能的社会。这个社会中人的独立性，如马克思所说是"外表上"的，即形式上的，这个社会中表现人的独立性的一些基本的社会价值如平等、自由、民主等等，也就都只能是形式上的，而不能是事实上的或实质上的。我们只有按照马克思主义的观点，这样去理解所谓"以物的依赖性为基础的人的独立性"，理解这个社会的社会关系的性质，理解以此为基础和依据的社会秩序的构成方式，才能真正理解资本主义市场经济社会的政治。

第三个阶段就是指共产主义社会（社会主义是它的低级阶段）。在这个阶段，既消除了人的依赖性，也消除了物的依赖性，是在个人全面发展基础上的自由个性；人们的社会结合方式是在共同占有和共同控制生产资料基础上的自由人联合体。这第三阶段同第二阶段的根本性的区别就在于人不再受物化的社会关系的支配，而是能够支配自己的社会关系，因而能够支配和控制自己

---

① 《马克思恩格斯全集》第46卷（上），人民出版社1979年版，第105页。
② 《马克思恩格斯全集》第46卷（上），人民出版社1979年版，第103页。

的生存条件，成为自己的社会结合的主人。正是在这个意义上，恩格斯把从第二个阶段向第三个阶段的转变，称为"人类从必然王国进入自由王国的飞跃"①。

中国已经建立了社会主义制度，就表明中国已经进入了马克思说的人类社会发展的第三阶段，尽管现在仍处在这个阶段的初始时期。决不可因为中国现在仍在发展市场经济，就认为中国同其他没有建立社会主义制度的市场经济国家处在相同的发展阶段上。如果这样认为，那就是一种明显的错误认识，而且是一种政治思考的前提性错误。马克思说"第二个阶段为第三个阶段创造条件"，但由于历史的原因，中国社会的第二个阶段即市场经济社会的阶段没有获得充分的发展，即没有为中国社会进入第三个阶段准备好充分的条件。这正是中国的社会主义社会必须经历一个漫长的初级阶段的原因。中国需要在社会主义的初级阶段，运用社会主义制度的优势，发展市场经济，为自己在第三个阶段内的发展创造条件。市场经济是人类社会的发展不可超脱的历史阶段。"全面发展的个人……不是自然的产物，而是历史的产物。要使这种个性成为可能，能力的发展就要达到一定的程度和全面性，这正是以建立在交换价值基础上的生产为前提的，这种生产才在产生出同自己和同别人的普遍异化的同时，也产生出个人关系和个人能力的普遍性和全面性。"②没有以交换价值为基础的市场经济的发展，就不会有普遍的社会物质变换和社会交往活动，

① 《马克思恩格斯选集》第3卷，人民出版社2012年版，第815页。
② 《马克思恩格斯全集》第46卷（上），人民出版社1979年版，第108—109页。

不会有丰富的社会关系，当然也就不会产生出个人关系和个人能力的普遍性和全面性，不会产生出马克思说的"自由个性"，不会具备人类社会在第三阶段运行的前提和条件。因此，我国在现阶段，在整个社会主义初级阶段，政治建设的基本任务，就其主要之点来说，就是建立和完善同社会主义市场经济的发展相适应的社会秩序，保证社会主义市场经济的健康发展。一方面，坚持社会主义方向，依靠市场经济的发展，建立起社会主义的强大物质基础，积累社会文明进步的种种积极成果；另一方面，发挥社会主义政治上层建筑干预、引导和规范市场经济的作用，矫正和克服市场经济的自发性，最大限度地防止市场经济的消极后果。

上述关于政治的理解，是笼统了一些，但可公度性、可通用性增强了。各种政治学说的理论立场、理论观点可能不同甚至互相对立，但可以是讨论同一个问题，而不至于各吹各的调。这样理解的"政治"是可以持续研究的，不用担心什么时候会停滞乃至消失。将来，阶级在全球范围内消灭了，国家消亡了，政治会不会也随之消失？议论这样的问题还为时尚早，但有一点可以肯定，即人类生活对于秩序的需要永远不会消失。人总是社会中的个人，总要结成一定的社会关系才能活动，也就总会有社会关系的维护和调整，社会总会要有规范，总会有权威和服从，等等。人类将来会在一种什么性质的秩序下生活？这倒是可以引用马克思在谈论"自由王国"问题时说的话来表达：社会化的人，将"在最无愧于和最适合于他们的人类本性"[①]的秩序下生产和生活。

---

① 《马克思恩格斯文集》第7卷，人民出版社2009年版，第928—929页。

这同马克思关于人类解放的思想在精神实质上是完全一致的。毫无疑问，这个伟大目标的最终实现，还需要经过一个漫长的、艰巨的社会改造过程。但这是我们不可动摇的信念和理想。我们现在所做的一切都是朝向这个目标的努力。所谓现实性政治哲学的研究，就是要把握这一价值目标在现阶段实现的可能程度，探讨将这一理想现实化的条件和途径。可以坚信，中国式现代化的实现将是向这个伟大目标前进的一大步。

马克思主义现实性
政治哲学话语体系的建构

话语体系当然包括话语风格、话语方式等等，但其实质或内核则是观念框架、理论框架，说到底也就是思维方式。政治哲学是关注政治事物的内在本性、价值指向和政治活动的应然规范，是一种有别于经验性研究的规范性研究，是要对人类应当怎样生活即人类生活的伦理价值目标进行哲学的追问。但在我们过去的哲学研究中，极少有这种规范性研究。我们长时期里只会在流行的历史唯物主义教科书的框架内说话，而没有政治哲学的独立的话语。流行的历史唯物主义教科书体系是排除了价值论的维度的。它把历史唯物主义规定为"关于人类社会发展一般规律的科学"，这就只剩下认知的维度了。所以，虽然也曾有人用"马克思主义政治哲学"的名义写书写文章，但讲的基本上还是历史唯物主义教科书里关于阶级、国家、革命的内容，一涉及基本的社会价值如自由、平等、人权等等，就难以与国际学术界对话了，因为这些内容恰恰是作为规范性理论的政治哲学的话语范围内所讨论的问题。这就是话语体系上的障碍。

曾经流行的历史唯物主义教科书和政治哲学两种话语体系的差异，主要是表现在认知和规范（即事实性与价值性）这两个维度的关系上。虽然任何一种政治哲学都要求在理论上达成规范和认知的统一，但就其知识形式来说，无疑是属于规范理论。所谓进入政治哲学的话语体系，首先就是遵照政治哲学的学术传统，认定政治哲学是一种规范理论，接受规范理论的话语体系。当然，历史唯物主义的政治哲学比任何一种政治哲学都更加重视事实性对价值性的制约，这是维护政治哲学的唯物主义基础，但这并不排斥政治哲学话语的独立性。这两个维度在任何时候、任何情况下都不能互相排斥、互相割裂，而应当互相结合、互相统一。只有从认知与规范、科学与价值的统一中，才能把握和阐明政治哲学之作为哲学的本质。

用价值与事实之统一的观念框架解读马克思，肯定马克思创立了自己的政治哲学是毫无疑义的。马克思是不是创立了自己的政治哲学，是不是从政治思考的特殊角度把握了时代的精神，首先就看他是否把握了为历史的事实性所规定的具有客观可能性的价值目标。19世纪中叶，即在工业革命之后，马克思从这种社会化大生产看出它在促进生产力高度发展的基础上，开发出一种人类解放的可能性，因而创立了以人类解放为价值目标的政治哲学。马克思把握到的事实性是一种表现历史发展趋势的事实性，因而其价值目标也就是一种表现人类历史进步的新的可能性的价值目标。马克思的政治哲学所达成的事实性与价值性的统一，是一种基于理想的事实性的统一，所以叫作理想性的政治哲学。这种理想性政治哲学既有批判性，也有建设性，但首先和主要的是它的批判性。以"人类解放"即人的全面自由发展的价值理想观照资本主义社会的现实，看到资本主义社会是人的全面异化，是资本主义剥削制度下的种种不正义、不道德。因此，实现"人类解放"这一理想目标的决定性条件就是消灭资本主义私有制，消灭剥削，消灭阶级。"全部问题都在于使现存世界革命化，实际地反对并改变现存的事物。"①马克思主义哲学的革命的批判的本质在马克思的政治哲学的批判性之维得到了最充分的表现。这种政治哲学也是建设性的，它也包含了对于新的能够保证人的自由全面发展的社会制度的建设性构想，是有关于未来社会的理论模型的。

俄国十月革命使社会主义由理论变为实践，第二次世界大战后，社会主义又由一国的实践变为多国的实践。按说，应当建立一种现实性的政治哲学，以利于更具体更切实地指导社会主义的政治实践。但是，几十年来，建构系统性的现实性政治哲学的理论任务一直未能提到日程上来。究其原因，无非是两个方面。一方面，是在学科观念上，不理解政治哲学的学科性质，普遍认为历史唯物论就包括了政治哲学，没有必要在历史唯物论之外再建立一种政治哲学。另一方面，对于社会主义实践所处的历史方位把握得不清楚，甚至不正确。政治哲学中事实性与价值性的统一，是以事实性为基础的，价值性是受事实性制约的，在现实性政治哲学中这种制约更加明显。对于社会主义实践所处的历史方

---

① 《马克思恩格斯选集》第1卷，人民出版社2012年版，第155页。

位不清楚，也就是它的历史任务不清楚，当然也就不能清楚地规定它在当下的价值目标。这种情况，突出地表现在对于所谓"过渡时期"的认识上。

马克思在《哥达纲领批判》里有一个非常重要的著名论断："在资本主义社会和共产主义社会之间，有一个从前者变为后者的革命转变时期。同这个时期相适应的也有一个政治上的过渡时期，这个时期的国家只能是无产阶级的革命专政。"①在马克思的概念里，"共产主义"和"社会主义"是在同一意义上使用的，在《哥达纲领批判》里就有"共产主义社会第一阶段"和"共产主义社会高级阶段"的区分。后来列宁明确把马克思说的共产主义社会第一阶段称为社会主义社会，有"在共产主义社会的第一阶段（通常称为社会主义）"②的说法。后人都是按马克思和列宁的说法，把社会主义社会理解为"共产主义社会的第一阶段"的。所以，马克思在这里说的"革命转变"时期是指的由资本主义社会向社会主义社会的转变，而不是指的向共产主义社会高级阶段的转变。这个"革命转变时期"的主要任务就是剥夺剥夺者，即"利用自己的政治统治，一步一步地夺取资产阶级的全部资本，把一切生产工具集中在国家即组织成为统治阶级的无产阶级手里，并且尽可能快地增加生产力的总量"③。可见，马克思说的这个过渡时期是很短暂的，是社会生活急剧变化的"革命转

---

① 《马克思恩格斯选集》第3卷，人民出版社2012年版，第373页。
② 《列宁选集》第3卷，人民出版社2012年版，第196页。
③ 《马克思恩格斯选集》第1卷，人民出版社2012年版，第421页。

变"时期，非常规时期。①

　　但是，这个"过渡时期"被后人不断拉长了。列宁时期还是比较清楚的，至少"过渡时期"和"共产主义社会第一阶级"即社会主义社会的区别是清楚的。我们在开始的时候也是十分清楚的，后来有一个时期就不清楚了。我们曾提出过两个"过渡时期"，学界俗称"小过渡"和"大过渡"。20世纪50年代初提出的过渡时期，即是"小过渡"。这个"过渡时期"是指从中华人民共和国成立到社会主义改造基本完成这一时期。党在这个过渡时期的总路线和总任务，是要在一个相当长的时期内，基本上完成国家工业化和对农业、手工业、资本主义工商业的社会主义改造。1956年，社会主义改造基本完成，这个"过渡时期"也就宣告结束。所以，1957年2月毛泽东在最高国务会议上做关于正确处理人民内部矛盾问题的报告时郑重宣布"革命时期的大规模的急风暴雨式的群众阶级斗争基本结束"②。这个"小过渡"的理论是符合《哥达纲领批判》的基本思想的，也是符合中国国情的，无疑是正确的。但几年之后，即1962年，在党的八届十中全会上又提出了一个"过渡时期"。提出"在由资本主义过渡到共产主义的整个历史时期……存在着无产阶级和资产阶级之间的阶级斗争，存在着社会主义和资本主义两条道路的斗争。"1963年，在《关于国际共产主义运动总路线的建议》中更明确地提出："在进

①　参看王南湜、王新生：《从理想性到现实性——当代中国马克思主义政治哲学建构之路》，载《中国社会科学》2007年第1期；《政治哲学的当代复兴》，中国社会科学出版社2011年版，第10—16页。

②　《毛泽东文集》第7卷，人民出版社1999年版，第216页。

入共产主义的高级阶段以前，都是属于从资本主义到共产主义的过渡时期，都是无产阶级专政时期。"此即所谓"大过渡"。显然，这个"大过渡"理论是所谓"无产阶级专政下继续革命理论"的一部分，是它的理论前提。这个理论的社会实践后果，也已经有许多文章阐述过了。这里只是就现实性的马克思主义政治哲学的建构何以可能或不可能的问题谈点看法。

按照这种"大过渡"的理论，不仅把阶级斗争严重地扩大化了，而且把整个社会主义阶段归入"过渡时期"，社会主义社会就成了一个没有质的稳定性的过渡性社会，而不是一个具有自身稳定结构的独立的社会发展阶段。过渡性社会是一个社会生活变动不居的社会，人们难以说明这个社会的政治结构，没有也不须有阶段性的即现实性的价值目标，因此，难以为这种"大过渡"提供一种事实性与价值性相统一的政治哲学的支持，恐怕事实上也没有人想过要去做这种政治哲学的研究。

中国社会主义事业的发展，显然是处在一个极其重要的历史转折关头，亟须有理论上的重大创新，社会主义初级阶段理论便应运而生了。放弃了"大过渡"的观点，把社会主义社会看成不同于"过渡时期"也不同于共产主义社会的独立的社会发展阶段，而且这个阶段时间会很漫长，这就会合乎逻辑地肯定社会主义社会的发展也是分阶段的，也就合乎逻辑地将我们身处其中的社会看作是一种需要从政治哲学上加以把握的稳态社会。当然，对于中国社会主义初级阶段的概念，还不能仅仅从一般社会主义发展过程去理解，它不是泛指任何国家进入社会主义都会经历的初始阶段，而是特指中国在生产力落后、市场经济不发达的条件下建设社会主义必然要经历的特定阶段。在这个阶段，已经建立了社会主义的基本制度、法律制度和初步的社会权利规范，但还不完善；已经具有了稳定的社会结构包括政治结构，但还不成熟；因为还需要进行系统的改革，所以可以说也是一个社会大变动的阶段，但这个改革是在中国共产党的领导下有序进行的，是有明确的目标和步骤的，各种制度、规范正是在改革中，即通过改革逐步完善的。因此立足于社会主义初级阶段的理论和实践，建构一种事实性和价值性相统一的现实性政治哲学就不仅是可能的，而且是非常必要的。习近平总书记在主持十八届中央政治局第一次集体学习时指出，要深刻领会中国特色社会主义的总依据、总布局、总任务，总依据就是社会主义初级阶段，"不仅在经济建设中要始终立足初级阶段，而且在政治建设、文化建设、社会建设、生态文明建设中也要始终牢记初级阶段"。社会主义初级阶段是现在中国最基本、最重大、最确凿的事实性。所以，我们现在建构的现实性政治哲学毋宁说是社会主义初级阶段的政治哲学。

国家治理现代化就是针对中国特色社会主义制度尚不完善、国家治理体系尚不完善的状况提出的，是我们在社会主义初级阶段必须实现的一项重大的基本任务。在党的领导下，在推进深化改革的过程中，建立了并逐步完善着包括制度、法律、权利规范等在内的各种社会规范。这是我们建构现实性政治哲学的极为重要的基础和条件。从科学与价值的统一中，对这些社会规范的正当性（主要是正义性）进行哲学的追问就是一种政治哲学的研究，而且是最地道的政治哲学研究。政治哲学是典型的实践哲学，不能按照某种理论哲学的模式，从逻辑上推导出一种"政治哲学"来，而只能在建设、改革的实践中创造出来。可见，现在是政治哲学研究的最好时机。错过这个时机，我们将愧对这个伟大的时代。

关于政治哲学的话语建构，还需要作一点必要的补充说明。事实性与价值性的统一或认知与规范的统一，只是对于政治哲学学科性质的最基本的说明，还远不是完全的或充分的说明。说白了，那只是说的进入政治哲学领域的门槛。至于进入这个门槛以后，能做出什么样的政治哲学来，那就取决于对于这个统一的理解和实现这个统一的方式了。马克思主义和自由主义活跃于同一个时代，但它们对于这个时代的事实性的把握和价值目标的选定就完全不一样。马克思主义从资本主义的生产方式，从社会化的大生产，看出了它推动人类社会向更高的阶段发展的趋势，从而提出了人类解放的价值目标。而自由主义所把握到的事实性则只是一种局限于资产阶级狭隘眼界的事实性，它从资本主义生产方式取得的成就，从资本主义取代封建主义所显示出来的优越性，认定资本主义是人类历史的最完备的社会形式。受这种认知上的局限，它提出的价值目标也就是适应于资本主义生产方式的政治解放的目标，即或者是继续完成政治解放的任务，或者是巩固和扩大政治解放的成果。这说明，如何把握事实，如何确定价值目标，如何达成事实与价值的统一，都是受着人们的理论立场、理论视角等等制约的，是由基本的世界观和方法论支配的。

可见，建构马克思主义政治哲学的话语体系，并不是要放弃历史唯物主义的话语，用一种与其不同的话语去取代它，而只是要把它置于政治哲学的思想语境即事实性与价值性相统一的思想语境下。前面说的曾经流行的历史唯物主义教科书的缺陷（排除价值论的维度），不是历史唯物主义本身的缺陷。历史唯物主义是有鲜明的价值维度的，人类解放就是整个马克思主义哲学的价值旨归。排除价值论的维度只是传统教科书的缺陷，即人们对历史唯物主义的解释上的缺陷。这是决不容许混淆的两回事。建构马克思主义政治哲学的话语体系，丝毫也不意味着失去历史唯物主义的话语，而是保持并强化历史唯物主义所固有的话语优势。

理论应以理论的方式为改革服务[*]

理论应当以理论的方式为改革服务，这似乎是不言而喻的。但是，多年来理论常常是采取了非理论的方式在活动，即常常把理论同政治、政策、决策等混淆起来，理论做了不需要它去做的事情，而需要它去做的事情却没有做，或没有做好。一句话，理论常常没有发挥它应有的功能。

一、认识理论的探索功能和批判功能

理论的基本功能是探索功能。人的活动与动物活动的最根本的区别，就是人在进行每一项实际活动之前，都要先在思想中预演这种活动，即先要把这一活动的目的和实现目的的手段、步骤等设想好。这种预先设想的活动，在广义上可以叫作"思想实验"，把这种在头脑中进行的思想实验集中起来进行，就是理论

---

* 本文原载《求是》1989年第5期。

的探索活动。动物只能用躯体、四肢去探索，相比之下，人用思想去探索显然优越得多，安全得多。因为用躯体去探索会造成事实上的危险，而先用头脑去探索则有可能避免危险或化险为夷。理论的活动既然是人类趋利避害的探索活动，当然就不应当划定什么禁区。什么地方、什么领域、什么问题理论都应当去碰，凡是人类活动的领域都应当允许理论去探索。只有让理论担当风险，才有可能避免或减少实际工作中的风险。这个理论和实践的辩证法本来是再明白不过的道理，但我们过去在一个长时期里，却宁可在实际工作中承担很大的风险，而不允许理论工作去冒点风险。结果是，理论工作找了避风港，什么方式最安全就选择什么方式，实际工作却因为缺乏正常的理论探索而冒了一次又一次的大风险。我们现在的改革中有没有同样的问题、同样的教训呢？改革中发生的困难和问题，除了其他原因以外，是否与不大重视理论的探索有关系呢？这是很值得思考的。不重视理论的探索，无异于主张事事要用自己的躯体去探索，这在多数情况下是很危险的。在实际行动上，在没有看准以前，步子应迈小点、迈慢点，而在理论探索上，步子则应相对地迈大点、迈快点。前头有什么风险？怎样才能避免或减少风险？先让理论去探一探，探清楚了再大规模地行动。这就叫作发挥了理论的功能。所谓理论的方式，首先就是这种探索的方式。

理论的另一个重要功能是批判的功能。批判什么？批判现实，也批判理论自身。

理论要指导实践，就要有超前性，要超越现实。而要超越现实，就必须批判现实。如果对于现实的一切都认可下来，只是去颂扬现实的尽善尽美，那理论还怎么超越现实？还怎么能够前进？任何一种办法，即使真的是很好的，也不可能没有一点问题，一点副作用。发挥理论的批判功能，至少可以帮助人们发现实践方案的副作用。改革在本质上就是要改变现实中不合理的东西，因此，改革本身就是以批判现实为前提的。总结经验也是一种批判。找出改革的成功地方在哪里，失误在哪里，取得成功和造成失误的原因是什么，这也就是批判。

由于理论具有批判的功能，因而真正的深思熟虑的理论家常常会说点同大多数人的看法不相同的意见，在人们习以为常的东西里发现不正常。领导同志与理论工作者打交道，要准备多听逆耳之言，要善于辨别什么是真帮忙、什么是假帮忙。领导同志说好，别人也跟着叫好，这未必都是真帮忙。

批判现实，也必然要批判理论自身。理论的自我批判，就是要揭露和解决理论同现实的矛盾以及理论自身的内在矛盾。比如，作为我们改革的理论支柱、理论依据的东西是不是真的可靠？是不是已经很完备？对此随时都要加以审查，而不应当有任何盲目性。商品经济和社会主义究竟是一种什么关系？在商品经济条件下，公有制、按劳分配怎么坚持、怎么实现？计划经济究竟处在一种什么地位？在发展商品经济的条件下，如何进行民主政治建设？如何保持政府工作人员的清廉？如何保证社会道德文明的进步或至少不至于崩溃？这都是社会主义商品经济理论应当解决的问题。又如，"生产力标准"的提出对于解放思想确实起了很大的作用，但这个问题在理论上并不是很清楚的，这就难免带来某些副作用。有人说，生产力标准是实践检验真理的标准的具体运用，这个说法就是不正确的。你把生产搞上去了，就保证真理一定在你手里吗？实践标准是检验认识的真理性的标准，而生产力标准则是检验实践、行为是否合理的标准。恩格斯曾经论证过奴隶制度代替原始公社制度是历史的巨大进步，肯定这种代替的历史合理性，他用的就是生产力标准，但他并没有以此论证奴隶制度的什么"正确性"。生产力标准和实践标准是两种不同的标准，适用于两个不同的领域，不可混淆。如果把生产力标准当作认识的真理性的标准，那么，只要把生产搞上去了，就可以证明所做的一切都是对的，支配去做这一切的思想也都是合乎真理的，这就没有什么真理与谬误之争、是非对错之争了，这不就是说可以不择手段了吗？有的人把生产力标准简单地等同于经济效益的标准，还有的甚至把生产力标准简单地变成了干部标准、道德标准，如此等等，去写文章，做宣传。作为理论工作者，这样对待理论是不应该的，是一种不负责任的态度。生产力标准是用来衡量和评价什么事情的？它本身又应当如何规定？这都是应当从理论上弄清楚的问题。

所以，理论的批判功能也包括对理论自身的批判。这个批判就是要审查理论本身的结论是否正确和明确，它的根据是否可靠，论证是否充分。通过这种自我批判，去剔除理论中不正确的部分，对于理论中的正确的部分则是规定它的合理性的限度，同时，不断地用新的理论结论去加以补充。这种批判的态度，才是一种严肃的、科学的理论态度。

二、保持理论的基本品格

为了真正发挥理论的探索和批判的功能，使理论真正能够以理论的方式为改革服务，就应当使理论保持它自身的基本性质或基本品格。主要是以下三个方面。

一是理论的独立性。

长期以来，关于理论和政治的关系问题，一直是理论工作者和许多真心实意想把理论工作搞好的领导者们感到困惑的问题。总结多年的实际教训，现在应该有一个比较清楚的答案了。理论必须关心现实生活，不然就不会有生命力。理论要关心现实生活，当然也就要关心政治，这是毫无疑问的。理论为改革服务就是对政治的关注。但是，理论只能以理论的方式去关注政治、关注改革。而要做到以理论的方式去关注政治、关注改革，就必须以保持理论的相对独立性为前提。

理论作为人类活动、作为我们党的活动的一种探索和批判的工具，按其本性来说，它只能服从真理，因为理论活动的直接目的就是探寻真理。如果要求理论还去服从另外一些不需要它服从的东西，那么理论就会失去自己的独立性，它就将不成其为理论，也就谈不上以理论的方式去为实践服务。这里，应把理论同政治、政策、决策等区分开来，让理论去干它自己应当干的事情。理论要为改革服务，必须解决好这个问题。

毫无疑问，决策必须依靠理论，但理论不等于决策，由理论转化为决策还必须经过许多中间环节。首先，决策者必须正确地选择理论。现在理论工作者提出各种理论观点、理论主张，并且都希望能为决策者采纳。其中，有自己的"土特产"，也有不少是从西方引进来的。比如，从比较高的理论层次上讲，有各种各样的社会发展理论，有主张以经济增长为中心目标的，有主张以人的发展为中心目标的；在经济工作中，例如股份制、"大循环"、高消费，以至于通货膨胀有害还是无害，赤字有害还是无害，等等。那么，哪一种理论主张，或者某种理论主张的哪些方面适合于解决我们的问题？显然有个选择的问题，总不能兼收并蓄或者模棱两可，更不能今天听这个的，明天听那个的。要正确地选择，当然要有必要的理论素养，同时，决策者、领导者不仅要鼓励和提倡各种理论主张之间的自由讨论，而且应当平等地以一个理论家的身份参加到这种讨论中去。选择并不意味着做出非此即彼的判决，而在多数情况下是综合各家意见中的合理成分。从这点上说，决策的过程也是一个理论探索的过程，决策和理论是难以截然分开的。其次，决策固然必须有理论依据，但理论只是决策的根据之一，而不是它的全部根据。即使经过正确的选择而认定某种理论是可行的，要把理论化为决策，也还必须研究在我们国家或我们这个地区运用理论的条件，正确地选择提出或实施决策的时机与具体方式等。不能因为欣赏某种理论，就立即直接地把理论原封不动当作决策去对待。这种做法，在许多情况下都是不可靠的，甚至是危险的。

理论与政策、理论与其他各种实践方案的关系，都应当是这样的。

理论保持自己相对独立性的条件主要来自两个方面。一是领导者、决策者要把理论当作理论去对待，要让理论工作者去进行独立的理论探索，而不只是要求理论工作者去解释自己已经确定和实施的实际主张。另一方面，理论工作者也要把理论当作理论去对待。理论工作者当然要有强烈的参与意识，但理论只能以理论的方式去参与。强调理论的相对独立性，当然绝不能误解为理论工作者、理论活动不要党的领导。这里讲的是理论对于政治、政策、决策等的独立性，也就是理论对于实践的独立性。肯定和尊重理论的独立性，对于理论的繁荣和发展，对于保证领导与决策的正确，都是必要的。

二是理论的系统性、全面性。

理论本身应当是系统的、全面的，即使是对某一个具体问题的理论解决也都应当是系统的、全面的。那种片面的、仅仅从某一个侧面提出的见解，严格说来，还不足以称之为科学理论。改革是一项非常复杂的系统工程，必须是配套进行的，它更加要求理论的系统性。要达到理论的系统性，要对改革的各个方面做整体性的理论思考，没有哲学的帮助是不行的。例如，改革和建设、发展和稳定、破和立、管和放、计划和市场、供给和需求、积累和消费、收和支，以至于经济和政治、经济政治和思想文化各个方面的协调，以及所有各种因素之间的相互制约，对于这些关系的把握都要靠哲学。

这里顺便谈一点，就是要深入研究社会协调发展的规律性。实际上，协调是竞争的对立面，双方有着不可分割的依存关系。任何一个社会都不可能只有竞争（即不协调）而没有协调。在发展商品经济的条件下，竞争规律的作用更为强烈，相应地，协调规律的作用也会表现得更为强烈。竞争的发展使社会不断地产生新的因素、新的关系，从而造成新的不平衡，这就要求在更广泛的领域和更高的程度上实现平衡或协调。任何一种协调关系被人为地长久地破坏，都可能造成社会局部的乃至全局的混乱、停滞或畸形发展。这种情形，在改革中表现得更为突出。所以，协调发展规律是一个十分重要的规律，必须尊重，必须研究。显然，把握社会协调发展的规律，更需要系统化的理论研究。

三是理论的彻底性。

理论应当是彻底的。理论的彻底就是抓住事物的根本，而不能停留于枝节之论，停留于表浅的解释。理论的彻底性要求把理论自身内在的逻辑贯彻到底，不能因理论之外任何因素的干扰而中途止步，使理论探索不敢深入应当深入的层次，不敢做出应当做出的理论结论。只有彻底的理论才能给改革指明方向，给改革者以信心。从对改革经验教训进行理论总结的角度说，理论的彻底性要求对改革中发生的问题不停留于某些现象的分析，而是去寻找它的最深层的原因。就说通货膨胀的发生，有历史的原因，更有现实的原因；有客观的原因，也有主观的原因；在客观原因里，既有经济的原因，又有经济以外的原因；在主观原因里，既有认识上的原因，又有心理上的原因；等等。通货膨胀是多种因素综合起作用的结果。对于所有这些因素都应进行分析，并找出它们的内在联系，弄清楚最根本的原因是什么，不能因为担忧会触犯什么而对某些情况不敢揭示。只有达到理论的彻底性，这样的理论解决才是有力量的。

要真正坚持理论的独立性、彻底性，真正实现理论的探索和批判的功能，真正使理论能够以理论的方式去为改革服务，除了理论工作者自身要有必要的理论素养、政治思想素养外，还依赖于理论活动的良好的环境。应当相信，作为中国当代理论工作者的总体来说，这些都是可以逐步做到的，也是基于这一点，应当相信中国的改革是必定成功的。

增强哲学研究的问题意识

　　哲学的理论创新是新的研究领域的开拓，是新的观念、新的理论的创造。严格地说，理论创新应当是原创性的研究。因此，推进哲学理论创新的前提性的工作，是探寻哲学的新的生长点。这个新的生长点不在书本上，不在历史中，不在任何别的地方，而只能存在于我们时代的现实生活的土壤中。学习书本，研究历史，都十分重要，但这都只是占有和积累哲学文化资源，也就是占有和积累解决问题的手段，哲学要解决的问题都是时代遇到的问题。对于现实生活、现实实践中的问题的研究，就是哲学的新的生长点。

　　我们处在一个大变革的时代，我们这个时代遇到的问题很多、很大、很复杂。中国式现代化的发展、中国的社会转型是整体性的社会变动，新的问题从社会的各个领域出现，且层出不穷。中国的问题又和世界的问题紧密相连。世界历史也是面临着"百年未有之大变局"。经济全球化过程的加速，一方面带动了世界经济的发展，促进了世界各国各民族的文化交流和文明互鉴，另一方面，在之前相当长的时期里是由美国等少数发达国家主导全球的现代性事业，但其主导的国际经济秩序及相应的国际规则越来越不适应世界的深刻变化，经济全球化的负面效应不断加剧，从而产生了一系列的问题，引发了世界上各种文化冲突、价值冲突、政治冲突。科学技术的突飞猛进，在快速地改变着人类的社会生活。网络化所引起的人们交往方式的根本变化会带来社会生活方式乃至社会结构方式的根本变化，其他科技发展中也会提出许许多多的社会问题和认识问题。这些问题都是马克思没有遇到的问题，都必须由现在的马克思主义研究者去解决。我们面临的是一个历史时代的转折，哲学的生长点也就不会是单一的、局部性的。我们必须从自己时代的现实生活中，全面地探寻哲学的生长点，并按照哲学自身发展的逻辑，对这些问题有序地加以解决，把它们作为一个问题体系，在其内在的相互关联中解决。所以，我们这里讲问题意识，显然不只是讲具体研究方法，而是讲哲学研究范式的转变。

哲学研究的范式当然包括研究方法，但不仅于此，它还涉及研究的方向和出发点、研究的旨趣或取向、研究的路径等等。20世纪90年代，一些学者提出我国哲学界正经历着由"体系意识"向"问题意识"的转变，可称之为范式转换。我比较赞同这个说法。"体系意识"所支配的研究取向就是追求结构体系的完整、自洽，在内容没有得到基本更新的时候急于建构新的体系，就是从体系出发，就原理研究原理的研究方式。而"问题意识"所支配的研究取向，则是追求内容的创新，从现实实践中的问题即时代的问题出发，在寻求问题的哲学解决中提出新的观念、新的理论。这就是哲学研究的实践转向，其最突出的表现就是领域哲学的兴起。领域哲学就是关注实际问题、更贴近于现实生活各个领域的哲学形式。这是一种世界性的哲学走向。西方近代体系哲学无可挽回地终结以后，代之而起的就是领域哲学。中国20世纪90年代以后蓬勃兴起的领域哲学无疑体现了这种哲学发展的大趋势。

这个哲学研究范式转换的学术思想基础是由"体系意识"向"问题意识"的转变，明确而强烈的问题意识的引导是新的哲学研究范式的标志。可见，确立问题意识对于哲学理论创新、对于哲学的研究和发展具有关键性的意义。显然，确立哲学研究的问题意识真不是一件简单的事。我后来将其表述为"确立哲学研究的完全的问题意识"。所谓"完全的问题意识"，大致可以归纳为以下几点。

第一，当然是指研究者要心中"有问题"。哲学文章不能无病呻吟，无的放矢。有些文章通篇都是哲学名词、哲学话语，读起来却没有哲学味，原因就在于远离火热的生活，抓不到实际问题，因而只能从概念到概念，只能是冷冰冰的概念堆砌，不知道它要针对和解决什么问题，不知道作者为什么要写这篇文章。

第二，是要把握到"真问题"。有些文章似乎也是在讲"问题"，但这"问题"是作者从理论出发自设的。这样的"问题"多是假问题，而假问题就如同"没问题"。如果蓄意制造问题，就是制造矛盾，制造麻烦。从这种蓄意制造的假问题出发进行研究，比"没问题"更糟糕。

第三，哲学研究的问题意识讲的问题，应该是专属哲学的问题。实际生活是问题的发源地，但实际生活中的问题不是直接研究的对象。必须把实际生活中的问题提炼或转换成哲学问题，即揭示它所负载和包含的哲学意义后，才能作为哲学研究的问题。只有当我们找到了这样的问题，并且能够用哲学的理论和方法去解决这样的问题时，才算有了哲学的问题意识。这里，首先要区分哲学问题和科学问题。解决具体科学的问题，哲学当然也可以参与，但它只是作为方法论起作用。如果直接地单纯用哲学去解决具体科学的问题，例如物理学、化学的问题，经济学、法学的问题，那只会有两种结果：或者是把哲学名词、哲学话语变成空洞无用的套语，或者是把哲学实证化，变成完全不是哲学的东西。这两种结果都只会损害哲学，绝然谈不上哲学的理论创新。有的问题纯粹属于经验知识的范畴，连科学都够不上，更何谈哲学？

第四，哲学视野中的问题应该是一定的问题体系。哲学思考具有反思性、总体性的特征。对于单个的问题作孤立的思考，谈不上什么总体性。越是复杂的事物，越是需要从它的各种因素、各个方面的内在关系中去把握即作总体性的把握，也就是说，越是需要具有总体性思维特征的哲学给予特别的关注。所以，注重把握问题体系，是哲学研究的问题意识的一个十分重要的方面。我们在开展社会哲学研究的早期，学界关于是否存在社会哲学的争议很多。我们也写过不少文章力图澄清，但大都只是纸上谈兵，对于有些人可能有点说服力，而对于另一些人来讲，可能没有任何作用。我想来想去，关键是能否把握社会哲学的问题体系。后来，我们把当代中国的社会转型作为社会哲学研究的切入点，并出版了一套关于当代中国社会转型理论的丛书。社会转型的问题，就是一个关涉社会生活方方面面的异常复杂的问题体系。丛书出版后很快销售一空，关于是否存在社会哲学的争论也悄然停息。可见，把握一定的问题体系，对于哲学的研究，对于哲学的理论创新是非常必要和重要的。上述几点，讲的都是"问题意识"这个概念本身的基本内涵，所谓"完全的问题意识"就是完全地具有这些内涵的问题意识。而就增强问题意识这个话题来说，还涉及如何准确地把握问题、如何恰当地提出问题等，这些当然也是十分重要的。确立完全的问题意识，就是为了准确地把握问题和恰当地提出问题，最终正确地解决问题，这是一项哲学课题研究的完整过程。与理解问题意识在理论研究、理论创新中的重要性有密切关联的，是正确理解理论的基本功能。

从理论活动的方式这个角度说，理论的基本功能是探索的功能和批判的功能。理论活动的直接目的是探寻真理。这种探索的活动要从发现问题入手。问题就是矛盾。研究问题的产生和演变，就是研究事物的矛盾的运动，从而把握事物发展的趋势，揭示事物发展的规律。理论要指导实践就要有超前性，要超越现实。而要超越现实，就必须批判现实。所谓批判现实，就是揭露现实对于人的需要而言或对于人类生活的意义而言的不完满性，这也就是揭露问题、把握问题。批判现实，也必然要批判理论自身。理论的自我批判，就是要揭露理论同现实的矛盾以及理论自身的内在矛盾。因此，说到底理论的批判功能也还是在于发现问题、解决问题。可见，理论的探索精神和批判精神是内在地相互关联的。所谓"在批判旧世界中发现新世界"，就深刻地表达了理论的探索功能和批判功能的内在联系，也深刻地表达了马克思主义的理论活动的旨趣和实质。我们所说的"理论要以理论的方式为现实服务"，就是要求理论以这种探索的方式和批判的方式为现实服务。如果弱化了乃至丧失了理论的探索功能和批判功能，就不能把握和解决任何问题，就决然谈不上理论创新。马克思主义理论的探索精神和批判精神同教条主义、形式主义一类的学风水火不容。

推进马克思主义理论的整体性研究[*]

　　我国学界提倡马克思主义理论整体性的研究已有十多年了。我特别赞成有的文章关于区分形式整体性和实质整体性的意见。就形式整体性而言，我们在学科建设上已经取得了显著的进步，比如马克思主义理论一级学科的设置，"马克思主义基本原理概论"课程的设置及相关的教材的编写。因此，本文着重于马克思主义理论的实质整体性问题的讨论，其目的既在于谋求对于整体性问题的进一步的理论说明，更在于探讨马克思主义理论整体性研究的实践推进。

一

　　实质整体性是理论内容的整体性，是马克思主义各个部分在理论内容上的相互依赖、相互贯通所形成的观念上的整体性。就

---

[*]　本文原载《马克思主义理论教学与研究》2021年第1期。

马克思主义的三个主要组成部分来说，它就是作为一个整体产生的，它们之间在逻辑上是有前提和结论的关系的。当然，它们也是相互说明、相互论证的。马克思恩格斯的全部理论活动在实践目的上的归结，是要建立一种科学的社会主义理论来指导无产阶级推翻资本主义制度的革命运动。但如果没有唯物史观和剩余价值学说，社会主义就不能从空想变成科学。

进一步说，马克思的剩余价值学说的提出，他的政治经济学的研究、《资本论》的研究，又是依赖于唯物史观的创立的。这一点，认真读一读马克思的《〈政治经济学批判〉序言》就清楚了。这篇序言中关于唯物史观的实质的经典论述，即关于生产力决定生产关系、由生产关系的总和构成的社会经济结构决定社会的上层建筑的论述，关于社会存在决定社会意识，物质生活的生产方式制约着整个社会生活、政治生活和精神生活的过程的论述，以及关于必须从社会生产力和生产关系的现实冲突中解释社会变革的论述等，马克思说这是"我所得到的，并且一经得到就用于指导我的研究工作的总的结果"①。显然，这里首先就是说的用于指导他的政治经济学的研究。

唯物史观的指导是最直接的。其实，马克思的政治经济学研究、《资本论》的研究对哲学的依赖，还有一个非常重要的方面，就是依赖于他所创立的唯物辩证法。如果没有马克思对黑格尔唯心辩证法的改造，没有他建立的合理形态的辩证法，没有辩证法这个伟大的认识工具，《资本论》的创作，乃至唯物史观的创立，

---

① 《马克思恩格斯选集》第2卷，人民出版社2012年版，第2页。

都是难以想象的。方法是体系的灵魂。一种理论体系建构的框架是以它采用的方法为基础的。恩格斯说:"马克思对于政治经济学的批判就是以这个方法(指辩证法——引者注)做基础的,这个方法的制定,在我们看来是一个其意义不亚于唯物主义基本观点的成果。"①马克思本人在《资本论》第二版的跋里也专门讲了他的方法及其重要性。可以说,不懂辩证法就读不懂《资本论》。当然,马克思在应用唯物史观和辩证法研究《资本论》、研究政治经济学的过程中,又大大丰富和发展了唯物史观和辩证法,以至后人为了解决历史观、辩证法研究中的一些疑难问题时又不得不回到《资本论》。

《资本论》到底是一本什么样的著作?它是一部伟大的政治经济学著作,也是一部伟大的哲学著作,如列宁所说,"虽说马克思没有遗留下'逻辑'(大写字母的),但他遗留下《资本论》的逻辑"②,它当然也是一部伟大的科学社会主义的著作,是"工人阶级的圣经"③,马克思的主要著作《资本论》本身就是马克思主义理论整体性的集中体现。

这里,我可以举出自己学术经历中的一个例子来说明。1979年,我应上海人民出版社约稿,为清理1949年以后曾一度出现的唯意志论思潮,写了一本《论自觉的能动性》的小书。在研究过程中,遇到了如何理解所谓"自由王国"的问题。有些"理论家"为了给唯意志论思潮做论证,混淆"必然王国""自由王

① 《马克思恩格斯选集》第2卷,人民出版社2012年版,第13页。
② 《列宁全集》第55卷,人民出版社1990年版,第290页。
③ 《资本论》第1卷,人民出版社2004年版,第34页。

国"同"必然""自由"这两对范畴的区别，其理论上的代表作是《抓住时代的精神》一文。文章说，1958年这一年，我们已经开始了向"自由王国"的飞跃，其根据就是人们的主观能动性已经"望不到边"了。这个"望不到边"论是当时出现的"人有多大胆，地有多大产"这类"豪言壮语"的哲学表达，在这篇文章里，所谓"自由王国"就是绝对自由。其把"自由王国"视为标志人的主观能动性发展程度的范畴，就是在认识论的意义上使用了这个概念。实际上，马克思和恩格斯讲的"自由王国"是指的社会状态，而不是在讲认识论。马克思在《资本论》里是这样说的："事实上，自由王国只是在必要性和外在目的规定要做的劳动终止的地方才开始；因而按照事物的本性来说，它存在于真正物质生产领域的彼岸。"① 物质生产领域始终是一个必然王国。"在这个必然王国的彼岸，作为目的本身的人类能力的发挥，真正的自由王国，就开始了。"② 在马克思那里，所谓"自由王国"的基本内涵就是人类能力的发挥成为目的本身。"自由王国"就是指人类能力的发挥成为目的，因而人能够全面自由发展的社会状态。这是马克思认为最理想的社会状态，实际上就是指的共产主义的社会状态。物质生产领域的此岸和彼岸的对立，实质上是劳动时间和自由时间的对立，因而对于这一问题的说明和论证的历史线索和逻辑线索就是劳动时间与自由时间的对立和这种对立的扬弃。你看，问题是从哲学上提出的，作为对于这一问题的答案

---

① 《资本论》第3卷，人民出版社2004年版，第928页。
② 《资本论》第3卷，人民出版社2004年版，第929页。

的核心命题是一个地道的科学社会主义的命题，而对于这一命题的论证却是经济学的，整个论证自始至终没有离开《资本论》及其手稿一步。这就是我所理解的马克思主义理论的整体性，是最为实质的整体性。

马克思主义是作为一个整体产生的，它也是作为一个整体发展的，它的三个主要组成部分必然是、必须是同时发展、同步发展的。中国特色社会主义无疑是科学社会主义理论的发展，但如果没有政治经济学理论的变革，没有社会主义市场经济理论的创立，就不能提出和论证社会主义初级阶段的理论，不能创立和理解中国特色社会主义的理论。而如果没有唯物史观的坚持、发展和运用，也就不可能提出社会主义市场经济的理论。试想，如果还是奉行"文化大革命"的哲学，不批判上层建筑决定论，不摒弃"政治论证"的传统方式①，即单纯用政治的原因说明历史的唯心史观，不坚决批判对于所谓"唯生产力论"的批判，不坚决捍卫生产力在社会发展中起最终决定作用这一历史唯物主义的核心理论，不认定社会化大生产是社会主义所绝对必需的物质基础，小生产必然向社会化大生产发展，而生产的社会化必须经过生产的商品化才能实现，因而也就不能从历史发展的普遍规律上认识市场经济是社会发展必经的、不可超脱的阶段。总之，如果不具备这一切理论上的基本前提，就不能提出社会主义商品经济、社会主义市场经济这样的概念和理论。那样的话，就还是按照张春桥的"全面专政论"，对小商品生产者也要专政，还是天天去割

---

① 《马克思恩格斯选集》第2卷，人民出版社2012年版，第9页。

"资本主义的尾巴"，实际上是割商品经济的尾巴。试想，在那样的情况下，中国的社会主义事业还能有今天这样的局面吗？

我们简略地回顾一下历史就可以看出，马克思主义理论的发展，我们党的理论建设从来都是整体地推进的。"文化大革命"结束后的若干年里，没有人提出什么整体性的问题，但它确确实实是整体性地推进了。这说明，整体性研究是马克思主义理论的一种内在要求，整体性发展是马克思主义理论发展的一种客观的规律性，必须尊重它、遵循它，才能有成效，才能大发展。

二

对于马克思主义理论的整体性认识，还有两个重要的问题必须加以说明。一是关于马克思主义理论的组成部分，二是关于马克思主义整体性认识的基础。

说到马克思主义理论的整体性，人们都是从马克思主义哲学、政治经济学和科学社会主义这三个部分的相互联系、相互贯通去理解的。这当然是对的。作为一种整体性认识，把握这三个主要组成部分之间的有机联系当然具有首要的、基础性的意义，但应当说这还是不充分的。马克思主义理论博大精深，是一种百科全书式的科学理论体系。除了哲学、政治经济学、科学社会主义这三个已经形成严密、系统的理论学说的部分外，马克思恩格斯在人文、社会各个学科领域乃至在自然科学和技术的领域以及在历史和现实生活的各个方面，例如历史、文化、文明、阶级和阶层、政治、军事、战争与和平、道德、法、教育、文学艺术、语言文字、新闻出版、知识分子、人口、民族、宗教、妇女、婚姻家庭、青年、住宅、自然科学技术、环境、生态等方面都有许多深刻的论述，十分精彩，对于人们的现实生活都有重要的指导意义。

现代社会越来越复杂，且充满了不确定性。我们面对百年未有之大变局，新的问题层出不穷。一年前，谁也想不到新冠疫情在全球蔓延，更想不到它对世界的政治、经济和整个社会生活会造成如此严重的影响。新的问题要有新的理论和方法去解决。所以，我们不仅要重视马克思恩格斯和其他马克思主义经典作家在各个方面的理论论述，还要准备遵循和运用马克思主义的基本理论立场和基本方法，创造适应现时代需要的新理论来充实、丰富这个整体。

南开大学和中国社会科学院大学合作创办的21世纪马克思主义研究院曾经用"一马当先，万马奔腾"这八个字描述研究院的建设所希望达到的目标或境界。"一马当先，万马奔腾"，说的是马克思主义自身要大发展，还要指导、带动人文社会科学各学科都繁荣起来、奔腾起来。这既是说的牢固确立马克思主义在人文社会科学领域的指导地位，也是说的马克思主义理论的研究工作方略。从马克思主义理论研究工作这个特定的角度讲，在看待和处理"一马"和"万马"的关系上，有些观念也需要进一步澄清。其中最重要的是这样两点：一是既要强调马克思主义对各门具体科学的指导，又更要注重汲取各门具体科学的思想养料来丰富和发展马克思主义理论自身；二是马克思主义不是站在这些学科的外面去指导，而是要将马克思主义的理论和方法有效地融入各门具体科学的研究之中去，换句话说，就是要把作为各门具体

推进马克思主义理论的整体性研究 /

科学研究指导思想的基本观念和方法论融入马克思主义的理论体系之中，使之成为马克思主义理论体系的有机组成部分。这样，就"一马""万马"都叫"马"了。如果这个观念被认可的话，那么所谓"万马奔腾"的问题就转换成了马克思主义理论体系的各个组成部分协调发展、共同发展的问题。这在理论上就归结为马克思主义理论研究的整体推进的问题。

我想着重补充说明的第二个问题是哲学在马克思主义理论整体性认识中的基础地位。毛泽东说："马克思主义有几门学问：马克思主义的哲学、马克思主义的经济学、马克思主义的社会主义……但基础的东西是马克思主义哲学。"从马克思主义理论整体性认识这个角度看，哲学的基础地位更加明显。整体性的认识需要综合，而只有作为方法论的哲学才有这种综合的功能，其他学科都没有这种功能。

哲学以自己特有的方式为中国特色社会主义事业服务，就是发挥它的方法论功能，达成新时代的马克思主义理论的整体性认识，从而全面地实现马克思主义对于中国特色社会主义事业的指导作用。哲学为中国特色社会主义事业服务，归结起来无非是两个方面：一是深入揭示和阐明中国特色社会主义的意义，为人们提供意义的支持。这主要是帮助人们建立起"四个自信"，坚定走中国特色社会主义道路的信念。二是深入揭示中国特色社会主义建设的逻辑，帮助人们确立符合这种逻辑的思维方式，提高把握问题和解决问题的能力，这就是为人们提供智慧的支持。哲学的功能从来就是这两个方面，即为人类生活提供意义和智慧的支持。这两个方面是紧密相关、不可分割、缺一不可的。

中国特色社会主义的意义，是通过一系列关于社会主义的新观念来体现、来说明的。社会主义观念的更新，是许多学科共同的任务，单靠哲学是完成不了的。在观念创新的过程中，哲学的作用固然十分重要，但它只是为观念的创新提供基本的理论前提和方法论。思维方式的更新看来是专属哲学的任务，实际上思维方式的更新和观念的更新是同一个过程，这两个方面是互相促动、共生共长的。新的观念是新的思维方式的观念基础，只是在将观念化为方法时，需要运用哲学的概念、范畴，即经过哲学的思考和升华。只是从这点上说，思维方式的更新是专属哲学的任务。因此，归根到底说来，哲学为中国特色社会主义服务，也就是一个以哲学为基础推进马克思主义理论的整体性认识的过程。

诚然，这番议论只是就哲学的最主要的功能、最直接的任务而论，而不限于此。哲学是普照的光。整个人类社会的发展、人类文明的演进均在其视野之内，这是不言而喻的。

三

现在的情况是，对于马克思主义整体性的理论认识越来越深入了，而对马克思主义理论整体性发展的实践推进却相对滞后；在实践推进方面，对于所谓形式整体性的建设做得比较好，但体现实质整体性的理论研究却相对滞后，而这一点恰恰是马克思主义理论获得大发展的关键所在。抛开了这一点，那些关于整体性的理论认识都不能落实，那些所谓形式整体性都是空的，是无内容的形式。

这样的问题怎么解决？马克思主义理论的整体性研究怎么推进？我想，从主体方面说，即从理论队伍的建设这方面说，主要的办法就是加强学习，或改造我们的学习。一是改造我们的理论知识结构，一是改造我们的理论活动方式即理论研究方式。

学习当然要靠多读书，通过多读书来补充知识，改善我们的知识结构，克服知识结构中的短板。这种短板在我们许多人中都不同程度地存在，应当正视这个现实。这种短板的存在，不仅对于整体性的理论研究来说是一种不可越过的障碍，就是适应马克思主义理论的教学任务都是很困难的。由于过去在教学和研究中长期存在学科分立的局面，在马克思主义的各个理论学科之间互不搭界，教哲学的教不了政治经济学，或换过来说，教政治经济学的教不了哲学。这在马克思主义理论一级学科设置的初期是可以谅解的，但在一级学科设置多年以后这种状况仍然没有根本的改变，这就比较尴尬了。我指导过的博士研究生有许多是在高校的马克思主义学院任教的。我跟他们说，如果学生问你一个涉及经济学的问题，你要人家找经济学的老师去，那该有多难为情。这种状况不改变，久而久之，人们对于设置一级学科的实在意义就会更不理解了。

多读书是重要的。但最有效的学习方式是带着任务学，边研究问题边学习，在研究中学习。我们是要研究21世纪的马克思主义，当然要研究21世纪的问题。不了解21世纪，不研究21世纪的问题，哪来的21世纪的马克思主义？新世纪的问题，即实际生活中的新问题，都不是按学科发生的，不是按哪本教科书的章节安排发生的。稍微复杂一点的问题，在谋求它的理论解决时，都会涉及多个学科，都是多学科的综合研究，那才是一种实实在在的整体性研究。在这种研究中会有效地扩充我们的知识，提高我们的研究能力。

在我指导过的后来仍在高校和研究机构任职的博士生中，有一部分人知识结构比较好。就本文的语境来说，主要就是对马克思主义理论整体的知识掌握得比较好，所以研究能力也比较强。这是他们自己努力学习的结果，同我这个指导教师没有太大的关系。如果说同我有那么一点点关系的话，大概是同我们共同的理论活动方式有些关系。近几十年来，我们推进哲学研究的实践转向，比较注重现实问题的研究。二十多年前，我们做社会哲学的研究，以当代中国社会结构的转型为切入点。社会转型就是中国社会的整体性变动或结构性变迁，涉及中国社会生活的方方面面，在理论上涉及多个学科。这是一种综合性研究，是一种地道的马克思主义理论的整体性研究。二十余年来将社会哲学研究的重点集中到政治哲学方面，仍是采取这种研究方式。例如，"新时代政治思维方式研究"这一课题，就是根据党中央提出的"把完善和发展中国特色社会主义制度，推进国家治理体系和治理能力现代化作为全面深化改革的总目标"①这个要求确定的课题。国家治理就是社会秩序、国家秩序的建构，在广义上就是政治建设。实现这个目标，依赖于高超的政治智慧，特别是正确的政治思维方式。国家治理现代化问题的提出，表明我国的社会治理已

---

① 习近平：《切实把思想统一到党的十八届三中全会精神上来》，《求是》2014年第1期。

逐渐由传统的自上而下的国家统治向多元主体共治的现代社会治理转变。与此相适应，这套涉及哲学、经济学、政治学、法学、社会学、伦理学、生态学等众多学科以及历史、文化等诸多领域的丛书，也是一种地道的马克思主义的整体性研究。这种研究方式十分有利于年轻学者在研究中学习，在学习中成长。

　　总之，不论从马克思主义理论的本质特征来说，还是从我们担当的理论任务和历史使命来说，或者从我们理论队伍的状况以及这种状况的迅速改善来说，推进马克思主义理论的整体性研究，都是具有关键性意义的举措。

后　记

　　本书选取的30余篇文章中，关于矛盾同一性问题的两篇，是和吴启文教授合作的。这两篇文章的基本观点都由我作为执笔人将其写进了教育部统编教材《辩证唯物主义原理》和《中国大百科全书·哲学卷》的相关词条释文。还有几篇文章的合作者是我指导的博士研究生，后来也都是南开大学马克思主义哲学学科的学术骨干，一直与我一起从事开辟社会哲学、政治哲学、历史哲学等新领域以及重新建构马克思主义哲学解释体系的合作研究，他们为南开大学哲学学科的建设和发展作出了重要的贡献。但由于本书的体例要求，这几篇文章未能标明合作者。就我个人来说，这无疑是一种缺憾。对此，我不能不表示歉意。

　　感谢齐艳红教授和蒋文君博士帮助我做了大量的文字整理方面的工作。

　　最后，我要对人民日报出版社及曹腾、杨校两位同志为这本书的出版付出的心血表示诚挚的谢意！

陈晏清

2025年4月于南开园